Margrit Stamm
Neue Väter brauchen neue Mütter

Margrit Stamm

Neue Väter brauchen neue Mütter

Warum Familie nur gemeinsam gelingt

Mit 28 Abbildungen

PIPER

Mehr über unsere Autoren und Bücher:
www.piper.de

Von Margrit Stamm liegt im Piper Verlag vor:
Lasst die Kinder los

MIX
Papier aus verantwor-
tungsvollen Quellen
FSC® C014496

ISBN 978-3-492-05869-8
Originalausgabe
© Piper Verlag GmbH, München 2018
Satz: Kösel Media GmbH, Krugzell
Gesetzt aus der Adobe Garamond
Litho: Lorenz & Zeller, Inning am Ammersee
Druck und Bindung: GGP Media GmbH, Pößneck
Printed in Germany

Für meinen Partner Romeo

Inhalt

Vorwort

Am Morgen müssen sie früh weg, am Abend kommen sie spät nach Hause. Sind sie endlich da, sollen sie im Haushalt mithelfen und den Kindern eine Gutenachtgeschichte erzählen oder bei den Hausaufgaben zum Dreisatzrechnen helfen. Tatsächlich hat sich bei den Männern in den letzten Jahren vieles geändert: Sie investieren deutlich mehr Zeit in Familie und Kinder und mit oft hohem Engagement. Trotzdem ist der Standardvorwurf, oft aus weiblichem Munde, immer noch weitgehend derselbe: Männer sind das faule Geschlecht. Sie tun zu wenig im Haushalt, und wenn das Kind einmal krank ist, sind es die berufstätigen Mütter, welche zu Hause bleiben müssen.

Die ungenügende familiäre Präsenz der Väter wird gern herangezogen, um die Schwierigkeiten der Mütter mit der Vereinbarkeit von Beruf und Familie aufzuzeigen und ihre mangelnden Aufstiegschancen zu beklagen. Solche Statements sind grundsätzlich richtig. Aber sie blenden die große Bandbreite der Aufgaben, welche Väter durchschnittlich leisten, nahezu vollständig aus. Bei der Frage, ob Männer gute Väter sind – was auch immer darunter verstanden wird –, kommt es weniger darauf an, wie viele Stunden sie mit ihrem Nachwuchs verbringen und wie präsent sie im täglichen Familienalltag sind. Entscheidender ist, welche Beziehung sie zu ihrem Nachwuchs aufbauen, welche Verantwortung sie in Familie und Partnerschaft übernehmen –

nicht nur nach der Geburt, sondern auch längerfristig. Dabei sind die Partnerinnen oft das Zünglein an der Waage, inwiefern sie den Männern im familiären Bereich Eigenständigkeit zugestehen und auch ermöglichen. Frauen sind keinesfalls lediglich die überlasteten Opfer, so wie sie immer wieder dargestellt werden, sondern ebenso die Schaltstellen, wenn es um das Familienmanagement geht.

Warum nehmen wir dies nicht verstärkt zur Kenntnis, und weshalb gelten Frauen beinahe als unantastbar? Warum setzen wir so sehr auf das Stereotyp der väterlichen Präsenz als quasi einziges Qualitätsmerkmal? Wahrscheinlich vor allem deshalb, weil sich die Forschung jahrelang darauf eingeschossen hat und eine Studie nach der anderen feststellt, dass Frauen im Haushalt und bei der Fürsorge für die Kinder nach wie vor mehr leisten. Diese Asymmetrie zulasten des weiblichen Geschlechts ist zwar eine empirische Tatsache, aber nicht in allen Bereichen der Haus- und Familienarbeit, sondern vor allem partiell. Trotzdem gilt sie fast als unantastbare Wahrheit. Nun gibt es jedoch neue Vaterschaftskonzepte, die den Blick auf Männer ausweiten und ihn nicht nur auf ihre Anwesenheit und die traditionell sichtbaren Familienleistungen konzentrieren, sondern auch Kategorien definieren, welche zwar nicht direkt sicht- und messbar sind, aber trotzdem als Fürsorge- und Haushaltsarbeit anerkannt werden.

Jede Generation hält sich für das Maß aller Dinge. Dies gilt auch für meine Generation. Doch es waren gerade diese neuen Vaterschaftskonzepte, die mich vor gut zehn Jahren im Zusammenhang mit meiner eigenen Biografie nachdenklich gemacht haben. Nach und nach dämmerte mir, wie eng mein Blickwinkel als junge Mutter auf die Vaterpflichten meines Partners gewesen war. Vieles drehte sich bei uns immer und immer wieder nur um die eine Frage:

Was gehört zu Haus- und Familienarbeit, und wer macht mehr als der andere? Dabei stritten wir uns regelmäßig, weil ich seine Arbeiten wie Steuererklärung ausfüllen, Versicherungen abschließen und unter Kontrolle halten, Kleinreparaturen im Haus ausführen oder das Auto in die Werkstatt bringen, damit der Sohn zum Fußballmatch gefahren werden konnte, überhaupt nicht als männlichen Anteil von Haus- und Familienarbeit deklariert haben wollte. Ich fand, er sei einfach ein Workaholic, der zu Hause zu wenig präsent war, und ich das Opfer. Dabei hatte ich verdrängt, dass unser Arrangement ja ein Ergebnis gemeinsamer Aushandlungen war: dass er zuerst in seine Karriere investiert, unsere junge Familie finanziell versorgt und ich dann nachholen kann, wenn die Kinder etwas größer sind. Doch in den insgesamt acht Jahren, in denen ich ausschließlich Hausfrau und Mutter war, begleitete mich die Angst fast täglich – so wie es vielen jüngeren Frauen auch heute noch geht –, ich könnte den Anschluss ans Berufsleben verpassen. Und gleichzeitig litt ich auch an der gesellschaftlichen Doppelmoral, die immer noch wirkmächtig ist: Wenn mein Partner die Betreuung der Kinder übernahm, was für mich selbstverständlich war, wurde er immer als Superpapa hochgejubelt und als Ausnahmeerscheinung bewundert. Ich lernte damals, dass man Frauen und Männer an sehr unterschiedlichen Standards misst, wenn sie gelobt oder getadelt werden. Dies hat sich bis heute nur in Nuancen verändert.

Aus der Beschäftigung mit meiner persönlichen Biografie und der Väterforschung ist eine empirische Auseinandersetzung mit der Thematik entstanden. Doch der Anfang war mühsam. Obwohl ich mir ein sorgfältiges theoretisches Fundament zugrunde gelegt und dieses in verschiedenen Seminaren mit meinen Studierenden vertieft hatte – zuerst an der Universität Fribourg, dann in Wien und München –, merkte ich schnell, dass ich mit den herkömmlichen Untersuchungen wenig anfangen konnte. Erstens fehlten Studien, welche die Männer selbst und ihre eigene Sicht auf ihre familiären Aufgaben und Leistungen thematisierten und dabei auf die Rolle der Partnerin Bezug nahmen. Zweitens stand ich von Anfang an der etablierten wissenschaftlichen Sicht kritisch gegenüber, wonach nur präsente Männer gute und damit neue Väter sein könnten. Weil ich vorerst aber keine alternative Sichtweise präsentieren oder entsprechend argumentieren konnte, fühlte ich mich oft hilflos und unwissend. Je mehr ich mich jedoch mit den Studierenden und Doktoranden ins Thema vertiefte, desto stärker konnte ich die Komplexität und Widersprüchlichkeit nicht nur verstehen, sondern auch eine eigene Denkweise entwickeln.

Ganz wesentlich dazu beigetragen haben unsere Forschungsstudien, in deren Verlauf wir umfangreiche Väter- und Mütterbefragungen durchführten und die Ergebnisse auf internationalen Tagungen präsentieren konnten. In diesen Zusammenhängen bin ich immer wieder mit Frauen und Männern aus unterschiedlichen Berufsfeldern zusammengekommen, die wie ich ihre eigenen Blickwinkel und Positionen mit denjenigen anderer unter einen Hut bringen wollten. Natürlich gab es dabei auch irritierende Sichtweisen, Missverständnisse und kontroverse Diskurse, manchmal auch mangelnden Respekt vor einer anderen Perspektive. Diesen Respekt habe ich vor allem in den Diskussionen mit meinen Mitarbeiterinnen und Mitarbeitern gefunden, die – teilweise selbst Mütter und Väter, teilweise auch nicht – viel offenere Meinungen vertraten als etablierte Forscherinnen und Forscher. Diese Erfahrungen stärkten mich in der Überzeugung, dass die Abschottung zwischen den

Geschlechtern der Vergangenheit angehört und Männer und Frauen einen neuen Blick aufeinander entwickeln müssen.

Hier setzt mein Buch ein, mit dem ich drei Ziele verfolge. Das erste Ziel ist zu klären, wer Väter sind, was sie tun und wie sie wirken. Zunächst einmal zeige ich auf, dass eine aktive Vaterschaft auf günstige politische und betriebliche Rahmenbedingungen angewiesen ist, diese wiederum aber nur ein Teilchen des gesamten Mosaiks sind. Genauso ist zu berücksichtigen – und dies ist das zweite Ziel des Buches –, dass weder Männer noch Frauen eine je homogene Gruppe darstellen und sich folglich auch Paare massiv voneinander unterscheiden. Sie haben unterschiedliche Präferenzen, Lebensziele und Bewältigungsstrategien. Auf der politischen Ebene dürfte folglich eine Strategie zum Scheitern verurteilt sein, die ausschließlich auf das egalitäre Erwerbsmodell setzt, das heißt auf die Vorstellung, dass Männer absolut gleichberechtigt mit ihren Partnerinnen Berufs- und Familienarbeit teilen. Zwar wäre es schön, wenn die Möglichkeit der egalitären Partnerschaft eine Selbstverständlichkeit würde, aber bitte kein Dogma! Was wir brauchen, ist eine Familien-, Gesellschafts- und Unternehmenspolitik, welche die gesamte Variabilität der Familienmodelle widerspiegelt. Doch welches Familienmodell auch immer gewählt wird, es macht bei der Frage nach den neuen Vätern nur die eine Seite der Medaille aus. Die andere Seite sind die Mütter. Sie spielen eine Schlüsselrolle, weil sie oft die häuslichen Standards bestimmen und die Männer mit ihrem Engagement von ihnen abhängig sind. Wie stark ein Mann in die Familien- und Hausarbeit involviert ist oder wird, ist nicht nur eine Frage seiner Bereitschaft und seines Willens, sondern ebenso eine Frage des Verhaltens der Partnerin. Dies zu begründen ist mein drittes Ziel.

Mit dieser Publikation verfolge ich eine internationale Perspektive auf Väter und Mütter. Die Schweizer Leserschaft wird im Vergleich zu der deutschen und österreichischen Leserschaft schnell feststellen, wie rückständig unsere Väterpolitik ist. Im Oktober dieses Jahres hat der Bundesrat die Volksinitiative für zwanzig Tage Vaterschaftsurlaub abgelehnt. Als Grund wurden die Kosten angegeben, welche die Wettbewerbsfähigkeit der Wirtschaft beeinträchtigen würden. Am gleichen Tag bewilligte der Bundesrat jedoch eine Milliarde CHF für die Olympischen Winterspiele 2026. Diese Tatsachen werden massive politische Vorstöße nach sich ziehen.

Mein Buch will keine neuen Weisheiten vermitteln und sich auch nicht ins Feld der Kulturkritik oder gar der Ratgeber einreihen. Seine Absicht ist vielmehr, die Herausforderungen, denen sich Männer gegenübergestellt sehen, in einen gesamtgesellschaftlichen Zusammenhang zu stellen und dabei aufzuzeigen, dass ihre Leistungen verkannt und unterschätzt und sie als Väter zu oft schuldig gesprochen werden, ohne dass die Rolle der Partnerinnen einbezogen wird. Das Buch ist deshalb einer alternativen Sichtweise auf Männer und Frauen verpflichtet. Nach der langen Phase der Glorifizierung mütterlicher Vereinbarkeitsleistungen braucht es einen differenzierteren und objektiveren Blick auf beide Geschlechter und die Fürsorge- respektive Betreuungsleistungen im Kontext der gesellschaftlichen und familienpolitischen Veränderungen. Hauptadressaten meines Buches sind deshalb Männer und Frauen, Familienväter und -mütter, die sich Gedanken zu ihrer Rolle in Familie, Beruf und Partnerschaft machen, aber auch alle, die sich mit gesellschafts- und familienpolitischen Fragen beschäftigen.

Meinen herzlichen Dank möchte ich denjenigen Kolleginnen und Kollegen sowie Mitarbeitenden aussprechen, die an der langjährigen Entwicklung meiner Gedanken kritisch teilgenommen und mitgeholfen haben, unsere Forschungsprojekte zu entwickeln und durchzuführen. Aber auch allen, die an den Studien mitgewirkt haben, sei herzlich gedankt. Sie haben einen wesentlichen Anteil daran, dass dieses Buch überhaupt entstehen und ich meinen Blick auf die Väter- und Mütterfrage schärfen konnte.

Danken möchte ich ebenso Anne Stadler und Isabella Jaross vom Piper Verlag, welche die Realisierung des Buches unterstützt, tatkräftig begleitet und Korrektur gelesen haben. Ich bin mit ihm ein Abenteuer eingegangen, das ich nicht unternommen hätte, wäre die Alternative, es nicht zu schreiben, attraktiver gewesen. Heute bin ich stolz, mit diesem Projekt die Dimensionen dessen, was die aktuelle Generation von Vätern und Müttern ausmachen soll, in einen neuen und wahrscheinlich bisher kaum reflektierten Zusammenhang gestellt zu haben.

Der größte Dank gilt meinem Partner Walter Stamm. Mit ihm und durch ihn habe ich während unserer langen gemeinsamen Jahre gelernt, dass neue Vaterschaft nur entstehen kann, wenn sich auch Mutterschaft neu definiert. Und ich habe auch gelernt, dass Entwicklung nie isoliert bei sich selbst geschehen kann, sondern immer nur am Du. Familiäre Fürsorge und berufliche Ambition haben für mich auf dieser Basis eine andere Bedeutung bekommen.

Bern und Aarau, im Frühling 2018
Margrit Stamm

Einleitung

Das seit Jahren kaum mehr Geglaubte ist eingetreten: In allen deutschsprachigen Staaten werden wieder mehr Kinder geboren. In der Schweiz waren es im Jahr 2011 gut 80 000 Geburten, in Deutschland 678 000 und in Österreich 78 000. 2016 waren es in der Schweiz fast 87 000 Geburten, in Deutschland 738 000 und in Österreich 84 000. Welches Geheimnis steckt hinter diesem Kindersegen? Ist es ein Verdienst der Familienpolitik, weil heute aufgrund des Elterngeldes (in Deutschland und Österreich) und des ausgebauten familienergänzenden Betreuungssystems nahezu 80 Prozent der Frauen, die ihr erstes Kind bekommen, weiterhin berufstätig bleiben und genauso wie Männer Karriere machen können? Oder ist es vielleicht das neue Ideal der intensiven Mutter- und Vaterschaft, welches uns von Promi-Paaren scheinbar modellhaft vorgelebt wird und auch eine Schwangerschaft attraktiv erscheinen lässt?

Mit Sicherheit sind es nicht lediglich familienpolitische Ziele, die für den Babyboom sorgen. Für das menschliche Verhalten bedeutsamer sind Werte, Symbole und Modelle. Als solche wirken beispielsweise die Paare, welche die Vereinbarkeit von Beruf und Familie als alltägliche Herausforderung meistern, aber auch diejenigen, die sich ihren Kinderwunsch durch die Reproduktionsmedizin erfüllen lassen. Der wichtigste Faktor für die steigende Geburtenrate dürfte allerdings das neue Mutterideal sein, in den USA

»the new momism«[1] genannt. Es besagt, dass sich eine Frau nur dann als ganz fühlen kann, wenn sie Mutter wird. Diesem Ideal streben fast 85 Prozent der jungen Frauen nach, und auch immer mehr Männer lassen sich davon begeistern. Familie liegt bei 77 Prozent im Trend, und 47 Prozent finden sie sogar wichtiger als die Karriere[2].

Das neue Bewusstsein der Männer

Noch vor zehn Jahren getrauten sich Männer kaum, partiell aus ihrer Leitungsfunktion auszusteigen, um zu Hause den Nachwuchs zu betreuen. Was hätten denn die Chefs von ihnen gedacht? Heute hat sich das Klima zumindest teilweise gewandelt. Väter können nun manchmal – je nach Arbeitgeber sogar selbstverständlich – das Natürlichste tun, nämlich mehr für ihre Kinder da sein. Dazu beigetragen hat – allerdings nicht in der Schweiz – auch das Elterngeld mit den Vätermonaten.[3] Es hat das Bewusstsein und die symbolische Bedeutung dafür geschaffen, dass Männer am Aufwachsen ihrer Kinder beteiligt sein wollen, sollen und auch können.

Väter werden immer häufiger von Zaungästen zu Beteiligten. Dieser Kulturwandel lässt sich vielerorts beobachten: Männer bereiten sich zusammen mit der Partnerin auf die Geburt des Kindes in Schwangerschaftskursen vor und sind bei den Kontrollen und auch im Gebärsaal dabei. Sie gehen am Montagvormittag mit dem Kind in ein Café, später zum Va-Ki-Turnen, drehen ihre Runden auf den Spielplätzen – nur in den Herren-WCs gibt es noch viel zu selten Wickeltische. Auch in Werbung und Medien sind Männer sichtbarer Teil des Väter-Markts geworden. Neben Interessenverbänden, Internetportalen sowie Männer- und Vätergruppen besteht dieser Markt vor allem aus populären Ratgebern und Zeitschriften, die sich nahezu exklusiv an Väter richten.

Auch ein Blick in wissenschaftliche Studien zeigt, dass sich in den letzten Jahren vieles geändert hat. Männer sind deutlich partnerschaftlicher eingestellt, als dies noch ihre Väter waren, versuchen zwischen Beruf und Familie eine Balance zu finden, sind zugleich auch für die Kinder da und packen im Haushalt zumindest teilweise an – oft als Vollzeit-Berufstätige, die hauptverantwortlich das Geld nach Hause bringen.

Neue Formen des Vaterseins sind nicht etwa deshalb entstanden, weil Männer erkannt haben, dass ihre Bedeutung für die Erziehung des Kindes groß ist. Vielmehr sind sie eine Reaktion auf die Frauenbewegung und ihre Forderung nach Gleichberechtigung sowie auf die veränderten Erwartungshaltungen der Wirtschaft, die angesichts des Fachkräftemangels zunehmend auf qualifizierte weibliche Arbeitskräfte setzt. Mütterliche Berufstätigkeit ist faktisch zur Norm geworden. Frauen müssen nicht mehr begründen, warum sie einen Beruf ausüben, sondern eher, weshalb sie »nur« Hausfrau und Mutter sind.

Ideologische Irrtümer über Väter und Mütter

Männer definieren sich heute anders als jede Generation zuvor. Allerdings sind sie dabei keinesfalls so frei, wie sie immer denken, wenn sie als gute Väter gelten wollen. Der gesellschaftliche Mainstream und seine Ideologien zwingen ihnen mehr oder weniger ausgeprägt auf, welche Standards sie hierfür zu erfüllen haben. Erstens müssen sie dem egalitären Partnerschaftsmodell entsprechen, zweitens nach der

Geburt in Elternzeit gehen, und drittens sollen sie dem weiblichen Idealbild der guten Mutter nacheifern. Nur dann gelten sie nicht nur als neue, sondern auch als gute Väter.

Welch kurzsichtiger Blick! Die Forschung belegt zur Genüge, dass solche Standards nur sehr beschränkt Gültigkeit haben. So können auch Vollzeit arbeitende Männer eine engagierte Vaterschaft praktizieren und ihre Kinder positiv beeinflussen. Egalitäre Väter sind nicht automatisch die besseren Väter. Eng damit verbunden ist die Ideologie des Vaterschaftsurlaubs (in der Schweiz) respektive der Elternzeit und Elternkarenz[4] (in Deutschland und Österreich). Diese vor allem in den Medien als Erfolgsstorys postulierten Maßnahmen werden hochgejubelt, doch ist es falsch, sie per se als empirischen Gradmesser für gute Väter zu bezeichnen. Eine solche Optik ist zu eng, weil sie sich fast ausschließlich auf Väter von ganz kleinen Kindern oder von Vorschulkindern konzentriert. Selbstverständlich ist es wichtig, dass ein Vater eine nahe Beziehung zum Neugeborenen aufbauen und sich während der ersten Lebensjahre viel Zeit für den Nachwuchs nehmen kann. Der Familie einen guten gemeinsamen Start zu ermöglichen, ist zu Recht ein familienpolitisch hoch bedeutsames Thema geworden. Erste Forschungsergebnisse hierzu weisen nach, dass das Instrument der Elternzeit mithilft, die traditionellen Rollenverteilungen in der Familie aufzuweichen und auch Männer in ihrer Unabhängigkeit von der Partnerin zu bestärken.

Leider wird die Wirkung von Vätern fast ausschließlich an diesem kurzfristigen Engagement gemessen. Vaterschaft ist jedoch weder eine statische noch eine kurzfristige Angelegenheit. Ob Männer gute Väter sind, zeigt sich erst an ihrem längerfristigen Engagement. Solche früh einsetzenden Maßnahmen sind deshalb nichts anderes als wichtige

Türöffner, damit sich Männer stärker einbringen und dadurch eine gute Basis für die nachfolgende Familienarbeit erhalten. Elternzeit ermöglicht eine andere Balance zwischen Berufs- und Familienarbeit für beide Partner und spezifisch den Männern, sich in die familiale Fürsorgearbeit einzuleben. Dies ist jedoch nicht mehr als ein Fundament, um ein guter Vater zu werden.

Schließlich ist auch die Ideologie ein Irrtum, dass nach der gesetzlich verankerten Gleichberechtigung das weibliche und das männliche Geschlecht nun auch biologisch gleichgestellt werden müssen. Väter dürfen nicht am Idealbild der intensiven Mutter gemessen werden und nur dann als gut bezeichnet werden, wenn sie eine ebenso intensive Vaterschaft betreiben. Männer müssen weder weiblicher werden noch in der Fürsorgearbeit den Standards der Partnerin folgen und ihr auch am Wickeltisch keine Konkurrenz machen. Weder brauchen wir eine Bemutterung noch eine Idealisierung von Vaterschaft. Hinreichend gute Väter genügen – genauso wie hinreichend gute Mütter ausreichend sind.[5] Solche Eltern geben ihren Kindern einen weitaus besser bepackten Rucksack fürs Leben mit als Väter und Mütter, die eine intensive Elternschaft betreiben und ihre Sprösslinge überbehüten, verwöhnen und nicht selbstständig werden lassen.

Was die Diskussion über Vaterschaft ausblendet

Solche ideologischen Irrtümer sind ursächlich daran beteiligt, dass in der aktuellen Diskussion wichtige Aspekte von Vaterschaft fast vollständig ausgeblendet werden. Neue theoretische Vaterschaftskonzepte führen uns solche Unterlassungen deutlich vor Augen.[6] Vaterschaft umfasst nicht nur die zeitliche Verfügbarkeit, sondern auch viele andere, nicht direkt sichtbare Beiträge. Gemäß diesen neuen Konzepten können sich Väter in der familiären Fürsorgearbeit engagieren, ohne ständig anwesend zu sein.

Die Vaterschaftsdebatte blendet jedoch auch wichtige Rahmenbedingungen aus, so etwa die Einflüsse der Arbeitswelt (z. B. warum vor allem Väter im öffentlichen Dienst oder in bestimmten geografischen Regionen in Elternzeit gehen), die Einflüsse des persönlichen Umfelds (wie sehr Freunde, Nachbarn und Verwandte die Einstellungen und Verhaltensweisen prägen) oder wie Paare das von ihnen gewählte Familienmodell aushandeln (weshalb sie sich für eine bestimmte Rollenaufteilung entscheiden).

Schließlich bleibt die Tatsache weitgehend unberücksichtigt, dass die Realität der Lebensentwürfe heutiger Paare überhaupt nicht mehr mit denen übereinstimmt, welche für die Babyboomer-Generation noch angemessen waren. Eltern kleiner Kinder sind zwar in einer politisch stabilen gesellschaftlichen Sicherheit aufgewachsen, und gerade Frauen haben heute die gleichen Bildungschancen wie Männer, die sie auch in steigendem Umfang nutzen. Trotzdem müssen Paare immer wieder erfahren, dass ihre Lebenswege selbst bei hoher beruflicher Qualifikation von strukturellen Hürden begleitet sind und eine Vereinbarkeit von Beruf und Familie in einer als sinnvoll erlebten Weise oft nicht möglich ist.[7]

Einerseits verharren unsere familienpolitischen Systeme immer noch in der Situation wie sie vor fünfzig Jahren war, und eine Anpassung an die neue Realität der Lebensentwürfe ist bisher ausgeblieben. Andererseits wird zu viel gejammert und geklagt, am meisten über die familienfeindliche Wirtschaft oder über den Staat, der zu wenig Hilfe bereitstellt. Als ob in den vergangenen Jahren nichts passiert wäre! Es ist somit auch an der Zeit, dass Männer und Frauen den Fokus der Vereinbarkeitsfrage etwas verrücken und sich fragen, inwiefern sie selbst ein Problem hierfür sind.

Neue Väter nicht ohne neue Partnerinnen! Weshalb das eine ohne das andere nicht zu haben ist

Um die gleichberechtigte Teilhabe beider Geschlechter im Arbeits- und Familienleben verwirklichen zu können, brauchen wir ein neues Emanzipationsbündnis zwischen Frauen und Männern, zwischen Müttern und Vätern. Männer sollten sich der Veränderung von Männlichkeit stellen, alte Machtansprüche aufgeben und mehr Engagement in der Familie auch tatsächlich verwirklichen *wollen*. Frauen wiederum sind insofern zu ermutigen, als sie sich nicht nur die Vereinbarkeit von Beruf und Familie erstreiten müssen, sondern auch auf die eigenen Bedürfnisse hören dürfen. Gleichzeitig sollten sie einen Beitrag dazu leisten, dass sich ihre Partner nicht nur ins Familienleben einpassen, sondern sich auch eigenständig als Väter entwickeln können. Geschlechtergerechtigkeit heißt, dass Männer und Frauen nicht Kopien des anderen Geschlechts werden, sondern in gegenseitiger Bezogenheit eine unabhängige Identität aufbauen.

Aber dies kann nur geleistet werden, wenn wir unseren Blick auf die Aufgaben objektivieren, welche Väter in und neben der Familie für diese erbringen, und auch nach der Rolle fragen, welche ihre Partnerinnen dabei spielen. Beide Geschlechter sind von kulturellen und gesellschaftlichen Widersprüchen betroffen, aus denen sie sich nur schwer befreien können. Deshalb müssen wir uns von den problematischen Seiten der gegenwärtigen Diskussion frei machen, welche unsere Gleichstellungspolitik prägt und Männer andauernd schuldig spricht. Nur so können die einseitigen und mit zu großer Selbstverständlichkeit postulierten Vorstellungen dessen gesprengt werden, was einen guten Vater oder eine gute Mutter ausmachen soll. Man muss somit etwas genauer hinschauen, um die damit verbundenen problematischen Folgen für die Männer selbst, ihre Partnerinnen und die Gesellschaft insgesamt zu erkennen.

Auf solchen Überlegungen basiert die These, welche ich in diesem Buch diskutieren und in einen gesellschaftlichen Gesamtzusammenhang stellen werde. Sie lautet:

Männer engagieren sich facettenreicher in der Familie, als dies die Gesellschaft wahrnehmen will. Dazu brauchen sie jedoch Partnerinnen, welche ihnen ihre Hand bieten. Obwohl sich Frauen in den letzten Jahrzehnten enorm emanzipiert haben, gilt dies kaum für ihre Mutterrolle. Kriegen sie Nachwuchs, dann fallen sie schnell in alte Rollenmuster zurück und beanspruchen in der Familie die alleinige Bestimmungshoheit. Dies bremst das väterliche Engagement.

Diese These bearbeite ich in fünf Schwerpunkten. Dabei beziehe ich mich immer wieder auf Daten empirischer Studien, auf wissenschaftliche Argumentationen, theoretische Konzepte und historische Positionen. Herzstück sind jedoch unsere beiden Studien »Franz« und »Tarzan«.[8] Zunächst frage ich kritisch, weshalb Väter ein so schwieriges Thema sind und sie immer in Defizitkategorien wahrgenommen werden, während Mütter unhinterfragt als besonders belastet gelten. Dies führt mich dazu zu untersuchen, wie das männliche und das weibliche Geschlecht jeweils in der öffentlichen Diskussion dargestellt werden (erster Schwerpunkt). Sodann beantworte ich im zweiten Schwerpunkt die Frage, welche Rollen den Vätern zugeschrieben werden und welche Bedeutung den Müttern zukommt. Der dritte Schwerpunkt lenkt den Blick auf das, was Männer als Väter tun und in welcher Art und Weise sie ihre Partnerinnen zu Hause entlasten. Wie Väter wirken können und weshalb ihre Partnerinnen dabei das Zünglein an der Waage spielen, ist das Thema des vierten Schwerpunkts. Schließlich ziehe ich im fünften Schwerpunkt ein Fazit mit der Forderung »Neue Väter brauchen neue Mütter!«. Jenseits der bisher üblichen Defizitzuschreibungen oder Idealisierungen zeige ich auf, welche neuen Perspektiven unsere Gesellschaft verfolgen sollte, damit sich beide Geschlechter entwickeln können. Grundlegend ist, dass der Blick auf Männer und Frauen objektiver, um unsichtbare und indirekte Verhaltensbeiträge erweitert wird, und dass die Beurteilung des Engagements beider Geschlechter nicht nur auf die ersten Lebensjahre beschränkt wird, sondern langfristiger erfolgt. Dies bedingt, dass auch die Frauen ihre Weichen neu stellen und zu selbstkritischen Veränderungen in ihrem Verhalten bereit sein müssen.

Damit einher geht, dass Familienpolitik und Väterkampagnen nicht ausschließlich auf ein egalitäres Familienmodell oder auf Teilzeitarbeit setzen, sondern sich für eine Vielfalt von möglichen Alternativen stark machen, welche ihren Ausgang beim Befinden und bei den Perspektiven von Frauen und Männern nehmen. Dies erfordert, dass auch einzelne Männer – nicht interessenvertretende Verbände oder Vereine – sich getrauen, ihre Stimme zu erheben und für ihre eigenen Interessen einzustehen. Aktuell sind sie in dieser Hinsicht noch zu sehr das schweigende Geschlecht.

Weil ich grundsätzlich überzeugt bin, dass es nicht genügt, lediglich neue Väter und neue Mütter einzufordern und ihnen den Weg hierfür zu ebnen, formuliere ich abschließend visionäre Gedanken, wie Paare ihre Vorstellungen zur Vereinbarkeit von Beruf und Familie auf kürzere und auch längere Sicht leben können. Dabei postuliere ich die »Entzerrung der Rushhour« als neue Zeitpolitik, welche die gesamte Lebensspanne in den Blick nimmt. Sie erfordert ein grundsätzliches Umdenken von uns allen.

Die Kritik: Väter haben Defizite, Mütter sind überlastet

Aktuell vollzieht sich ein Wandel der Vorstellungen über die Praxis von Vätern. Immer häufiger verstehen sich Männer nicht mehr ausschließlich als Erzeuger, Ernährer und Beschützer der Familie, und viele zeigen auch eine relativ hohe Motivation zur Veränderung. Trotzdem hat die Kritik an ihnen Bestand. Obwohl neue Väter in vielen Zeitschriften und Erziehungsratgebern idealisiert werden, überwiegt in Politik und Medien die Defizitperspektive. Im Gegensatz hierzu wird den Vereinbarkeitsproblemen und Doppelbelastungen der Frauen deutlich mehr Wohlwollen entgegengebracht. Frauen gelten immer noch als Opfer, Männer als Schuldige. Kritisiert werden diese vor allem darin, dass sie sich im häuslichen Bereich zu wenig und im Beruf zu stark engagieren, weshalb die Mütter nach wie vor die innerfamiliäre Hauptverantwortung tragen müssten. Zudem seien Männer noch zu oft die Haupternährer der Familie, welche den größten Teil des Familieneinkommens zu erwirtschaften hätten.

Untersucht man solche Kritiken etwas genauer, dann lassen sie sich teilweise entkräften, vor allem aber auch stark differenzieren. Weil das Engagement von Vätern vor allem an Vorstellungen guter Mutterschaft und an direkt sichtbaren Fürsorgeleistungen gemessen wird, können Väter nur dann genügen, wenn sie mit der Partnerin ein möglichst egalitäres Familienmodell wählen, also gleichberechtigt mit ihr Berufs- und Familienarbeit teilen. Dies ist jedoch in vielen Fällen aufgrund der finanziellen Familiensituation gar nicht möglich. Deshalb ist ein Großteil der Frauen bereit, die Sicherung des Familieneinkommens in die Verantwortung des Partners zu legen und seine Berufskarriere zu unterstützen, während sie vielleicht nur etwas dazuverdienen.

Es sind keineswegs lediglich die Defizite von Männern und wohlwollend wahrgenommenen Belastungen von Frauen, welche Vater- und Mutterschaft so erschweren und die Partnerschaft vor große Herausforderungen stellen. Frauen haben genauso Defizite, wie Männer an ihren Doppelbelastungen zu tragen haben. Im Kern bedeutet dies, dass sich nicht nur Männer in ihren Einstellungen und ihrem Verhalten verändern müssen, sondern genauso die Frauen.

Jahrzehntelang waren Väter für das Aufwachsen der Kinder eine fast vergessene Gruppe. Dies hat viel damit zu tun, dass Mütter als *die* emotionalen Bindungs- und Betreuungspersonen galten und ihre Beziehung zum Kind als die wichtigste überhaupt verstanden wurde. Ein idealer Vater hingegen war, wem es gelang, Ernährer, Geschlechtsrollenmodell und Disziplinierungsperson in einem zu sein. Betreuungsaufgaben in der Familie, Windeln wechseln oder Haushaltsarbeit gehörten nicht dazu. Auch die Forschung war überzeugt, dass eine solche Aufgabenteilung zwischen den Paaren den Aufbau der kindlichen Geschlechtsrollenidentität unterstützt. Deshalb wurde dieses System kaum infrage gestellt.

Erst im Zusammenhang mit der Frauenbewegung und

der zunehmenden Gleichberechtigung der Geschlechter gerieten Männer unter einen nie dagewesenen Druck, etwas
gegen diesen Zustand zu unternehmen und das Vatersein
anders zu gestalten. Diese Drucksituation zeigte große Wirkungen, Männer veränderten sich zunehmend und begannen, ihr Selbstverständnis zu überdenken. Gleichzeitig hatte
sie eine massiv voranschreitende gesellschaftliche Abwertung des Männlichen zur Folge, welche die Literaturnobelpreisträgerin Doris Lessing und die Philosophin Elisabeth
Badinter als »feministischen Irrtum«[9] bezeichneten, der so
sehr Teil unserer Kultur geworden sei, dass wir ihn kaum
noch wahrnehmen würden.

Männer sind die Schuldigen, Frauen die Opfer

In Lifestylemagazinen finden sich wunderbare und ästhetisch schöne Bilder von Vätern und ihren Kindern. Anders
sieht es jedoch in den Alltagsmedien aus, die Männer gerne
in defizitären Kategorien porträtieren. Berichtet wird beispielsweise von Vätern am Limit, die sich um den Nachwuchs kümmern, aber gleichzeitig im Beruf Vollgas geben
müssen, weshalb der Rollenwandel eine Fehlanzeige sei und
viele Männer lediglich »verbale Aufgeschlossenheit bei weitgehender Verhaltensstarre« zeigen würden.[10]

Können Männer somit gar nie genügen? Zumindest
scheint es so, denn auch die vor mehr als dreißig Jahren gemachte Aussage von Cheryl Benard und Edit Schlaffer ist
offenbar zumindest teilweise noch heute gültig, wonach
Männer lernunfähige Wesen seien, die »viel erlebt und
nichts begriffen«[11] hätten. Sie stehen immer noch unter
Dauerkritik, allerdings mit dem Unterschied, dass es heute

nicht mehr um den distanzierten, sondern um den zu wenig präsenten Vater geht.

In vielen Kreisen dominiert die Überzeugung, Männer würden an den Vereinbarkeitsproblemen der Partnerin die Hauptschuld tragen. Deshalb werden Forderungen immer lauter, dass sie im Haushalt endlich aktiver werden und für die Kinder mehr Verantwortung übernehmen sollen. Dies hat jedoch zur Folge, dass alle Männer in den gleichen Topf geworfen werden und unberücksichtigt bleibt, ob sie die Haupternährerrolle innehaben oder nicht, ob sie Vollzeit oder Teilzeit arbeiten und ob fixe Verpflichtungen mit ihrem Job verbunden sind. Logischerweise bleibt dann auch außen vor, dass Männer im familiären und partnerschaftlichen Gefüge möglicherweise ebenso Benachteiligungen erfahren und ein Vereinbarkeitsproblem haben.

Männer sind bis heute weitgehend die wenig unterstützungswürdigen Schuldigen geblieben, Frauen die hilflosen Opfer. Dies ist unter anderem ein Ergebnis der Gleichstellungspolitik, die sich zu lange nur auf Frauen konzentriert und die Fesseln der Männer ignoriert, bagatellisiert und teilweise – besonders schlimm – ironisiert hat. Und auch die #MeToo-Bewegung heizt solche Überzeugungen an. Doch es ist unterkomplex und im Kern falsch, alle Probleme den Männern in die Schuhe zu schieben.[12]

Frauenversteher und Antifeministen

Solche normativen Gesinnungen und Handlungen zeigen Wirkungen in verschiedenen Variationen, etwa bei Männern, die sich zwar als Frauenversteher definieren, aber zwischen Geschlechtsidentität und Rollenvielfalt hin- und hergerissen sind und sich aufreiben, oder bei Antifeministen, die sich radikalisieren und sich in frauenfeindlichen Gruppierungen engagieren:

- **Einfühlsame Frauenversteher:** In ihrem Beitrag in der Wochenzeitschrift *Die ZEIT*[13] hat die Journalistin Nina Pauer mit ihrer Aussage »Männer tragen Bärte und spielen Gitarre« eine breite Diskussion ausgelöst. Der Grund dafür war, dass sie Männer als zu bemitleidende Schmerzensmänner bezeichnete, die ihre Rolle verloren hätten und zu stark feminisiert worden seien. Die Ursache ortete sie vor allem in Gesellschaft und Gleichstellung, welche von ihnen neue Eigenschaften verlangen würden wie Sanftmut, Rücksichtnahme oder Schwäche. Obwohl dies durchaus sexy sei, würden sich viele Männer heute grotesk verhalten. Sie seien einfühlsame Frauenversteher geworden, die sich ständig bemühen, reflektiert zu sein, doch nicht mehr werben, erobern und Mann sein könnten.

- **Antifeministen:** Ein anderes Phänomen ist die Gegenbewegung der progressiven Antifeministen sowie der rückwärtsgewandten Antifeministen. Sie sehen sich von den Gleichstellungsbemühungen angeklagt, Machtmenschen einer überkommenen, voremanzipatorischen Gesellschaft zu sein. Deshalb artikulieren sie ihre Wut mit massiver Frontstellung, meist im Internet und Onlinekommentaren, manchmal auch in Männerzeitschriften. Misogynie lautet der Fachbegriff dafür. Obwohl der Tenor unterschiedlich ist, besteht ihr gemeinsamer Nenner in der Forderung nach einem Ende der weiblichen Emanzipationsbewegung. Infolgedessen richtet sich der Frauenhass vor allem gegen unabhängige, selbstbewusste und beruflich erfolgreiche Frauen, die nicht im Hintergrund bleiben, sondern ihre Stimme erheben. Den Antifeministen sind die Gleichstellungsbüros deshalb ein besonderer Dorn im Auge, weil sie in ihren Augen nicht nur von Frauen dominiert werden, sondern diese auch sagen, was Männern fehlt. Solche Aussagen empfinden sie als lächerliche Fremdbestimmung.

Man kann es jedoch drehen und wenden, wie man will: Einzelne Themen, auch wenn sie von Antifeministen und in deutlich moderaterer Form auch von Männerrechtlern vorgebracht werden, sind nicht nur brisant, sondern haben auch eine empirische Legitimation. Denn Frauen sind teilweise ebenso Gewinnerinnen, Männer auch Verlierer. Schon in der Schule gelten Jungen als das neue schwache Geschlecht.[14] Mädchen sind selbstbewusster, dynamischer und sozialkompetenter, haben bei gleichen intellektuellen Fähigkeiten bessere Schulnoten, und zwar ab der ersten Klasse – ausgenommen in Mathematik. Durchschnittlich gelingt Jungen der Sprung ans Gymnasium seltener, weshalb sie manchmal auch als Verlierer der Bildungsexpansion bezeichnet werden.[15] Mädchen werden zudem bei den Hausaufgaben von den Eltern mehr unterstützt als Jungen. Und sie wiederum führen die Negativ-Ranglisten in den Rückstellungen beim Schuleintritt, bei den Ritalin-Schluckern, Schulschwänzern und Schulabbrechern an. Dies führt dazu, dass die Gruppe junger Männer wächst, die ab 16 Jahren ohne Ausbildung dastehen. Zwar müssen solche Risikoszenarien relativiert werden – denn insgesamt gibt es innerhalb der Jungen- und der Mädchengruppe größere Unterschiede als zwischen ihnen –, doch dürfte ein beachtlicher Teil der männlichen Jugendlichen in Zukunft immer mehr in Rückstand geraten, auch wenn in Verwaltungsräten, an den Universitäten und im Management die Männer nach wie vor deutlich in der Überzahl sind. Wenn Geschlechterforscherinnen und -forscher vor diesem Hintergrund generalisierend nur die hegemoniale Männlichkeit in den Blick nehmen, beschreiben sie zwar diese Tatsache, verschleiern jedoch, dass man nicht lediglich von *den* Männern sprechen kann.[16] Weiterführend wäre eher, das normative Modell des männlichen Schuldigen und des weiblichen Opfers im Dialog mit der Frauenpolitik zu überwinden, und zwar ohne die Männer einseitig anzuklagen.

Defizitäre Männer: Auch eine Folge zu hoher Messlatten

Männer werden am Ideal des neuen Vaters gemessen, und dieses wiederum orientiert sich am Bild der guten Mutter. Allerdings weiß niemand so genau, wer denn die neuen Väter sind. Deshalb wird der Begriff ausgesprochen schwammig gebraucht. So wird etwa bereits dann von neuen Vätern gesprochen, wenn sie nicht Vollzeit arbeiten und die Partnerin ebenfalls berufstätig ist. Manchmal genügt es auch schon, wenn werdende Väter die Absicht äußern, mit ihren Partnerinnen eine egalitäre Partnerschaft aufbauen zu wollen. Und in der Schweiz werden Männer schon dann als neue Väter gefeiert, wenn sie nach der Geburt eines Kindes die ihnen zustehenden Vatertage beziehen.

Allerdings gibt es eine große Kluft zwischen Einstellungen und Verhaltensweisen. Verschiedene Studien kommen zu dem Schluss, dass es neue Väter vor allem auf der Einstellungsebene gibt, doch kaum auf der Verhaltensebene.[17] Ein Großteil würde sich zwar als Erzieher und nicht mehr nur als Ernährer der Familie verstehen, wolle die Freizeit mit ihr verbringen und auch eine aktive Erziehungsverantwortung übernehmen. Trotzdem seien dies meist nur Beteuerungen.

Das, was Männer praktizieren, würde sich grundsätzlich von dem unterscheiden, was sie eigentlich möchten.

Dass Männer nicht genügen können, ist auch eine Folge zu hoher Messlatten. Weil die direkte häusliche Verfügbarkeit als Qualitätsmerkmal für neue Väterlichkeit gilt, wird die Anzahl der Stunden, die der Vater zu Hause ist, als normatives Maß genutzt. Ein in Vollzeit tätiger Mann gilt deshalb nicht als neuer Vater, weil er zu oft abwesend ist – ungeachtet dessen, ob und wie viel er sich in der Familie engagiert und auch andere Fürsorge- und Versorgungsleistungen erbringt.

Wer jedoch die Ursachen der Kluft zwischen Wunsch und Wirklichkeit nur in den männlichen Verhaltensweisen sucht, liegt falsch. Neben den strukturellen Barrieren des Arbeitsmarktes verstärken auch Frauen mit ihrem eigenen Verhalten das traditionelle Rollenbild des Mannes. Entscheiden sie sich für die Rolle der Zuverdienerin und schieben sie dem Partner die Haupternährerrolle zu, dann können sie sich zwar die Option (Teilzeit-)Berufstätigkeit, Hausfrau oder beides offenhalten und sich zu Hause verwirklichen oder wegen mangelnder Motivation aus dem Beruf aussteigen. Aber damit machen sie sich von ihm abhängig.

Die Kritik an den defizitären Männern ist somit viel zu einseitig und zu undifferenziert. Dies trifft in erster Linie für die Argumente zu, Väter würden sich im häuslichen Bereich zu wenig und im Beruf zu sehr engagieren, weshalb die Mütter nach wie vor die innerfamiliäre Hauptverantwortung tragen müssten.[18] Nimmt man solche Kritiken unter die Lupe, wird die Problematik schnell einmal offensichtlich.

Kritik 1: Väter engagieren sich zu Hause zu wenig.

Die Arbeitskräfteerhebung (SAKE) des Bundesamtes für Statistik aus dem Jahr 2016 zeigt in Abbildung 1 auf, wie intensiv sich Väter und Mütter mit ihren Kindern in den letzten zwanzig Jahren beschäftigt haben. Deutlich wird dabei, dass Eltern im Verlauf dieser Zeit ihr Engagement kontinuierlich erhöhten (zu essen geben, Körperpflege, spielen, Unterstützung bei den Hausaufgaben, Begleitung von Freizeitaktivitäten). Waren es bei den Müttern im Jahr 1997 noch durchschnittlich 13,6 Stunden pro Woche gewesen, so waren es im Jahr 2013 bereits 21,5 Stunden und im Jahr 2016 22 Stunden, also acht Stunden mehr. Bei den Vätern stieg der Aufwand von 8,3 Stunden pro Woche im Jahr 1997

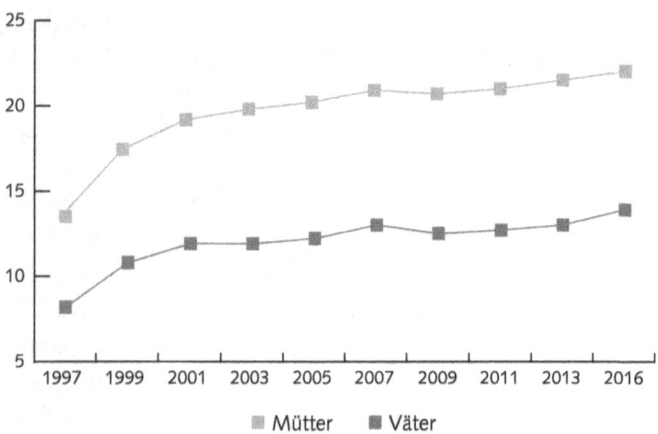

Abbildung 1: *Durchschnittlicher Zeitaufwand für die Kinderbetreuung, differenziert nach Müttern und Vätern (Bundesamt für Statistik [BfS], 2017)*

auf 12,8 Stunden im Jahr 2013 und auf 13,9 Stunden im Jahr 2016, was einer Zunahme von 5,4 Stunden entspricht. Vergleicht man die Tätigkeiten der Väter und der Mütter, dann wird deutlich, dass Mütter zwischen 1997 und 2013 63 Prozent, Väter 69 Prozent zugelegt haben.

Problematik: Trügerisch ist, wenn solche Grafiken als Legitimation für die Kritik am mangelnden väterlichen Engagement herangezogen werden. Denn sie geben vor, statistisch legitimiert die geringen Beiträge von Vätern über die Jahre hinweg aufzeigen zu können. Dadurch wird aber vertuscht, dass es sich nur um die sichtbaren Leistungen handelt und Rückschlüsse deshalb lediglich auf diese bezogen möglich sind. Alle anderen Leistungen von Männern bleiben hingegen unberücksichtigt.

Deshalb steht diese Abbildung für das Klischee eines veralteten Vaterbildes. Die Forschung zeigt mehr als deutlich auf, dass direkt messbare und sichtbare Leistungen kaum das ausschlaggebende Kriterium sind, um einen Mann als guten Vater bezeichnen zu können. Es kommt auch auf die unsichtbaren Fürsorgeleistungen an!

Kritik 2: Väter arbeiten zu viel.

Bevor der erste Nachwuchs da ist, sind Paare meist zu gleichen Teilen für die Sicherung des Einkommens zuständig. Obwohl drei Viertel der 20- bis 35-jährigen Männer sich eine berufstätige, ökonomisch unabhängige Partnerin wünschen, tappen viele in die Ernährerfalle, sobald sie Eltern werden.[19] Und das geht so (vgl. Abbildung 2): Weil Männer in der Regel mehr verdienen und Frauen nicht selten instabile Beschäftigungsverhältnisse haben, wird die familiäre

Arbeitsteilung für viele Paare zur Kosten-Nutzen-Abwägung, wobei der männliche Lohnvorteil traditionalisierend wirkt. Mit der Geburt des ersten Kindes unterbrechen Frauen ihre Berufstätigkeit, zunächst meist teilweise, und kehren dann – überwiegend in Teilzeit – in den Beruf zurück, manchmal auch nicht. Kommen mehr Kinder dazu, verstärkt sich die Traditionalisierung, indem Frauen ihre Teilzeitarbeit weiter zurückschrauben, während Männer immer deutlicher den Haupternährerstatus übernehmen. Trotzdem ist das Geld nicht der alleinige Traditionalisierungsfaktor, das Verhalten der Partnerin spielt eine genauso wichtige Rolle wie auch die Qualität der Paarbeziehung.

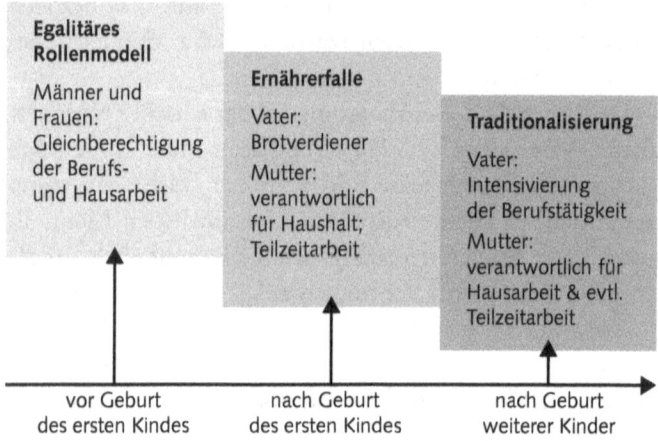

Abbildung 2: *Die Traditionalisierung der Rollen ab der Geburt des ersten Kindes*

Problematik: Obwohl die Kritik grundsätzlich richtig ist, dass Väter (zu) viel arbeiten würden, reflektiert sie die Hintergründe zu wenig, wie es dazu kommt. Erstens werden mit der Geburt des ersten Kindes aufgrund erhöhter Investitionskosten wirtschaftliche Fragen entscheidend, sodass die Logik des Geldbeutels nun eine viel bedeutsamere Rolle spielt. Zweitens verspüren viele Frauen verstärkt den Wunsch, mehr Zeit mit dem Nachwuchs und weniger Zeit mit Berufsarbeit zu verbringen. Gleichzeitig verbindet der Großteil der Männer als Kennzeichen guter Vaterschaft die Haupternährerfunktion mit der Fähigkeit, der Familie auch eine hohe Lebensqualität bieten zu können. Ebenso unberücksichtigt bleibt, dass sich dieser Traditionalisierungsprozess mehrheitlich im gegenseitigen Einverständnis vollzieht. Viele Studien – so auch unsere Tarzan-Untersuchung – belegen, dass nicht wenige Frauen die Sicherung des Familieneinkommens als primäre Aufgabe des Partners verstehen und sie deshalb seine Berufskarriere unterstützen.[20]

Die Kritik an den zu viel arbeitenden Vätern ist vor diesem Hintergrund nicht nur zu entkräften, sondern auch zu hinterfragen. Denn sie nimmt kaum zur Kenntnis, dass der gesellschaftliche Druck auf Paare enorm hoch ist. Zwar liegt es in ihrem Verantwortungsbereich, welches Familienmodell sie wählen wollen. Aber Gesellschaft, Politik und Volkswirtschaft drängen sie in Rollenmodelle, in denen beide in Familie und Beruf gleich viel leisten.[21] Das Vollzeit-Teilzeit-Modell ist deshalb für viele Paare ein Kompromiss.

Hier sollte man ansetzen und Paare nicht nur unterstützen, sondern sie auch beraten. Nicht wenige sind sich in ihrem Wunsch nach Familie und Kindern viel zu wenig bewusst, dass die Geburt jedes weiteren Kindes den Traditionalisierungsprozess verstetigt. Natürlich darf man dies nicht dramatisieren, doch müsste man jungen Paaren deutlicher aufzeigen, dass sich die Situation bei einer Trennung plötzlich neu gestaltet und eine Modernisierung des Paarkonzepts deshalb zwingend wäre. Frauen, die lediglich aus Mutterschaftsidealen beruflich zurückstecken, finden später den

Weg zurück in die Arbeitswelt nur unter erschwerten Bedingungen.

Kritik 3: Frauen sind für alles allein verantwortlich.

In deutschsprachigen Ländern sind aktuell durchschnittlich 72 Prozent der Mütter in Paarhaushalten und 81 Prozent in Einelternhaushalten erwerbstätig. Männer arbeiten zu 13,6 Prozent Teilzeit, Väter sogar nur zu knapp zehn Prozent. Frauen wiederum sind zu 60 Prozent in Teilzeit beschäftigt. Zwar hat sich der Anteil an Paarhaushalten mit kleinen Kindern, welche die Hausarbeit gemeinsam verantworten, seit 1997 stark erhöht. Doch zeigen die neuesten Daten, dass die sichtbaren Leistungen von Kinderbetreuung und Haushalt zwischen den Geschlechtern nach wie vor nicht ausgewogen sind.[22] Bleibt diese Feststellung jedoch undifferenziert im Raum stehen, dann öffnet sie Tür und Tor für Vorurteile. Deshalb ist es zwingend, solche Unausgewogenheiten mit dem Erwerbsmodell in Zusammenhang zu bringen.

Tabelle 1 verdeutlicht, dass die Kinderbetreuung tatsächlich eine vornehmlich weibliche Angelegenheit ist, unbesehen davon, ob der Partner Vollzeit arbeitet und die Frau nicht berufstätig (82 Prozent), in Teilzeit berufstätig ist (71 Prozent) oder Vollzeit arbeitet (52 Prozent). Arbeiten beide hingegen Teilzeit, dann übernehmen Frauen die Kinderbetreuung zum größeren Teil (54 Prozent). Ähnliches gilt für die Haushaltsverantwortung. Außer im Vollzeit-Vollzeit-Modell, in welchem Männer zu 57 Prozent federführend sind, liegt die Verantwortung hauptsächlich bei den Frauen (zwischen 54 Prozent und 83 Prozent).

Erwerbsmodell	Anteil der Mütterverantwortung	
	Kinderbetreuung	Haushalt
Mann Vollzeit – Frau nicht berufstätig	82 %	83 %
Mann Vollzeit – Frau Teilzeit	71 %	76 %
Mann Vollzeit – Frau Vollzeit	52 %	43 %
Mann Teilzeit – Frau Teilzeit	46 %	54 %

Tabelle 1: *Prozentuale Anteile der Mütter an Kinderbetreuung und Haushalt nach Erwerbsmodell (Bundesamt für Statistik [BfS], 2015)*

Problematik: Diese Daten bestätigen teilweise Erwartetes, machen aber auch den Blick frei für Differenzierungen. Wie erwartet leisten Frauen dann den Hauptteil der Arbeit in Kinderbetreuung und Haushalt, wenn sie nicht oder in Teilzeit berufstätig sind. Deutlich anders sieht es hingegen aus, wenn beide Partner Vollzeit oder Teilzeit arbeiten. In beiden Fällen sind die Anteile an der Verantwortung wesentlich ausgeglichener, was auf ein relativ hohes Engagement der Männer verweist. Die Kritik, Frauen seien für alles allein verantwortlich, stimmt so nicht, sondern trifft mehr oder weniger lediglich für die beiden traditionelleren Modelle »Vollzeit – nicht berufstätig« und »Vollzeit – Teilzeit« zu.

Zwangsläufig können solche Daten keine Auskunft zur Frage geben, weshalb dies so ist. Denn eigentlich müsste die mütterliche Hauptverantwortung aufgrund der gleichberechtigteren Arrangements der Paare, des deutlich höheren

Engagements der Väter, der vielen technischen Haushaltserleichterungen und der weiblichen Berufstätigkeit deutlich tiefer sein. Meine Hypothese ist die, dass viele Frauen in den gesellschaftlichen Normen und Vorstellungen darüber, was eine gute Mutter ausmacht, gefangen sind und beweisen wollen, wie sehr sie diesem Mütterlichkeitsideal entsprechen. Deshalb übernehmen sie die Gesamtverantwortung für Familie und Haushalt unhinterfragt, auch wenn sie dadurch an ihre Grenzen stoßen.

Weshalb haben nicht nur viele Frauen, sondern auch nicht wenige Männer das Ideal der guten Mutter verinnerlicht? Mit Sicherheit deshalb, weil sie vom Einfluss der Umgebung, das heißt des familiären, sozialen und beruflichen Netzwerkes, abhängig sind. Wie andere denken, was andere tun und wie die Medien darüber berichten, färbt ab und hat insbesondere auf Frauen und ihr mütterliches Verhalten einen großen Einfluss. Der Soziologe Georg Simmel nennt diese Einflussgröße *den sozialen Nachbarn.*

Wenn man immer wieder liest, dass es die Männer selbst seien, welche über die Zukunft der Vaterschaft entscheiden würden, so stimmt dies so nicht. Einen ebenso großen Anteil tragen die Frauen. Denn wie Männer ihre Vaterrolle ausüben können (und auch wollen), hängt ebenso von den Partnerinnen ab. Auch wenn sich der Großteil junger Frauen heute engagierte Männer als Partner wünscht, ist dies noch kein Indiz dafür, dass Frauen tatsächlich auch bereit sind, eine in allen Belangen egalitäre Partnerschaft zu leben. Denn dies bedeutet, dass sie nicht nur fordern können, sondern auch selbstkritisch und veränderungsbereit sein oder werden müssen.

Väter und Mütter in der öffentlichen Diskussion

*Männer werden von der Öffentlichkeit mit neuen und un-
bekannten Erwartungen konfrontiert, die für die Generation
ihrer Väter noch weitgehend unbekannt waren. Im Mittelpunkt steht das stärkere Engagement in der Familie. Dieses
wird mehr und mehr zu einer normativen Leitvorstellung und
für Männer zu einer zunehmenden Herausforderung. Damit
sie solchen Herausforderungen genügen können, müssen sie in
der Familie aktiv und involviert sein, gleichzeitig sollen sie
aber auch beruflich Karriere machen.*

*Dass die Figur des neuen Vaters gerade in letzter Zeit so
populär geworden ist, hat zwei wesentliche Gründe: Erstens
sind es Medienberichte über Promi-Väter, aber auch Män-
nermagazine, in denen die Rolle des Superdaddys überdimen-
sioniert positiv beschrieben wird. Zweitens nutzt die Fami-
lien- und Gesellschaftspolitik den neuen Vater als Figur, um sie
als Gegenentwurf zum negativ bestimmten Verständnis von
Vaterschaft zu positionieren und vom Modell des männlichen
Haupternährers abzugrenzen.*

*Es ist aber nur eine Minderheit der Männer, die das Leit-
bild des neuen Vaters tagtäglich mehrheitlich praktiziert, egalitäre Erwerbsmodelle lebt und einen paritätischen Anteil an
der Familienarbeit übernimmt. Weil mit dem Leitbild dieses*

neuen Vatertyps der traditionelle Haupternährer oder Allein-verdiener als Mangelvater an den Pranger gestellt wird, dieser aber genauso lediglich eine Minderheit ausmacht, bleibt die Mehrheit der Väter außen vor. Infolgedessen ist die mediale und gesellschaftspolitische Diskussion normativ und ideologisch recht aufgeladen und teilweise, wenn auch meist unbewusst, auf die Abwertung des Männlichen ausgerichtet.

Diese entweder idealisierende oder defizitorientierte Pers-pektive öffnet Tür und Tor für Vorurteile, die sich als sich selbst erfüllende Prophezeiungen erweisen können, indem sich Men-schen erwartungsgemäß verhalten. Deshalb wird auch kaum zur Kenntnis genommen, wie stark die kulturellen Widersprü-che für Männer sind, wenn sie ihre Lebensentwürfe erweitern möchten, aber mit rückständigen normativen Bildern konfron-tiert werden. Gleiches gilt für ihre Partnerinnen, die zwar be-ruflich Karriere machen dürfen, sich aber gleichzeitig als gute Mütter beweisen müssen, die den Nachwuchs immer und über-all an erste Stelle setzen müssen.

Wunderbar oder ungenügend?

Väter im Rampenlicht

Die Vermarktung der neuen Väter ist seit mehr als zehn Jahren zu beobachten, und derzeit ist auch das publizistische Interesse an ihnen fast größer als an den Müttern. Auffallend ist zumindest, welchen Stellenwert sie in Medien und Werbung, in der populärwissenschaftlichen Literatur, in Vätermagazinen oder Online-Briefkästen und Internetportalen bekommen. Neuerdings nehmen sich sogar Wirtschaftsmagazine des Themas an. Zwar ist dies eine durchaus positive Veränderung des gesellschaftlichen Blicks auf Elternschaft. Doch werden Männer stark polarisierend und in sehr unterschiedlichen Bildern porträtiert und diese Bilder wiederum mit moralischen und emotionalisierenden Botschaften aufgeladen: hier der fürsorgliche und glückliche Superdaddy, dort der gestresste Vater, und dann gibt es immer wieder den faulen und sich ausklinkenden Vater. »Durchschnittliche« Väter, die wenig auffallen, scheint es kaum zu geben. Dieses Kapitel beleuchtet die Hintergründe.

Der Vater als Superdaddy

Prominente Männer präsentieren sich gerne als Superväter. Man denke etwa an den Tennisstar Roger Federer mit seinen Doppel-Zwillingen oder an den Schauspieler Chris Hemsworth, Vater von drei Kindern, der immer den harten Superhelden spielt und zurzeit als *Sexiest Man Alive* gilt. Beide sind Weltstars, privat aber auf dem Boden gebliebene Männer, bei denen die Familie an erster Stelle steht. Gleiches gilt für den besten Schwimmer der Welt, Michael Phelps, der sich mit seinem neugeborenen Sohn als glücklicher und behutsamer Vater ablichten ließ, mit Sixpack und Waschbrettbauch, erfolgreich und attraktiv.

Gemeinsam ist diesen Stars, dass sie ihre Auftritte mit der Familie als Coming-out des engagierten Superdaddys nutzen. Als Vorzeigeväter schieben sie in der Öffentlichkeit stolz den Kinderwagen, tragen den Säugling im Tragetuch eng am Körper oder bauen mit dem Nachwuchs Sandburgen am Strand. Damit zeigen sie uns, wie gut es ihnen gelingt, die Praxis als Vater mit Glücksanspruch und Beziehungslust zu verbinden und auch den Sinn des Lebens zu finden. Gleichzeitig sind sie immer voller Energie, gut gelaunt und schick oder lässig angezogen – und sie haben viel Zeit für ihre Sprösslinge. Damit erwecken sie den Eindruck, ihre Vaterschaft sei etwas Spektakuläres.

Medienberichte über Promi-Väter sind natürlich nicht unerwünscht, weil sie mit einer Vorbildwirkung verbunden sind und auch eine willkommene Alternative zum oft beklagten Mann in der Krise darstellen.[23] Viele Väter möchten gerne so wirken wie sie, nämlich engagiert, lässig und vor allem: nicht gestresst. Und weil viele Männer ihre Rolle neu definieren wollen, sind sie auch empfänglich für die

Botschaft der Stars: Ein Superdaddy kann jeder werden, wenn er nur will: Seht her, wenn wir das können, dann könnt ihr dies auch. Ihr müsst euch nur neu definieren!

Leider werten solche Bilder und Botschaften alles Durchschnittliche vollkommen ab und machen normale Männer höchstens neidisch. Wenn sie vor dem Eingang der Krabbelgruppe, des Kindergartens oder der Schule stehen, um ihre Kinder abzuholen und von solchen coolen und lockeren Superdaddys hören, dann fragen sie sich unweigerlich, wie die das nur machen. Selbst weit weg von solch einem Modell haben sie ganz andere Sorgen und Lebensbedingungen, sodass es ihnen schlicht und einfach nicht möglich ist, den Superdaddy auch nur zu imitieren. Doch auf der Suche nach der eigenen Identität entdecken sie viele Alternativen, vor allem auf dem Ratgeber-Markt. Hier finden sie eine Flut von Titeln wie: »Bin ich ein guter Vater?« oder »Zehn neue Gebote für gute Väter«, »Sechs Dinge, die Du heute tun kannst, um ein guter Vater zu sein«. Das Interessante dabei ist, dass die Vater-Sohn-Beziehung besonders oft betont wird (»Jeder Junge will den besten Vater der Welt«), obwohl es in wissenschaftlicher Hinsicht ebenso Studien zum Vater-Tochter-Verhältnis gibt.[24] Und auch wenn Männer Erziehungstipps suchen, werden sie schnell fündig. Geht es nach der Ratgeberliteratur, sollen sie sich als Lebenshelfer und Meister der Kniebeuge verstehen, also die Kinder nicht von oben herab belehren, sondern sich mit ihnen auf Augenhöhe begeben, ihnen aber auch Vorbild sein und dabei Verstand, Verlässlichkeit und Wärme walten lassen.

Doch wer ein Vorbild sein will, muss auch ein Bild von sich selbst haben.[25] Entsprechend breit ist die Palette an angebotenen Selbstbildern, von denen drei Modelle besonders gefragt sind:

■ **Der starke Vater:** Wer diesem Modell folgen will, eifert Männern des Typs Wladimir Klitschko (ehemaliger Box-Champion) nach, dem großen, starken Mann mit muskulösem Body und seinem kleinen, hübschen Kind, das er in den Armen hält, auf seinen Schultern sitzen hat oder mit dem er spielt. Er ist der Inbegriff des schützenden und starken Vaters, der zugleich Weitblick, Übersicht und Überlegenheit signalisiert und dadurch ein sympathisches Spannungsverhältnis zwischen Groß und Klein herstellt.

■ **Der fürsorgliche Vater:** Dieses Modell steht für Männer, die selbst wieder zum Kind werden, wenn sie mit dem Nachwuchs spielen. Bestes Beispiel sind Bilder des Fußballstars David Beckham, wie er von seiner Tochter als Mädchen verkleidet und geschminkt wird oder wie er mit ihr am Strand gedankenversunken Sandburgen baut. Solche Bilder vermitteln die Botschaft vom Vater als Kumpel, der seinen Status als Erwachsener zeitweise aufgibt und sich ganz, ultimativ und auf Augenhöhe auf den Nachwuchs einlässt.

■ **Der sexy Vater:** Das dritte Modell vereint Männer, welche durch und durch männlich wirken wollen und ihr sexy Wesen speziell betonen. Sie werden von den Medien gerne als die neuen Helden aufs Podest gehoben und vermitteln den Vätern, dass sie trotz Windelwechseln und familiärem Engagement immer noch männlich genug und trotzdem richtige Kerle sind.[26] Body-technisch zählen vor allem die Profisportler zu den Augenweiden, etwa der Fußballer Gerard Piqué, der mit seinem Charme nicht nur die Latin Queen Shakira um den Finger gewickelt hat, sondern auch dank des Nachwuchses zum Bilderbuch-Daddy geworden ist.

Anleitungen für gestresste Väter

Die Fachleute, die hinter den Heerscharen an Ratgebern stecken, wissen natürlich bestens, dass der Superdaddy vor allem eine schöne Vision ist und diese die Kluft zum Vateralltag besonders deutlich macht. Väter müssen sich keinesfalls nur neu definieren, wie man dies oft hört. Die Realität sieht meistens anders aus:

> »Morgens komme ich nicht ausgeschlafen aus dem Bett. Um mich richtig frisch zu machen, ist die Zeit knapp. Deshalb rasiere ich mich oft nur flüchtig und ziehe auch nochmals dieselben Hosen vom Vortag an. Schon beim Vorbereiten der Kleinen auf den Kindergarten und die Kita muss ich meist dauernd auf die Uhr sehen, weil die Zeit schon wieder knapp ist. Ich muss mir Mühe geben, den Stress nicht zu zeigen, wenn ich die Kinder dann abgebe und zur Arbeit hetze.«[27]

Die männliche Doppelbelastung hat inzwischen viele Ratgeber und Medienberichte erreicht. Man liest darüber, dass es Kindern schadet, wenn Väter zu lange arbeiten und zu viel Stress haben: »Jetzt sind auch die Väter überfordert« oder »Nicht nur Manager, auch Väter haben Burn-out«. Auch an Ratschlägen mangelt es nicht:

> »Zu viel Stress im Job, keinen freien Kopf für Frau und Kind? Dann helfen Ihnen diese Tipps aus der Klemme:
>
> ▨ Kultivieren Sie die Kurzkonversation!
> ▨ Gehen Sie mal wieder auf einen Schulbesuch!

- Seien Sie aktiv und treiben Sie Sport!
- Schlafen Sie ausreichend!
- Lassen Sie die Berufssorgen außen vor!
- Suchen Sie Hilfe und nehmen Sie diese auch an!«[28]

Wird man aus solchen Ratschlägen klug? Sollten sich Männer etwas mehr sputen und die Quality time mit der Familie nutzen und ausbauen? Braucht es einfach etwas mehr Verständnis für Väter oder müssten sie gar stärker geschont werden? Welche Folgerungen man auch immer zieht, solche Anleitungen für gestresste Väter lassen wichtige Aspekte unangetastet, insbesondere, dass jede Paarbeziehung ein systemisch funktionierendes Gebilde ist. Weil auch die Partnerin Vereinbarkeitsprobleme reklamiert, führen beide oft einen Gerechtigkeitskampf und geraten so in eine veritable Erschöpfungskonkurrenz: »Ich hab weniger geschlafen als du, mir tut der Rücken noch mehr weh als dir, ich bin gestresster im Job und noch genervter von den Kindern.« Iris Radisch sowie Marc Brost und Heinrich Wefing thematisieren diese Problematik in ihren Büchern.[29] Es zähle nicht, wer erschöpfter sei und daher mehr Mitgefühl verdiene, sondern, wie man das alles doch irgendwie hinkriege.

Vom faulen zum überflüssigen Geschlecht – und seine Auswirkungen

Nicht nur die Medien sprechen von Männern als dem faulen Geschlecht, auch sie selbst stellen sich beim selten gewordenen Feierabendbier mit Kollegen manchmal als Väter mit zwei linken Händen dar, wenn es um das Engagement zu Hause geht. Damit unterstützen sie verschiedene Statistiken zur Haushaltsarbeit, die nachweisen, wie sehr Männer ihre Partnerinnen für sich arbeiten lassen würden. Zusammengefasst tönt das etwa so:

> »Von wegen starkes Geschlecht: 33,5 Prozent der Männer beteiligen sich überhaupt nicht an der Hausarbeit. Frauen arbeiten vier Stunden pro Woche mehr als die Männer – verdienen aber weit weniger als die Herren der Schöpfung.«[30]

Meistens wird gefordert, dass Männer in gleichem Umfang Familienarbeit leisten sollen wie Frauen und dass ein Geschlechtervertrag hermüsse. Wie Ersteres gehen könnte und um welche Männer es sich handelt, die als faul bezeichnet werden, wird jedoch ausgeklammert. Da nämlich das Gros der Väter nach wie vor Vollzeit arbeitet, sind sie aus beruflichen Gründen gar nicht in der Lage, sich im geforderten gleichen Umfang wie die Frau zu beteiligen, außer, diese arbeitet ebenfalls Vollzeit – oder beide arbeiten Teilzeit.

Erfahrungen und Berichte zu verantwortungsloser und autoritärer Vaterschaft haben bei immer mehr Frauen ein Männerbild entstehen lassen, das zur Grundlage neuer Lebensformen wird. So besehen sind Frauen-Kind-Gemeinschaften eine radikale Antwort auf die Kritik am Ungenügen der Männer. Alleinerziehung als Befreiung tritt an die Stelle der bürgerlichen Familie. Oft handelt es sich um Frauen, welche die Karriereleiter kontinuierlich emporgestiegen und deshalb Single geblieben oder geworden sind. Plötzlich tritt dann der Traum des eigenen Kindes ins Leben, ohne dass ein geeigneter Partner verfügbar wäre, zumindest keiner, dem eine egalitäre Partnerschaft zugetraut würde. Singlefrauen entscheiden sich deshalb immer öfter, alleine eine Familie zu gründen – entweder durch Adoption oder die Aufnahme eines Pflegekindes, aber die meisten werden mithilfe eines One-Night-Stands oder einer Samenspende schwanger.

Obwohl ein Kind nie ohne Mann entstehen kann, werden Männer durch die Trennung von Kinderwunsch und Partnerschaft zumindest im Ansatz zum überflüssigen Geschlecht. Und die Forschung gibt ihnen nicht unrecht[31], denn die Umstände der Zeugung scheinen relativ wenig Einfluss auf die Entwicklung eines Menschen zu haben. Kinder erleiden durch den vaterlosen Zustand keine substanziellen Nachteile. Denn nicht die Konstellation von Vater und Mutter macht eine gute Entwicklung möglich, sondern die Beziehungsqualität, in der ein Kind aufwächst, aber auch die Anteile des Männlichen und des Weiblichen, die es erlebt.[32] Wesentlich sind lediglich häufige und nahe Kontakte zu Bezugspersonen beiderlei Geschlechts. Kinder reagieren stärker auf die Persönlichkeit der verfügbaren Betreuungspersonen als auf das Geschlecht. Deshalb darf der spezifische Beitrag des Vaters als Mann nicht überschätzt werden. Das väterliche Element kann auch von nicht väterlichen Drittpersonen übernommen werden.

Eine der Fürsprecherinnen der unbemannten Mutterschaft ist die Soziologin Eva Illouz. Sie empfiehlt den Frauen, den Wunsch nach Kindern nicht von einem Mann abhängig zu machen, also nicht darauf zu verzichten, bloß weil kein geeigneter Kandidat mit Partner- und Vaterpotenzial in Sicht ist. Frauen sollten vielmehr für ihre Lebensplanung den Mann – abgesehen von der Zeugung – erst gar nicht einberechnen, sondern alternative Familienmodelle entwickeln.[33]

Der Mann, man kann es nicht schonender formulieren, droht überflüssig zu werden, doch zeigen vorliegende Daten, dass dieses Modell zumindest bisher eine Minderheitenoption geblieben ist, ein Ausnahmephänomen, das vornehmlich bei älteren, ökonomisch gut situierten Frauen zu beobachten ist.

Neokonservative Vorstellungen und kulturelle Widersprüche

Dass Väter erst in den letzten beiden Jahrzehnten beforscht und auch gesellschaftlich als Thematik präsent geworden sind, ist nicht nur eine Folge der zunehmenden Feminisierung der Familie. Die Ursache liegt auch in der verzerrten Geschlechterpolitik, in der bis heute der Blick auf das weibliche Geschlecht dominiert und der Mann als Abweichung gilt. In diesem Kapitel werden solche kulturellen Widersprüche und die damit verbundenen traditionalisierenden Strukturen diskutiert.

Die Abwertung des Männlichen

Sowohl in politischer als auch in wissenschaftlicher Hinsicht sind die letzten Jahre ein Zeitraum, in dem Frauen über Männer schreiben und dabei zum Ausdruck bringen, wo überall es mit der männlichen Emanzipation hapert. Noch nie konnte man so viele Publikationen, wissenschaftliche Fachartikel und Essays zur Gleichstellung der Geschlechter und zum Mann in der Krise lesen. Bis heute ist der Gleichstellungsprozess in erster Linie eine Sache der Frauen geblieben, während man von Männern erwartet, dass sie sich diesem Prozess anschließen oder ihn zumindest gutheißen und nicht unterwandern. Vielleicht gerade aufgrund solcher Erwartungen wurde Gleichstellungspolitik weitgehend unter Ausschluss emanzipierter Männer und damit auch der Väter betrieben, weshalb sie kaum eine andere Sichtweise einbringen konnten oder auch nicht wollten.[34]

Diese Dialoglosigkeit provoziert eine Vielzahl von Gegenreaktionen, die ein wichtiges Motiv für die neue politisierte Väterbewegung sein dürften. Waren es zunächst lediglich radikale Beiträge in Onlineforen, so finden sich nun zunehmend ausgeprägte Formen eines Geschlechterkampfs in antifeministischen Männerrechtsbewegungen. Solche Bewegungen finden sich überall in Europa. Sie verstehen Männer als Opfer einer weiblichen Übermacht und formulieren dies etwa so:[35]

»Mit der Frauenbewegung der 1970er-Jahre wurde in allen westlichen Ländern eine Benachteiligung des weiblichen Geschlechts mit vielen Strategien und Programmen bearbeitet. Heute haben die Mädchen sogar bessere Bildungschancen als die Jungen. Und auch die Frauen sind in vielen Bereichen dank der Gleichstellungsbemühungen sogar bessergestellt. Gendermainstreaming ist jedoch zu einer politischen Geschlechtsumwandlung geworden, sodass die Männer heute die Verlierer des Feminismus sind. Deshalb ist es jetzt an der Zeit, eine neue Bürgerrechtsbewegung zu lancieren, welche gegen die Ideologie des Feminismus und ihre untragbaren Folgen für die Männer ankämpft.«

Deutlich differenzierter setzt sich Christoph Kucklick mit dieser Thematik auseinander.[36] In seinem Essay bezeichnet er den Mann als verteufeltes Geschlecht, weil unsere Gesellschaft gelernt habe, alles Männliche zu verachten. In einer anspruchsvollen Fachzeitschrift habe er gar den Satz gefunden, der Mann sei das problematische Geschlecht des Jahrhunderts. Dass Männlichkeit als Kurzform für unsere gesellschaftlichen Missstände verstanden wird, zeigt sich auch in den redundanten Erklärungsmustern zur männlichen Dominanz in gesellschaftlichen Krisen, beispielsweise in der Finanzkrise ab 2007. So hat eine hoch angesehene Bankenchefin in einem Interview die Position vertreten, dass uns die Finanzkrise im vollen Ausmaß erspart geblieben wäre, wenn wir nicht nur *Lehman Brothers,* sondern auch *Lehman Sisters* gehabt hätten.[37] Dahinter verbirgt sich die Ansicht, die Rettung allen Übels liege bei den Frauen, weshalb sich der Mann an ihnen therapieren müsse.

Zwar ist es ein großer Fortschritt von Feminismus und Emanzipation, dass das Bild der Frau, ihre Position und ihr Selbstverständnis gründlich renoviert worden sind, doch für das Männerbild trifft dies kaum zu. Diese Selektivität hat für die Frauen Nachteile mit sich gebracht, weil sie bisher nicht die gleiche moralische Verantwortung übernehmen konnten oder mussten. Aus der Geschlechterforschung wissen wir zur Genüge, dass es nicht in erster Linie die Hormone sind, welche das moralische Verhalten bestimmen, sondern soziale Zuschreibungen und Erwartungen. Frauen können genauso unmoralisch, verantwortungslos oder egoistisch sein wie Männer, und sie können auch zu ähnlichen Anteilen wie Männer häusliche Gewalt ausüben – nur auf unterschiedliche und verdeckte Art und Weise.

Deshalb ist Kucklicks Forderung zu unterstreichen: Wir brauchen eine Desillusionierung des Weiblichen, indem wir ein soziales Gespür für offene und verdeckte Formen männerfeindlicher Ideologien entwickeln. Aus diesem Blickwinkel haben Frauenquoten etwas Gutes an sich. Denn

wenn Frauen endlich in angemessener Stärke Führungspositionen und Macht erlangen würden, dann könnten
Verwaltungsräte jenseits des Geschlechts frei entscheiden
und vielleicht eine Frau als *echten Kerl* einstellen, die eher
rücksichtslos führt, Entscheidungen durchzieht und un-
beugsam ist. Dann hätte auch ein teamorientierter und ein-
fühlsamer Mann eine Chance, der sich immer bewusst ist,
dass er Menschen führt. So würde die Welt vielleicht nicht
nur etwas fairer, sondern wir würden ebenso erkennen, dass
das Weibliche unsere Welt nicht besser machen kann. Unseren Moralhaushalt zu renovieren, wie dies Kucklick formuliert, wäre somit unsere erste gesellschaftliche Aufgabe
auf dem Weg, die historische Leistung des Feminismus zu
einem erfolgreichen Ende zu bringen und die Sicht auf das
Männliche zu verändern. Dann müssten wir aber zuerst unsere Alltagsvorstellungen und Leitbilder ändern.

Leitbilder und ihre Zensur

Leitbilder umfassen Vorstellungen und Meinungen, die sich
in einer Kultur über bestimmte Zeiten hinweg identifizieren lassen und spezifische Deutungen, Wertungen und Ver-
haltenstendenzen beinhalten. Obwohl die staatliche Politik
eine Wirkung auf die gelebten Rollen hat, prägen Leitbilder
nachhaltiger und hartnäckiger. Sie transportieren Bilder, die
oft unbewusst wirken und nicht reflektiert werden, jedoch
die Einstellungen von Menschen auf eine besondere Weise
beeinflussen. Leitbilder sind deshalb stark daran beteiligt,
welche gesellschaftlichen Verhältnisse als Norm gelten und
welche als Abweichung. Manchmal basieren sie auf empirischen Daten (die ihrerseits wiederum auf Vorannahmen
und Normvorstellungen beruhen können), manchmal aber

auch lediglich auf Vorurteilen und politischen Überzeugungen. Aktuell bestehen deutliche Neigungen, selektive Schemen familiären Zusammenlebens zu fördern. Ein Beispiel hierfür ist das egalitäre Erwerbsmodell, das nicht selten als das einzig Richtige behauptet wird. Familienpolitische Leistungen fokussieren deshalb vor allem auf die Förderung der Elternzeit der Väter, in der Annahme, diese würde die Etablierung des egalitären Modells beschleunigen. Oft wird die Integration von Männern in die familiäre Fürsorge fast nur in dieser Perspektive verfolgt, was jedoch lediglich zu einem relativ kleinen Teil der aktuellen Praxis von Paaren entspricht.

Das Leitbild der egalitären Partnerschaft fokussiert überhöhte Vorstellungen und Erwartungen, wie Väter sein sollten. Viele von ihnen versuchen zwar, Leitbild und Realität in Einklang zu bringen – sei es, dass sie es in die Praxis umzusetzen versuchen und dabei im Hamsterrad ihre Runden drehen, sei es, dass sie die Realität den eigenen Möglichkeiten anpassen.[38] Doch gibt es viele Hindernisse, beispielsweise fehlende Betreuungsmöglichkeiten für Kinder, vor allem aber die Notwendigkeit eines angemessenen Erwerbseinkommens. Da Frauen oft deutlich weniger verdienen als Männer, können Paare ihre Rollen kaum gleichberechtigter aufteilen. Allerdings gibt es auch die Kategorie Männer, welche bewusst scheitern, weil sie mit dem gesellschaftlichen Leitbild nicht konform sein und deshalb gar nichts verändern wollen. Elisabeth Badinter[39] bezeichnet sie als Erben des Patriarchats.

Wenn Männer nicht ehrlich sind

Erstaunlicherweise finden sich in der Literatur kaum Berichte von Vätern, die stolz auf ihre Erwerbstätigkeit sind und auch dazu stehen, dass sie das Geldverdienen als Dienst für die Familie betrachten. Dies kann unterschiedliche Ursachen haben. Sicher ist, dass viele Männer nicht ganz ehrlich sind und sich schon gar nicht öffentlich zu den neuen Rollenanforderungen äußern wollen. Vielleicht wünschen sich einige heimlich das alte Rollenmodell der eigenen Väter zurück, die nach einem strengen Arbeitstag heimkommen und einfach ausruhen konnten. Vielleicht liegt die Ursache aber auch in den Studiendesigns und ihren normativen Vorstellungen. In vielen Untersuchungen wird nämlich unhinterfragt davon ausgegangen, die männliche Haupternährerrolle sei nicht mehr zeitgemäß und nicht mehr attraktiv. Deshalb gibt es auch in der Forschung eine Zensur solcher Leitbilder, die sich in vorurteilsbehafteten Fragenkatalogen – und entsprechenden Daten – äußert.

In der Praxis sieht es so aus: 60 Prozent·der Paare praktizieren in gemeinsamer Absprache das Modell des Mannes als Hauternährer und der Partnerin als Zuverdienerin. Aussagen, die vor dem Hintergrund solcher Daten formuliert werden – dass solche Familienverhältnisse patriarchal oder traditionell seien –, sind deshalb wenig objektiv, sondern vor allem ideologisch. Es ist falsch, ausschließlich die in einer egalitären Partnerschaft lebenden oder zumindest Teilzeit berufstätigen Männer als fortschrittlich zu bezeichnen.

Anstatt lediglich auf das Leitbild der egalitären Partnerschaft zu setzen, müssten wir uns eher mit den Problemen von Paaren beschäftigen, welche aufgrund ihrer finanziellen

Verhältnisse gar nicht die Wahl haben, sich für ein familien-
freundlicheres Modell zu entscheiden. Ebenso sollten wir
der Problematik mehr Beachtung schenken, dass gerade
Männer und Frauen in schwierigen Berufsverhältnissen viel
dafür tun, eine sozial abgesicherte Vollzeitbeschäftigung
halten zu können oder den ungesicherten Teilzeitarbeits-
verhältnissen zu entfliehen. Unabhängig vom Modell des
egalitären Leitbilds dürften sich aus solchen Gründen die
Position des Vaters als Haupternährer und der Mutter als
Teilzeitlerin verändern – und damit auch die Bereitschaft
oder auch der Zwang, ein neues Selbstverständnis zu entwickeln.

Die Mär von der idealen Familie

Seit einigen Jahren heben sozialwissenschaftliche Untersuchungen die Bedeutung des Vaters für die kindliche Entwicklung besonders hervor.[40] Solche Studien sind sehr
wertvoll, weil sie mit der immer noch weitverbreiteten Vorstellung brechen, für die ersten Monate und Lebensjahre sei
vor allem die Mutter zuständig. Diese Überzeugung zeigt
sich besonders markant in Onlinekommentaren und Leser-
briefen, in denen biologistische Überzeugungen massenhaft
verbreitet werden. Zu lesen ist etwa, dass ein Mann eben ein
Mann sei mit typischen Verhaltensmerkmalen und Iden-
tisches für die Frau gelte. Das weibliche Geschlecht könne
deshalb nicht die soziale Rolle des Mannes und dieser nicht
diejenige der Frau übernehmen. Genauso oft wird behauptet, eine verantwortliche Ausübung von Vaterschaft sei mit
dem zwingenden Zusammenleben der Partner verbunden,
denn dieses sei das einzige Fundament einer glücklichen
Entwicklung des Kindes. Logischerweise dramatisieren sol-

che Ansätze die väterliche Abwesenheit besonders stark und verbinden sie mit vielen sozialen Problemen, etwa mit Gewalt, Armut oder schlechten Schulleistungen der Kinder. Doch als empirisch gesichert gilt lediglich, dass Väter wichtige Beiträge liefern, sowohl zur gesunden Entwicklung ihrer Kinder als auch zu Fehlentwicklungen, und dass Säuglinge und Kleinkinder ebenso enge Bindungen zu Vätern aufbauen können wie zu Müttern.[41] Auch wenn Väter nicht direkt anwesend sind, können sie im Leben ihrer Kinder dennoch eine wichtige Rolle spielen.

Eine Familienpolitik agiert traditionell, wenn sie bisher auf Mütter ausgerichtete Maßnahmen lediglich auf Väter ausweitet und damit die traditionelle Partnerschaft – inklusive die heterosexuelle – als das einzig richtige Familienmodell proklamiert. Solche Überzeugungen haben eine deutliche Schieflage, die sich anhand verschiedener empirischer Studien belegen lässt. Sowohl geschiedene als auch nicht verheiratete oder wiederverheiratete Männer können die kindliche Entwicklung positiv beeinflussen.[42] Widerlegt ist auch die Vorstellung, dass nur eine Familie, bestehend aus Vater und Mutter, eine gute kindliche Entwicklung gewährleisten kann. Genauso wie dieser Familientyp keineswegs glückliche Kinder garantiert, führt eine Scheidung nicht zwangsläufig zu unglücklichen Kindern. Viel bedeutsamer ist, ob ihre Bedürfnisse erkannt und ausreichend befriedigt werden und ob die Beziehung zu beiden Elternteilen stabil und zuverlässig ist. Solche Variablen haben die größte Vorhersagekraft für einen erfolgreichen kindlichen Entwicklungsverlauf.

Kulturelle Widersprüche: Ihre Auswirkungen auf Vater- und Mutterschaft

Seit Jahren besteht die Hoffnung, dass eine höhere väterliche Partizipation in Kindererziehung und Haushalt die Belastung der Mütter reduziert. Obwohl dies Sharon Hays schon 1996 formuliert hat, ist es bis heute nicht so wie erwartet eingetroffen. Zwar beteiligen sich Väter durchschnittlich weit stärker als je zuvor an der Familien- und Fürsorgearbeit, und dies kommt vor allem den Kindern zugute. Trotzdem leisten Mütter nach wie vor mehr Betreuungs- und Hausarbeit. Dies ist aber nicht lediglich eine Folge zu fauler Väter, die nicht genug anpacken, sondern ebenso eine Auswirkung der kulturellen Widersprüche unserer Gesellschaft. Diese Widersprüche resultieren aus den gesellschaftlichen Überzeugungen und Erwartungen, dass eine Frau nur dann eine gute Mutter sein kann, wenn sie eine intensive Mutter ist. Zunehmend gilt dies auch für Väter: Ob Haupternährer der Familie oder nicht, sie sollen sowohl beruflich erfolgreich als auch präsente und fürsorgliche Väter sein. Für beide Geschlechter gilt allerdings, dass kulturelle Widersprüche die Hauptursache einer nicht versiegenden Quelle von Schuldgefühlen sind.

Zwischen der Mutterrolle und der Rolle der berufstätigen Frau gibt es eine große Kluft. Während die Frauen den Männern heute ausbildungsmäßig in nichts mehr nachstehen und sie teilweise sogar überholt haben, ist das Mutterbild in den 1980er-Jahren stecken geblieben. Zwar ist es selbstverständlich geworden, dass Frauen berufstätig sein und Karriere machen dürfen und auch sollen. Aber gleichzeitig müssen sie beweisen, dass sie gute Mütter sind. Und gut heißt nichts anderes als intensiv. Sie sollen eine innige

Verbundenheit zum Kind haben, selbstlos sein, in den Nachwuchs viel Qualitätszeit investieren und seine Bedürfnisse über die eigenen stellen. Zudem orientieren sie sich an Experten und Erziehungsratgebern, um das Kind bestmöglich zu fördern und nichts dem Zufall zu überlassen.

Auch Männer haben mit kulturellen Widersprüchen zu kämpfen. Versuchen sie, eine aktive Vaterschaft zu praktizieren, dann werden sie unweigerlich mit den Standards unseres Gesellschaftssystems konfrontiert, die auf einem veralteten Familienkonzept beruhen. Zwar sollen sie fürsorglich sein und viel über Kinderbetreuung wissen, ein ähnlich kindzentriertes Leben wie ihre Partnerin praktizieren, sich aufopfern und die persönliche Freizeit zugunsten des Vaterseins einschränken. Gleichzeitig müssen sie sich den kulturellen Normen von Männlichkeit stellen und beruflich erfolgreich sein. Genauso wie für Frauen sind eine verantwortete Elternschaft und der Fokus auf das Kindswohl auch für Männer handlungsleitende soziale Normen geworden, welche ihre Erziehungsarbeit prägen und deshalb Identität und Karriere mit vielen Widersprüchlichkeiten besetzen.[43]

Intensive Mutter- und Vaterschaft steht den Arbeitsmarktprinzipien konträr entgegen. Die gleiche Gesellschaft, die nach in Vollzeit berufstätigen Müttern ruft, weil sie Humankapitalverlust befürchtet, verlangt von diesen Frauen, dass sie als Berufstätige die Familie gegenüber der Arbeit priorisieren, sich jedoch in männliche Marktstrukturen einordnen, wenn sie die Karriereleiter hochklettern wollen. Und Männer, die offenlegen, dass sie familiäre Betreuungsverpflichtungen haben und diesen auch nachkommen wollen, sehen sich bemerkenswerten Berufsrisiken gegenüber: weniger Beförderungen, schlechtere Leistungsbeurteilungen, mehr Kündigungen. Es ist augenscheinlich, wie Betriebe Männer für das Modell des Haupternährers belohnen

resp. honorieren, während Männer, die zu ihren Kinder-
betreuungsverpflichtungen stehen, sich oft gegen Stigmati-
sierungsversuche wehren müssen.

Traditionalisierende Strukturen

Biografien sind sozial konstruiert. Weil die berufliche Laufbahn höher bewertet wird als die private Tätigkeit und sich
dies in den männlichen und weiblichen Zuschreibungen
fortsetzt, ist die soziale Ungleichheit historisch besehen mit
dem weiblichen Geschlecht assoziiert. Solche Muster zeigen
sich auch in der Sozialpolitik, zielten doch gleichstellungspolitische Maßnahmen lange Zeit primär auf Frauen ab.
Die Familienpolitik ist auch heute noch kein geschlechts-
neutrales Feld, vielmehr unterliegt sie genormten Vorstellungen von Geschlechtlichkeit. Dies wiederum begünstigt
die alten Rollenmodelle: Der Mann konzentriert sich auf
seinen Beruf und leistet gerade so viel Fürsorgearbeit wie
nötig, während die Frau das Ausmaß ihrer Erwerbsarbeit an
ihre Fürsorgeverpflichtungen anpasst.

Auch wohlfahrtsstaatliche Rahmenbedingungen begünstigen traditionelle Mutter- und Vaterschaft. Vor allem die
(in der Schweiz und in Österreich) zahlenmäßig ungenü-
genden Betreuungsangebote für Vorschul- und Schulkin-
der, ihre zeitliche Ausgestaltung (rigide Öffnungszeiten)
und ihre Kosten wirken sich auf Familien traditionalisierend aus, weil ein Elternteil notgedrungen beruflich zugunsten der familiären Fürsorgearbeit zurückstecken muss.
Des Weiteren kommen die Lücken in der Besteuerung
hinzu. Heute haben wir immer noch Strukturen, die das
Einverdienermodell bevorzugen, den Verheiratetentarif auf
das traditionelle Familienmodell ausrichten und den Zweit-

verdienst durch die Steuerprogression stark belasten. Je mehr sich Paare vom traditionellen Ernährermodell distanzieren, umso weniger staatliche Unterstützung erhalten sie. Deshalb lohnt sich eine baldige Rückkehr in den Beruf für viele Mütter kaum.[44]

Mit der Einführung des Elterngeldes in Österreich und dann vor allem auch in Deutschland – der Vaterschaftsurlaub in der Schweiz kann hier nicht mithalten – bekam die Familienpolitik einen deutlichen Schub in Richtung neuer Vaterschaft, doch ist das Nebeneinander von traditionellen und zukunftsgerichteten Maßnahmen relativ komplex und widersprüchlich. Einerseits setzt man auf eine partnerschaftlichere Teilung der Familienarbeit, andererseits stehen ihr ganz andere Anforderungen im beruflichen Bereich gegenüber. Familienpolitische Kampagnen unterstützen zwar die vorhandene Bereitschaft vieler Männer, sich intensiver der Familienarbeit zu widmen, doch laufen diese Kampagnen den Bedürfnissen des Arbeitsmarktes zuwider. Die hohe Berufsorientierung und Erwerbszentrierung von Männern, die meist als selbst verschuldet taxiert wird, ist eher ein Resultat des Wechselspiels verschiedenster Faktoren. Dazu kommen die im Vergleich zur Familienarbeit höhere gesellschaftliche Wertschätzung der Berufsarbeit und die Tatsache, dass sich Männer stark über sie und die öffentliche Präsenz definieren.

Es gibt noch viel zu tun, für Männer und für Frauen

Liest man all die familienpolitischen Statements und Berichte zu den zahlreichen Programmen für Familien-, Väter- und Mütterinitiativen, dann scheint es nur am guten Willen der Männer zu liegen, ob Frauen möglichst schnell in den Job zurückkehren können. Nahezu vollständig übergangen werden dabei empirische Ergebnisse, wonach ein relativ großer Teil der Mütter gar nicht Vollzeit arbeiten will.[45] Zweitens fehlt die Sensibilität dafür, dass es nicht einfach die Männer sind, die mit Teilzeitarbeit die Vereinbarkeitsproblematik der Frauen lösbar machen. Anne-Marie Slaughter hat in ihrem berühmten Aufsatz *Why women still can't have it all* argumentiert, dass es auch die Unternehmen und der Staat sind, aber ebenso die Frauen selbst, welche das Zünglein an der Waage spielen.

In ihrem neuen Buch[46] formuliert sie Überlegungen, welche für die Väterthematik bedeutsam sind. So nimmt sie nicht nur die Vorurteile, Halbwahrheiten und den Selbstbetrug unter die Lupe, die Frauen immer noch ausbremsen, sondern auch die Vorurteile über die Männer. Damit eine Balance in beide Richtungen entstehen kann, fordert sie eine Männerbewegung, ähnlich der Frauenbewegung der 1970er-Jahre.

Männer stecken zu sehr in Zwängen, die ausschließlich ihnen angelastet werden. Zwar hat die Gesellschaft inzwischen zu großen Teilen akzeptiert, dass eine Frau gleich viel wert ist wie ein Mann, aber nur unzureichend, dass ein *neuer* Mann genauso viel wert ist wie eine Frau. Eine so fokussierte Männerbewegung müsste das Spannungsfeld sich widersprechender struktureller Vorgaben sowie politischer und individueller Forderungen lockern, in dem sich Väter befinden. Andererseits hätte sie deutlich zu machen, dass das Engagement des Mannes auch von der Bereitschaft seiner Partnerin abhängt, sich weiterzuentwickeln.

Männer, Frauen und ihre Vorurteile

Frauen gehören an den Herd, Männer können besser einparken, und Teilzeitväter sind keine richtigen Kerle.[47] 52 Prozent der Bevölkerung haben solche Vorurteile. Und wer diesen Klischees nicht erliegt, hat mit hoher Wahrscheinlichkeit trotzdem bestimmte Bilder im Kopf, wie Frauen und Männer sein sollten, erwartet gewisse Eigenschaften von ihnen oder hat eine Abneigung gegen bestimmte Gruppen. Jeder Mensch hat Vorurteile, das heißt mehr oder weniger vorgefertigte Meinungen, die das eigene Verhalten beeinflussen. Vorurteile sind eine zutiefst menschliche Eigenschaft und fest im Gehirn verankert. Sie ganz loszuwerden ist unmöglich. Aber wer weiß, wie sie funktionieren und dass sie unsere Eindrücke verzerren, kann verantwortungsbewusster mit ihnen umgehen – und sich womöglich anders verhalten. Dieses Kapitel befasst sich mit den vier gängigsten Vorurteilen.

Vorurteile dienen der Komplexitätsreduktion

Zwar haben Vorurteile mit der Realität wenig zu tun. Sie sind ein Wahrnehmungsfehler und dienen manchmal auch als Denkschablonen zur Komplexitätsreduktion der Informationsflut[48]. Denn je schneller ein Mensch sein Umfeld einordnen kann, desto mehr Kapazitäten bleiben ihm für anderes. Beim Anlegen von Denkschablonen saugt das Gehirn auf, was das Umfeld hergibt. Häufigkeit und Intensität des Erlebens sind dabei wichtiger als der Wahrheitsgehalt der Information. Wenn Medien und Politiker immer wieder nur von zwei Kategorien von Vätern sprechen, entweder von Superdaddys oder dann von Defizitvätern, so speichert das Gehirn diese beiden Extreme ab und aktiviert sie in anderen Situationen – auch dann, wenn man eigentlich zu diesem Thema gar keine eigene Meinung hätte. Vorurteile bestätigen sich immer wieder. Deshalb spricht man auch von der sich selbst erfüllenden Prophezeiung.

Der Harvard-Psychologe Robert Rosenthal und die Grundschuldirektorin Leonore Jacobson machten in den 1960er-Jahren ein Experiment, das in der Sozialpsychologie als sich selbst erfüllende Prophezeiung Geschichte schrieb. In ihrem Experiment konnten sie nachweisen, dass Lehrerinnen und Lehrer, denen mitgeteilt worden war, einige Schüler ihrer Klasse seien hochbegabt, diese unbewusst mehr förderten und ihre Leistungen auch tatsächlich besser wurden. Die stärkere Förderung äußerte sich unter anderem in höheren Leistungsanforderungen, größerer Zuwendung und mehr Lob. Bis heute konnten Rosenthal und Jacobsons Ergebnisse in Felduntersuchungen dutzendfach belegt werden, weshalb die Aussage als gesichert gilt, dass eine bestimmte Erwartungshaltung zu einer sich selbsterfüllenden Prophezeiung werden kann. Eine Annahme, ein Vorurteil, eine Vorhersage oder ein Gerücht wird zur Ursache, dass sich Menschen so wie erwartet verhalten.

Auch die Väterthematik ist gespickt mit Vorurteilen, die der Komplexitätsreduktion dienen und dazu führen, dass sich das Erwartete bewahrheitet. Auslöser sind Idealvorstellungen zu Vätern und Müttern, die mit der realen Alltagswelt wenig kompatibel sind. Mindestens vier Vorurteile halten sich hartnäckig:

- Mehr Präsenz in der Familie macht aus Männern bessere Väter.
- Die Mutter ist von Natur aus die fürsorglichere Person.
- Wären Väter motivierter, würden sie sich mehr in der Familie einbringen.
- Männern gelingt es besser als Frauen, Familie und Beruf unter einen Hut zu bringen.

Vorurteil 1: Mehr Präsenz in der Familie macht aus Männern bessere Väter.

Ein Mehr an zeitlichem Aufwand für den Nachwuchs gilt automatisch als entwicklungsförderlich. Das ist ein Vorurteil, das aber kaum hinterfragt, sondern vor allem mithilfe von einfach gestrickten Statistiken legitimiert wird und sich deshalb immer wieder von selbst bestätigt. Neue Forschungsstudien belegen jedoch, dass eine höhere väterliche Präsenz nicht per se mit guter Vaterschaft gleichgesetzt werden kann. Vaterschaft beinhaltet auch andere wichtige, jedoch oft nicht direkt sichtbare Aktivitäten. Deshalb ist die nicht selten gehörte Überzeugung falsch, dass Männer, die beispielsweise viele Überstunden im Betrieb leisten oder sich in Vereinen oder zivilgesellschaftlich engagieren, nur einen geringfügig positiven Einfluss auf die kindliche Entwicklung hätten. Nicht zur Kenntnis genommen wird hingegen, dass ein Vater, der zwar ständig anwesend, aber wenig fürsorglich ist, sich schädlicher auf die Entwicklung des Kindes und sein Selbstwertgefühl auswirken kann als ein Vater, der relativ oft abwesend ist, aber in seiner Anwesenheit sehr fürsorglich und aufmerksam ist. Die ständige Gegenwart des Vaters ist weder eine Garantie für eine gelingende Erziehung noch für die kindliche Entwicklung.

Vorurteil 2: Die Mutter ist von Natur aus die fürsorglichere Person.

Die Meinung ist nach wie vor stark verbreitet, dass Mütter aufgrund ihrer weiblichen Gene die besseren und fürsorglicheren Erzieherinnen seien als Väter. Solche Vorurteile begünstigen die geschlechtlich spezialisierte Arbeitsteilung, gerade auch, weil sie bei Männern stärker verankert sind als bei Frauen. 60 Prozent der Männer vertreten die Ansicht, Frauen könnten sich besser um Kleinkinder kümmern als Männer, während dies bei den Frauen nur 43 Prozent sind.[49] Paare entscheiden sich dann meist gemeinsam, dass die Mutter nur so viel Erwerbsarbeit leistet, wie dies neben ihrer »natürlichen« Aufgabe der Kinderbetreuung möglich ist. Eine veritable sich selbst erfüllende Prophezeiung!

Dass sich solche Überzeugungen bis heute hartnäckig halten konnten, hat auch mit John Bowlbys Bindungsforschungstheorie zu tun, welche die Mutter-Kind-Bindung jahrelang überhöhte. Noch anfangs der 1970er-Jahre bezeichnete Bowlby sie als die einzige frühe Intimbeziehung und vertrat die Ansicht, dass *»der Vater (…) von keinerlei direkter Bedeutung für die Entwicklung des Kleinkindes ist, er kann nur insofern von indirektem Wert sein, als er die finanzielle Absicherung gewährt.«*[50]

Solche Annahmen gelten heute als wissenschaftlich widerlegt. Frauen sind nicht von Natur aus dazu bestimmt, Kinder besser als die Männer betreuen und versorgen zu können, und Männer sind hierzu nicht ungeeignet. Obwohl die Mutter aufgrund von Schwangerschaft und Still-fähigkeit eine größere biologische Nähe zum Kind hat, führt dies nicht automatisch zu einer besseren Fürsorge-fähigkeit. Vielmehr müssen Fürsorge, Betreuung und Erzie-hung von beiden Partnern im Alltag erst einmal *on the job* gelernt werden. Zwar zeigen Mütter oft eine höhere Sensi-bilität und Reaktionsbereitschaft, wenn das Baby schreit. Doch dies ist vor allem darauf zurückzuführen, dass sie meist mehr mit ihrem Säugling zusammen sind. Es sind so-mit nicht biologische Gebote, sondern soziale Konventio-nen, die uns glauben machen, dass die Mutter wichtiger für die kindliche Entwicklung sei als der Vater. Zudem können Kinder zu mehreren Bezugspersonen (Mutter, Vater, Groß-eltern und weitere) eine stabile Beziehung aufbauen. Aller-dings sind Väter und Mütter immer die primären Bin-dungspersonen eines kleinen Kindes.

Erstaunlicherweise haben solche Erkenntnisse die öffent-liche Meinung bisher wenig beeinflusst. Dies hat auch maß-geblich mit der wiederauferstandenen Ideologie der guten Mutter zu tun. Solange Frauen keine Kinder haben, wird ihnen in Ausbildung und Beruf zwar kaum mehr ein Hin-dernis bewusst und gezielt in den Weg gelegt. Sobald sie je-doch Mutter werden, müssen sie beweisen, dass sie trotz Be-ruf und Abwesenheit eine gute Mutter sind. Schickt der Vater die Tochter am Morgen ungekämmt in den Kinder-garten, dann gilt dies nicht als seine Unterlassung, sondern als die der Mutter. Und wenn das Kind auffällig wird, dann ist es selbstverständlich die mütterliche Berufstätigkeit, die dafür verantwortlich ist.

Weil Mütter auch heute noch als die von Natur aus für-sorglichsten Personen gelten, müssen sie einem doppelten Leitbild gerecht werden. Einerseits sollen sie im Beruf Kar-riere machen dürfen, andererseits aber nach wie vor dem

Ideal der guten Mutter und Superhausfrau genügen. Dies alles unter einen Hut zu bringen, erreichen sie nur mit überdurchschnittlichem Fleiß, Organisation, langen Arbeitstagen und vielen Entbehrungen.

Vorurteil 3: Wären Väter motivierter, würden sie sich mehr in der Familie einbringen.

Oft geht man unhinterfragt davon aus, dass es nur an der Motivation der Väter liegt, wie viel sie zu Hause anpacken und mithelfen. Auch dies ist ein Vorurteil, das eng mit der oft vertretenen Überzeugung verbunden ist, Mütter seien die besseren Betreuerinnen.

Nicht alle Mütter wünschen sich unermüdlichen Einsatz und Engagement vom Partner für den Nachwuchs. Bis vor Kurzem ist dieser Sachverhalt jedoch kaum in den Blick genommen worden. Hierzu gibt es inzwischen ein paar wichtige Studien[51], welche für dieses Phänomen meist den Begriff *Maternal Gatekeeping* verwenden. Frauen können ihren Partnern die Türen öffnen, blockieren oder gar verschließen. Ihr Revierverhalten ist deshalb bedeutsam, ob sich Männer überhaupt engagieren und die notwendige Motivation und das Engagement entwickeln können und auch wollen. Weshalb dem so ist, lässt sich unter anderem mit dem Vorurteil der von Natur aus fürsorglicheren Mutter erklären. Wenn Frauen davon überzeugt sind, erachten sie Haushalts- und Familienarbeit als ihre Domäne, definieren logischerweise die Normen und Standards und geben damit auch die Qualitätsansprüche vor. Manchmal verschweigen sie sogar, dass sie ein größeres Engagement des Partners als Einmischung verstehen. Weil seine Bereitschaft, sich intensiver zu engagieren, die mütterliche Identität bedrohen könnte, kontrollieren solche Frauen, was der Partner darf und was nicht und wie er dies zu tun hat. Zwar soll er sich engagieren, aber nur in dem Rahmen, wie sie es sich vorstellen. Diese oft unbewusst markierte Überlegenheit begünstigt die geringere Beteiligung der Väter, und diese wiederum bestätigt das bereits vorher Angenommene – dass Männer einfach zu wenig motiviert oder für Haushalt und Kinderbetreuung zu wenig begabt seien.

Vorurteil 4: Männern gelingt es besser als Frauen, Familie und Beruf unter einen Hut zu bringen.

Geht es um Familie, so ist das Vereinbarkeitsproblem die Nummer 1 der Diskussion. Doch diese konzentriert sich fast ausschließlich auf Frauen. Männer haben jedoch ähnliche Konflikte und auch hohe Belastungen, die allerdings anders gelagert sind als die der berufstätigen Mütter. Dass nur Frauen ein Vereinbarkeitsproblem haben, ist somit ein Vorurteil.

Das Vereinbarkeitsdilemma von Vätern ist empirisch gut belegt.[52] Es speist sich aus den gesellschaftlichen Vorstellungen traditioneller Männlichkeit, berufs- und arbeitsbedingten Hintergründen und familiären Ansprüchen. Männer möchten alles unter einen Hut bringen, das heißt sowohl die finanzielle Familienverantwortung tragen und im richtigen Moment Karriere machen, aber auch viel Zeit mit ihren Kindern verbringen und zu Hause mit anpacken. Dies alles zu balancieren, gelingt aber nur 40 Prozent, und nur jeder Dritte hat das Gefühl, genug Zeit für die Familie zu haben.[53]

Weshalb werden Vereinbarkeitskonflikte bei Männern so

selten wahrgenommen oder dann als männliche Schwäche abgetan? Einer der Gründe dürfte darin liegen, dass sie selbst diese Problematik nicht öffentlich ansprechen, vielleicht gerade aus Angst, den traditionellen Vorstellungen von Männlichkeit nicht zu entsprechen. Und wenn sie die Konsequenzen ziehen und sich für Teilzeitarbeit entscheiden, bekommen sie viele Neider (»Ah, gehst du nach Hause chillen!«; »Machst du wieder drei Tage Wochenende?«) oder werden als Versager dargestellt (»Na, wie geht es dir, du Aussteiger?«).[54]

Jenseits dieses Vorurteils gilt es grundsätzlich und kritisch anzumerken, dass das Vereinbarkeitsdilemma für beide Geschlechter nicht nur negative Seiten hat. Für viele Frauen ist es zwar eine belastende Angelegenheit, doch bringt das Sowohl-als-auch von Arbeitsleben und Familie eine wichtige Attraktion mit sich, nämlich dass die Anerkennung in der Familie eine andere ist als am Arbeitsplatz mit anderen Handlungslogiken, vielfältigen Beziehungsmustern und stimulierenden Herausforderungen. Dass dies auch für Männer gilt und für viele der Einsatz am Arbeitsplatz wohl noch befriedigender ist als die Haushalts- und Familienarbeit, getraut sich kaum ein Mann so zu benennen. Und, ehrlich gesagt, kann Berufstätigkeit ja auch ganz entlastend sein. Wenn zu Hause mit dem Partner alles ausgehandelt werden muss, der Haussegen wieder mal schiefhängt und eine Menge an Haushaltsarbeit rufen würde, dann ist es auch befreiend, die beruflichen Verpflichtungen vorzuschieben und sich mal ausklinken zu können …

Wer Väter sind und welche Rolle die Partnerin spielt

Die Funktion von Vätern ist in den letzten Jahrzehnten nahezu dieselbe geblieben: Brötchen verdienen, soziale Entwicklung fördern, Werte und Regeln vermitteln und Beschützer sein. Neu hinzugekommen ist die Funktion des Freizeitpartners und des Förderers. Die Rollen von Vätern haben sich jedoch komplett verändert. Heute ist es keinesfalls mehr selbstverständlich, dass gesellschaftliche Vorstellungen das Verhalten von Männern bestimmen. Trotzdem gibt es so etwas wie einen gemeinsamen Nenner dessen, wie Männer ihre Vaterrolle leben möchten. Ein Großteil will sich für den Nachwuchs engagieren, den Müttern ein echter Partner sein und ihre berufliche Tätigkeit auch ermöglichen und unterstützen. In der Praxis sieht es dann allerdings oft anders aus.

Historisch besehen ist es falsch, den neuen Vater als lineare Weiterentwicklung des ehemaligen Patriarchen hin zum neuen Mann zu verstehen. Vielmehr haben sich die väterlichen Rollen vielfältig und kontrovers entwickelt. Heutige Väter sind das Ergebnis eines tiefgreifenden Wandels des Rollenverständnisses von Paaren. Dabei gilt es als selbstverständlich, dass Frauen und Männer im Beruf die gleichen Chancen und Möglich-

keiten haben und auch die Gestaltung der Partnerschaft als gemeinschaftliches und gleichberechtigtes Unternehmen verstehen.

Vielversprechend ist, dass sich dieser gesellschaftliche Wandel nun auch in modernisierten Vaterschaftskonzepten abbildet. Diese Erkenntnis ist allerdings in der gesellschaftlichen Diskussion noch kaum angekommen. Nach wie vor werden Männer am Ausmaß ihrer häuslichen Präsenz gemessen, ob sie ihre Aufgabe zufriedenstellend erledigen oder nicht. Zum Glück stellen die neuen Vaterschaftskonzepte solche Annahmen und Überzeugungen auf den Kopf. Sie zeigen auf, weshalb Männer in ihrer Verantwortungsübernahme nicht mehr allein auf der Grundlage ihrer sichtbaren Aktivitäten in der Familie beurteilt werden können, sondern auch ihre unsichtbaren Leistungen erfasst werden müssen. Deshalb können auch Männer, die Vollzeit arbeiten, gute und neue Väter sein. Nur auf einer solchen alternativen Basis lässt sich die Vielgestaltigkeit der Vaterrolle aufzeigen und der Blick auch auf die Bedeutung der Partnerin werfen.

Funktionen und Rollen

Dass Kinder Väter brauchen, gehört heute zum unhinterfragten Allgemeinwissen. Wie sehr und weshalb dem so ist,
wird jedoch selten diskutiert oder meist nur dann, wenn es
um die mangelnde männliche Präsenz im kindlichen Alltag
geht. Männer haben jedoch neben der Funktion als Erzeuger[55] verschiedenste Funktionen, die sie erfüllen, erfüllen
könnten oder erfüllen sollten. Deshalb ist es wichtig, sie auch
aus einer entwicklungs- und familienpsychologischen Perspektive zu betrachten. Dies leistet das vorliegende Kapitel.

Väter funktionieren nicht nur als Spielpapis

Vaterschaft ist nicht das Gleiche wie Vatersein. Vaterschaft
umfasst Pflichten, Rechte und Verantwortungen von Männern, aber auch gesellschaftliche Erwartungen an sie; Vatersein meint hingegen das, was Männer praktizieren. Beide
haben sich sehr verändert, Vaterschaft jedoch viel schneller
als die Alltagspraxis des Vaterseins in und mit den Familien.
   Heute unterscheidet man drei Funktionen von Vaterschaft: die Funktion als Brotverdiener, die soziale und die
instrumentelle Funktion. In der sozialen Funktion sind Väter Beschützer, Erzieher und Identifikationsobjekt, in der
instrumentellen Funktion Freizeitpartner und Förderer
(Tabelle 2).

Funktion	Brotverdienerfunktion	Soziale Funktion	Instrumentelle Funktion
	Väter als Ernährer	Väter als Beschützer, als Erzieher und als Identifikationsobjekt	Väter als Freizeitpartner und als Förderer
Erwartungen	• Das Familieneinkommen sichern, berufliche Ziele verfolgen	• Eine enge Beziehung aufbauen • Beziehungspartner sein, der Werte vermittelt und die soziale Entwicklung fördert	• Gemeinsame Aktivitäten in der Freizeit unternehmen • Dem Kind Wissen vermitteln • Seine Schullaufbahn fördern und ihm die notwendigen Ressourcen zur Verfügung stellen • Das Kind in schulischen Belangen unterstützen und fördern
Herausforderungen	Eine angemessene Balance zwischen Beruf und Familie finden	Eine Vorbild- und Identifikationsfigur sein	Am Leben des Kindes aktiv teilnehmen
Ziele	Sich für die Familie engagieren	Sich in der Familie engagieren	

Tabelle 2: *Die verschiedenen Funktionen von Vätern*

Derart komplexe Aufgaben sind den Männern historisch gesehen bisher nie zugesprochen worden. Die Erwartungen sind enorm hoch und die Herausforderungen auch. Väter sollen die finanziellen Verhältnisse sichern, selbstverständlich im Beruf vorwärtskommen und Karriere machen, gleichzeitig eine angemessene Balance mit der Familie herstellen, bei Bedarf dieser aber den Vorrang vor dem Beruf geben. Das erwarten auch die Partnerinnen von ihnen, auch wenn sie deren Karriereorientierung meist unterstützen. Gleichzeitig sollen Männer von Anfang an aktiv am Leben des Kindes teilnehmen, zu einem engen Beziehungspartner werden, ihm Werte und Normen vermitteln und auch seine soziale Entwicklung fördern. Erwünscht ist ferner, dass Väter möglichst viel Zeit mit dem Nachwuchs verbringen, sich als intellektueller Erzieher verstehen, also ihm nicht nur Wissen vermitteln, sondern ihn auch in schulischen und außerschulischen Belangen fördern.

Welche Funktion Männer auch immer ausüben, das Ziel ist das gleiche: Sie haben sich für die und in der Familie zu engagieren. In den Augen mancher Partnerin sollen sie zudem ein bisschen Macho, aber noch ein bisschen mehr Frauenversteher sein. Viele Männer fühlen sich zerrissen ob solcher Ansprüche von Gesellschaft, Berufswelt und Partnerin, aber genauso vom Familienbild, das ihnen über Jahrzehnte mitgegeben worden ist. Früh schon ist ihnen vermittelt und meist auch vorgelebt worden, dass sie nur ein volles Mitglied der Gesellschaft werden können, wenn sie in der Lage sind, später die Verantwortung für Frau und Kind zu übernehmen.[56]

Trotz dieser Zerrissenheit blühen viele Männer gerade als Beschützer des Nachwuchses richtig auf. Die Beschützerfunktion hat nicht nur in den letzten Jahren wieder deutlich zugenommen, sie ist auch von großer psychologischer Bedeutung, vor allem für kleinere Kinder. Ein Beispiel eines Gesprächs zwischen zwei etwa fünfjährigen Jungen:

> Der eine Junge sagt: »Mein Vater ist aber viel stärker als deiner!« Worauf der andere erwidert: »Mein Vater kennt den Bürgermeister!« »Oh«, sagt der erste, »das ist doch gar nichts! Mein Vater kennt den Bundespräsidenten!« Darauf erwidert der erste: »Das ist doch alles gar nichts. Mein Vater kennt Gott!«[57]

Dass die Beschützerfunktion so bedeutsam geworden ist, hat viel damit zu tun, dass Elternschaft eine wählbare Option geworden ist. Wer sich auf das Projekt Kind einlässt, verbindet mit ihm den Wunsch nach Lebenssinn und Verankerung, nach Glück und Beziehung. Die Kehrseite dieser Medaille ist, dass viele Väter ihren Kindern nicht nur Liebe entgegenbringen und sie beschützen möchten, sondern sie gleichzeitig auch Leistungs- und Lebenserfolg sicherstellen müssen und daran auch gemessen werden. Zwar sind Männer heute kaum mehr Oberhäupter der Familie, welche diese nach außen repräsentieren und von den Kindern unbedingte Gehorsamkeit und Respekt einfordern müssen. Trotzdem passt eine beschützende und involvierte Vaterschaft noch immer nicht richtig zu den gesellschaftlichen Vorstellungen echter Männlichkeit.

Modernisierung in den Männerköpfen

Wie Männer ihre Vaterschaft tatsächlich realisieren, hängt natürlich nicht nur von den Funktionen ab, die ihnen gesellschaftlich zugeschrieben werden. Genauso bedeutsam sind Leit- und Rollenbilder. In unserer Tarzan-Studie haben wir bei den Vätern erhoben, welche Überzeugungen sie zu solchen Bildern haben. Weil es sich dabei um Selbsturteile handelt, sind sie möglicherweise auf Erwartungen und Normen ausgerichtet und deshalb etwas verzerrt. In der Forschung nennt man dies soziale Erwünschtheit. Dies ist bei der Interpretation zu berücksichtigen. In Tabelle 3 sind die Antworten in aufsteigender Reihenfolge der Zustimmung aufgelistet. Sie zeugen von recht fortschrittlichen Einstellungen zu Rollenbildern und davon, dass eine Revolution in den Köpfen tatsächlich stattfindet.

Traditionelle Ansichten, dass Frauen besser mit Kindern umgehen können oder der Mann allein das Geld nach Hause bringen und die Frau sich um Haushalt und Kinder kümmern soll, werden deutlich abgelehnt (lediglich 16 Prozent respektive 17 Prozent Zustimmung). Erstaunlicherweise vertreten jedoch zwei Drittel die Ansicht, Frauen seien von Natur aus die fürsorglicheren Erzieherinnen als Männer. Vielleicht hat deshalb die gesellschaftliche Anerkennung von Hausmännern einen so schweren Stand (nur 19 Prozent bezeichnen diese Aussage als zutreffend oder eher zutreffend), trotzdem könnte sich jeder vierte Vater vorstellen, vollumfänglich als Hausmann tätig zu sein (27 Prozent).

Mehr Zustimmung bekommen Aussagen, wonach Frauen ihren Beruf zwar gern haben, Familie und Kinder trotzdem ihre eigentliche Herzensangelegenheit sind (31 Prozent) und dass berufstätige Frauen bereit sein sollten, deshalb ihr berufliches Engagement einzuschränken (40 Prozent). Vielleicht ist fast jeder zweite Befragte gerade deshalb der Ansicht, dass Hausfrauen in unserer Gesellschaft anerkannt sind (46 Prozent). Andererseits sind zwei von drei Männern (68 Prozent) überzeugt, dass sich Eltern Erwerbs- und Familienarbeit aufteilen sollten und eine be-

Einstellung zu Rollenbildern	trifft eher zu & trifft zu
Frauen können mit Kindern besser umgehen als Männer.	16 %
Die Frau soll sich um Haushalt und Kinder kümmern, der Mann das Geld nach Hause bringen.	17 %
Hausmänner sind gesellschaftlich anerkannt.	19 %
Ich könnte mir vorstellen, vollumfänglich als Hausmann tätig zu sein.	27 %
Einen Beruf zu haben ist schön, aber was sich Frauen wirklich wünschen, ist eine Familie mit Kindern.	31 %
Eine Frau sollte bereit sein, ihre Berufstätigkeit zugunsten der Familie einzuschränken.	40 %
Hausfrauen sind gesellschaftlich anerkannt.	46 %
Frauen sind von Natur aus die fürsorglicheren Erzieherinnen als Männer.	66 %
Eltern sollten Erwerbs- und Familienarbeit gleichmäßig aufteilen.	68 %
Eine berufstätige Mutter kann ihrem Kind genauso viel Wärme und Sicherheit vermitteln, wie eine Mutter, die nicht erwerbstätig ist.	76 %

Tabelle 3: *Rollenbilder der Väter (in Prozenten; Kategorien »trifft eher zu« und »trifft zu«; Tarzan-Studie)*

rufstätige Mutter ihrem Kind genauso viel Wärme und Sicherheit vermitteln kann wie eine Mutter, die nicht erwerbstätig ist (76 Prozent Zustimmung).

Fazit: Die Meinungen der Befragten sind alles andere als traditionell, insgesamt aber doch wenig einheitlich. Dies hat mit Sicherheit auch damit zu tun, dass sie sich mit ihren Partnerinnen für recht unterschiedliche Familien-Erwerbsmodelle entschieden haben.

Das Vollzeit-Teilzeit-Modell als Norm

Um die Erwerbs-, Haus- und Familienarbeit aufzuteilen, sind in allen deutschsprachigen Staaten bei Eltern mit Vorschulkindern vier Modelle am beliebtesten: das Vollzeit-Vollzeit-Modell, das Vollzeit-Teilzeit-Modell, das Teilzeit-Teilzeit-Modell und das Modell, in dem der Vater Vollzeit arbeitet, die Mutter jedoch nicht berufstätig ist. Dazu kommen andere atypische Familienformen, u.a. die des Hausmannes[58], der seine Rolle mit der Partnerin tauscht (Abbildung 3). Ländervergleichend unterscheiden sich die prozentualen Anteile der Modelle kaum.

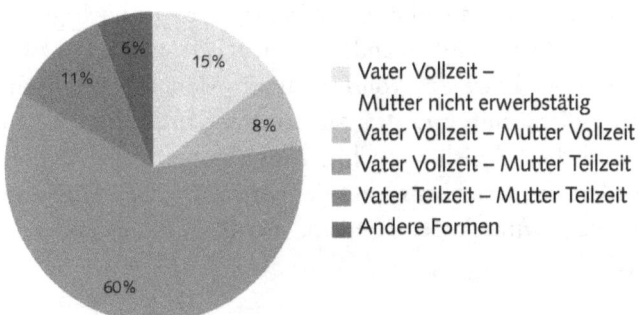

Abbildung 3: *Erwerbsmodelle von Paaren*

Im traditionellen Modell mit in Vollzeit erwerbstätigem Vater und nicht erwerbstätiger Mutter (ca. 15 Prozent) ist die Familie für die Frau der (vielleicht temporäre) Lebensmittelpunkt, während der Mann der alleinige Haupternährer ist. Anders im Modell mit den beiden in Vollzeit erwerbstätigen Partnern (ca. 8 Prozent), in dem sowohl Mütter als auch Väter auf ihre Laufbahn fokussieren und in gleichem Ausmaß Familie und Beruf unter einen Hut bringen müssen. Arbeitet der Vater Vollzeit, die Mutter hingegen Teilzeit (ca. 60 Prozent), dürfte es für Männer und Frauen eine adaptive Herausforderung sein, die Balance zwischen Erwerbs- und Familienarbeit zu finden. Dies gilt sicher auch für beide Partner im Teilzeit-Teilzeit-Modell (ca. 11 Prozent).

Diese Daten sprechen eine deutliche Sprache. Zum einen verdeutlichen sie, wie unterschiedlich Paare mögliche Erwerbsmodelle nutzen und dass sie bei Weitem keine homogene Gruppe darstellen. Sie haben verschiedene Möglichkeiten, Präferenzen und Lebensziele, aber auch unterschiedliche Strategien, wie sie Familie und Beruf vereinbaren. Zum anderen belegen die Daten, dass die politische Euphorie für das egalitäre Teilzeit-Teilzeit-Modell zu hoch greift, weil die Praxis deutlich anders aussieht. Denn dass fast zwei Drittel der Paare das Vollzeit-Teilzeit-Modell bevorzugen, kann nicht nur mit der oft anzutreffenden traditionell männlichen Sozialisation hin zum Haupternährer erklärt werden, sondern ebenso mit der wirtschaftlichen Situation und dem Wunsch vieler Frauen, verstärkt für die Kinder da zu sein.

Weshalb Paare nicht fortschrittlicher leben

Eigentlich müssten unsere Lebensbedingungen dazu führen, dass Männer und Frauen die traditionellen Rollenverteilungen ihrer Eltern immer mehr hinterfragen und neue

Ideen entwickeln, wie sie Partnerschaft leben wollen. Dies dürfte insbesondere für junge Paare gelten, da ja gerade sie zumindest teilweise bereits in diese Richtung sozialisiert worden sind. Wie bereits in Kapitel 2 diskutiert, ist dem aber nur teilweise so. Mit der Geburt des ersten Kindes setzt bei vielen Paaren ein Traditionalisierungsprozess ein.[59] Erstaunlicherweise gilt dies nicht selten auch dann, wenn Frauen ähnliche Einkommenschancen wie ihre Partner haben. Die Erkenntnisse hierzu sind ernüchternd und verweisen darauf, dass die Politik die neuen Ressourcenverhältnisse zwischen den Partnern – er arbeitet weniger, sie arbeitet mehr – zu optimistisch eingeschätzt hat.[60] Besonders eindrucksvoll ist, dass mit zunehmender Dauer der Partnerschaft die Bereitschaft von Männern abnimmt, sich verstärkt in die Haus- und Familienarbeit einzubringen. Das bedeutet, dass selbst bei den zunächst partnerschaftlich organisierten Paaren nicht wenige in Richtung Traditionalisierung kippen, und zwar unabhängig vom jeweiligen Bildungsstand.

Wie kann man dieses Phänomen theoretisch erklären? Dazu stehen Ansätze zu Rollenerwartungen, zur Haushaltsökonomie, zu den Machtverhältnissen und zur intensiven Mutterschaft zur Verfügung.[61]

- **Rollenerwartungen:** Dieser Ansatz geht davon aus, dass in der Gesellschaft geschlechtsspezifische Rollenzuschreibungen vorherrschen, die von jedem Kind im Verlaufe seiner Sozialisation und Erziehung verinnerlicht werden und dann mehr oder weniger das Verhalten bestimmen. Auch als erwachsene Person will man seine Rollen einhalten, um so die eigene Identität zu finden und zu sichern. Traditionell haben Frauen diese in Hausarbeit und Kinderbetreuung, Männer in der Ernährerfunktion gefun-

den. Weil sich in den letzten Jahren diese gesellschaftlichen Zuschreibungsmuster trotz Emanzipations- und
Gleichstellungsbemühungen nur schleppend geändert
haben, sind die Prioritäten der Partner auch nur un-
wesentlich anders geworden. Doch gibt es immer mehr
Frauen und Männer, die sich mit den dominierenden
Geschlechtsrollennormen kritisch auseinandersetzen
und diese dann in ihrer Familienpraxis innovativ verändern. Die Einstellung ist deshalb die wichtigste Kom-
ponente, weshalb sich Paare so und nicht anders verhalten. Gegen dieses Erklärungsmuster spricht jedoch die
Tatsache, dass viele Paare sich trotz moderner Einstellungen in der Vereinbarkeitsfrage konservativ verhalten.

■ **Ökonomische Arbeitsteilung:** Dieses Erklärungsmodell versteht Haushalt und Familie als Kleinunterneh-
men, dessen Ziel es ist, das Wohlbefinden der Mitglieder
zu fördern. Besonders wesentlich sind die finanziellen
Mittel. Hat der Mann ein höheres Salär und die Frau
geringere Verdienstmöglichkeiten, wird eine relativ traditionelle Rollenaufteilung vorgenommen. Diese ermöglicht, dass Eltern für die Kinder und sich selbst finanziell
mehr leisten können, während eine egalitäre Aufteilung
oft mit finanziellen Einschränkungen verbunden ist.
Dies können oder wollen viele Paare nicht auf sich nehmen. Sie arbeiten, weil sie das Geld brauchen, nicht aus
Luxus. Ein Teil der Männer kann die Familie noch alleine
durchbringen, aber ein größerer Teil kaum. Im Ansatz für
das Erklärungsmodell der ökonomischen Arbeitsteilung
spricht die Tatsache, dass die Mehrheit der relativ gut verdienenden Paare deutlich häufiger das Teilzeit-Teilzeit-
Modell wählen und ein deutlich geringeres Traditionali-
sierungsrisiko haben – aber nur dann, wenn sie dieses
Modell früh schon wählen.[62] Gegen das Modell spricht

der relativ große Anteil an gut verdienenden Paaren, welche weiterhin das Vollzeit-Teilzeit-Modell wählen.

- **Machtverhältnisse:** Nicht nur die Finanzen und die Rollenvorstellungen sind ausschlaggebend dafür, wie sich Paare organisieren. Auch die Machtverhältnisse in der Partnerschaft sind wesentlich. Dieser theoretische Ansatz geht davon aus, dass in einer Partnerschaft jeder der beiden Partner versucht, seinen Nutzen (das, was man gerne tut) zu maximieren und seine Kosten (das, was man nicht gerne tut) zu minimieren. Was jedoch die beiden Partner als Nutzen und was als Kosten definieren, ist sehr unterschiedlich. Frauen beispielsweise nehmen für sich eher die Pflege des Kindes oder bestimmte Haushaltsarbeiten in Anspruch und delegieren Ungeliebtes (z. B. Steuererklärung ausfüllen) an den Partner. Für Männer gilt anderes. Prioritär sind für sie oft der direkte Umgang und das Spielen mit dem Kind, sekundär jedoch Putzen oder Bügeln. Aber auch gemäß diesem Erklärungsansatz ist derjenige Partner mächtiger, der ein höheres Salär bezieht beziehungsweise eine bessere Perspektive auf dem Arbeitsmarkt hat. Da Männer häufig diese Personen sind, drücken sie sich vor den am wenigsten attraktiven Aufgaben und überlassen diese eher den Partnerinnen. Die große Frage ist aber, weshalb dies die Frauen überhaupt zulassen.

- **Das Ideal der guten Mutter:** Dass gerade auch diejenigen Frauen, welche die Vision einer gleichgestellten Partnerschaft verfolgen, oft die gesamte familieninterne Verantwortung übernehmen, hat viel mit den vorherrschenden gesellschaftlichen Normen über berufstätige Mütter zu tun. Diese Normen orientieren sich an der Ideologie der guten Mutter, die gegenwärtig eine erstaunliche Renaissance erlebt. Eine Folge davon ist, dass viele

Frauen die Gesamtverantwortung für das Haushalts- und Familienmanagement zu Beginn der Mutterschaft teils fast euphorisch übernehmen und sich entscheiden, den Arbeitsplatz zu quittieren oder weniger zu arbeiten. Sie denken, es sei doch nur gerecht, wenn sie kürzertreten, weil sie ja schließlich die Mütter seien und das Mutterideal in sich tragen würden. 70 Prozent der Paare antworteten auf die Frage nach den Kriterien für die Aufteilung von Job und Haushalt, dass der Wunsch der Mutter, mehr Zeit mit dem Kind zu verbringen, eine große Rolle gespielt habe.[63] Nur bei 36 Prozent war der Wunsch der Mütter wichtig, ihren Beruf mit der Familie vereinbaren zu können. Diese Daten verweisen zwar darauf, wie sehr die egalitäre Arbeitsteilung in Beruf und Haushalt nach der Familiengründung in den Hintergrund gerät, vielleicht aber nur vorübergehend.

In keinem der theoretischen Erklärungsversuche scheint außer der Tatsache, dass die Mehrheit der Männer ein höheres Einkommen hat als die Frauen, die Rolle der Rahmenbedingungen auf (z. B. politische Aspekte wie die systematische staatliche Förderung der finanziellen Ungleichheit durch Einkommenssteuerrecht und Sozialversicherungsrecht oder die relativ konservative Familienpolitik). Doch spielen solche Rahmenbedingungen wahrscheinlich eine wichtige Rolle bei der Wahl des Erwerbsmodells.

Schattenseiten des Vollzeit-Teilzeit-Modells

Als Mütter der Kinder, welche in den 1980er- und 1990er-Jahren geboren wurden, hatten wir die Chance, entweder zu kämpfen oder uns zu ergeben. Unsere Töchter-Generationen verstehen Gleichberechtigung deutlich anders und erachten sie nicht selten als nicht zur Diskussion stehendes Lebensprogramm. Einerseits ist Gleichstellung für sie eine Selbstverständlichkeit, andererseits klammern sie sich trotzdem an die Rolle der idealen Mutter, die Verantwortung für alles und jedes übernimmt, eine Unmenge an interner Arbeit erledigt und sich aus dem Berufsleben zurückzieht. Erstaunlicherweise ist dies bei nicht wenigen Frauen ein mehrheitlich akzeptierter Umstand. Und die Gesellschaft geht davon aus, dass Frauen gerne die Nachteile dafür in Kauf nehmen.

Obwohl diese Priorisierung oft als selbstverständlich erachtet wird, hat sie den großen Nachteil, dass viele Mütter nach der intensiven Betreuungs- und Familienzeit wieder in den Beruf einsteigen möchten, dies aber mit Schwierigkeiten verbunden ist. Oft können sie nicht mehr zum alten Arbeitgeber zurückkehren, machen dann vielleicht eine Zusatzausbildung, die jedoch möglicherweise mit der Erfahrung verbunden ist, dass es Mitte vierzig, Anfang fünfzig schwierig ist, als Neueinsteigerin einen angemessenen Arbeitsplatz zu finden.

Eine solche Situation fördert auch die Konflikte zwischen den Partnern. Bei vielen haben sich die arbeitsteiligen Arrangements – er ist eher für den Außen-, sie für den Innenbereich verantwortlich – im Laufe der Zeit eingeschliffen und verfestigt. Vor diesem Hintergrund bestärken Männer ihre Partnerinnen zwar oft, in den Beruf zurückzukehren, vor allem dann, wenn der Nachwuchs in den Kindergarten kommt oder eingeschult wird. Gleichzeitig sind oder bleiben viele überzeugt, dass die Mutter die natürliche Betreuungsperson ist, und erwarten deshalb, dass sie die Gesamtverantwortung für Kinder und Familie weiterhin übernimmt. Kehren Frauen unter solchen Bedingungen als

Teilzeitlerinnen in den Beruf zurück, dann nehmen sie auch eine Verschärfung ihrer Belastung in Kauf. Viele Frauen empfinden dabei weniger die Berufsarbeit als stressig – dort tanken sie Selbstbewusstsein und Selbstwertgefühl –, sondern das Gefühl der Zerrissenheit, weder dem Job, dem Nachwuchs noch dem Partner gerecht zu werden.

Berechtigterweise haben Frauen auch Angst, ob sie sich von der Last der Teilzeitarbeit irgendwann, wenn die Kinder ausfliegen oder es allenfalls zu einer Trennung vom Partner kommt, wieder befreien und zu voller Berufstätigkeit oder zumindest zu einem deutlich höheren Arbeitspensum zurückkehren können. Natürlich ist es eine freie Entscheidung von Paaren, ob die Frau freiwillig ganz zu Hause bleibt oder maximal einen Halbtagsjob annimmt. Doch sollte man die Folgen dieser Wahlfreiheit früh diskutieren und Frauen drängen, mit dem Partner eine vertragliche Absicherung zu schließen. Die Politik hat die Verantwortung, auch die Folgen aufzuzeigen, wenn dies nicht geschieht.

Die Zwiespalt der Paare

Irgendwie ist es eigenartig: Zwei von drei Männern unserer Tarzan-Studie erachten die Familie wichtiger als den Beruf. Im Vergleich zu ihren eigenen Vätern möchten sie sich deutlich stärker an der Familien- und Fürsorgearbeit beteiligen, und etwa 70 Prozent sagen von sich, dass sie dies auch tun. Trotzdem richten sich die allermeisten auf die Berufstätigkeit aus. Ist das nicht ein Widerspruch?

Kaum, weil die männliche Ernährerfunktion für sie und ihre Partnerinnen mehrheitlich immer noch eine große Bedeutung hat. Die befragten Männer erachten stabile finanzielle Verhältnisse als enorm wichtig, gerade auch im Vorfeld einer Vaterschaft. Für 54 Prozent ist es zentral, den großen Teil des Lebensunterhalts für die Familie zu verdienen und gleichzeitig einen gesicherten Arbeitsplatz zu haben.[64] Ihre Erwerbstätigkeit ist für sie eine wichtige Form von Fürsorge für die Familie – und die Partnerinnen sehen dies in der Regel ebenso, zumindest in den ersten Jahren der Partnerschaft. Lediglich zwischen 30 und 40 Prozent der von uns befragten Frauen wünschen, dass der Partner Abstriche in der Berufsarbeit macht. Solche Forderungen haben in den letzten zwanzig Jahren sogar an Unterstützung verloren, waren es 1993 doch noch 54 Prozent der Frauen gewesen, welche sich für dafür ausgesprochen hatten.[65]

Darin liegt der Zwiespalt vieler Paare. Die meisten finden zwar das Rollenverständnis der eigenen Eltern (Vater als Außenminister, Mutter als Innenministerin) antiquiert. Trotzdem wollen sie beruflich nicht experimentieren. Gründe liegen in der finanziellen Situation (51 Prozent) oder der Angst um berufliche Position und persönliche Ambitionen (56 Prozent). Auch wünschen nur 40 Prozent der Männer mehr Flexibilität vom Arbeitgeber. Gleichzeitig beklagen 60 Prozent von ihnen und 68 Prozent der Frauen, zu wenig Zeit für Partnerschaft, Kinder und Freunde zu haben.

Mütter als Gatekeeperinnen

Wenn der Mann mit der Geburt der Kinder zum mehrheitlichen Haupternährer wird und die Frau ihre Berufsarbeit aufgibt – vielleicht auch nur vorübergehend –, dann unterliegt das Familiensystem plötzlich einer vorher nicht da gewesenen Asymmetrie. Männer werden zu den Finanzministern, welche das Geld nach Hause bringen, während

die Frauen die Aufgaben rund um Haushalt und Kindererziehung übernehmen und damit auch die innerfamiliäre
Entscheidungsmacht. Dieses Ungleichgewicht kann zu
Kompensationsmechanismen führen, indem Frauen die typischen mütterlichen Aufgaben verstärken und zu Einzel-
kämpferinnen werden, die das Engagement des Partners
eher zurückdrängen. Frauen, die den Männern die Türen
blockieren oder gar verschließen, werden Gatekeeperinnen
genannt. Bestärkt durch das gesellschaftlich dominante
Mutterideal sehen sie im intensiven Muttersein ihre wichtigste Basiskompetenz. Typische Türsteherinnen sind oft
wenig selbstbewusste und auf traditionell weibliche Werte
ausgerichtete Frauen. Sie sind von der naturgegebenen, geschlechtsspezifischen Verbindung zwischen ihnen und dem
Kind überzeugt und verstehen sich in vielen Fragen rund
um Kindererziehung und -pflege als alleinige Sachverstän-
dige.

Obwohl sich Frauen meist unbewusst so verhalten, können die Folgen für den Partner bemerkenswert sein. Denn
auf überhöhte mütterliche Anforderungen und der Vermei-
dung des engen Kontaktes zum Kind reagieren viele Männer mit Rückzug – und vielleicht sogar mit einer noch intensiveren Berufstätigkeit.

Wege zum Superdaddy

Männer, die sich aktiv an der Fürsorgearbeit ihrer Kinder beteiligen, sind kein Phänomen unserer heutigen Zeit. Solche Väter hat es schon in der frühen Neuzeit und in der Aufklärung gegeben. Erst Industrialisierung und Urbanisierung haben Männer hervorgebracht, die wir heute als traditionell und autoritär bezeichnen. Wer somit behauptet, der Patriarch sei lediglich der Vorläufer des heutigen Vaters, argumentiert einseitig. Gleiches gilt für Vorstellungen, früher sei die Arbeitsteilung zwischen Männern und Frauen natürlich, weil geschlechtsspezifisch, gewesen. Richtig ist, dass es schon immer eine große Vielfalt unterschiedlicher Konstellationen und Rollen gegeben hat. Man muss somit einen etwas genaueren Blick auf die historischen Veränderungen der Vaterrolle werfen, um den Weg zum heutigen Vater zu verstehen.[66] Das ist das Ziel dieses Kapitels.

Väter zum Anfassen

In der frühen Neuzeit war die Familie eine häusliche Produktionsgemeinschaft ohne Trennung zwischen Heim und Arbeitsplatz. Der Mann galt als wichtigste Person, weil ihm Ehefrau und Kinder unterstellt waren. Er entschied darüber, was die Söhne lernen und wen die Töchter heiraten sollten, und auch die Ehefrau war von ihm abhängig, wie

Abbildung 4: *Autoritäre und beschützende Väter*

vorher vom eigenen Vater. Wegen der ökonomischen Bedingungen hatte ihre Beziehung zum Ehemann sogar einen
geringeren Wert als die Vater-Sohn-Beziehung. Mit der
Aufklärung, der Französischen Revolution und der Begeis-
terung für die Idee der *liberté, égalité, fraternité* vollzog sich
jedoch ein Einstellungswandel, der auch an der Position des
Vaters rüttelte. Verändern sollte er sich, seine Autorität einschränken und seine Aufgaben in der Familie neu definieren. Mit dem Scheitern der Revolution wurden solche Forderungen allerdings wieder eingeebnet, sodass Bilder vom

sowohl harten als auch vom weicheren Vater nebeneinander bestehen blieben.[67] Hierzu existieren zahlreiche zeitgenössische Zeugnisse. Während das Bild links in Abbildung 4 den Vater in erhöhter Position über der Familie thronend zeigt und sich alle Familienmitglieder in einer relativ distanzierten Haltung präsentieren, kümmern sich auf dem Bild rechts Vater und Mutter gemeinsam am Tisch sitzend um ihre Kinder[68].

Es gab also bereits in dieser Epoche Väter, die eine wichtige emotionale Funktion hatten und in der Familie präsent waren. Ihre Position als Erzieher verstärkte sich in dem Maße, wie Kinder nun zunehmend als erziehbare Wesen betrachtet wurden. Obwohl die Fürsorge für Säuglinge und Kleinkinder im Verantwortungsbereich der Mütter (oder der Ammen) blieb und nur die größeren Kinder den Vätern unterstellt wurden, hatten sie ein liebevolles und fürsorgliches Interesse an ihrem Nachwuchs. So schreibt Jean Jaques Rousseau in seinem Erziehungsroman *Emile*: »Wie die Mutter die wahre Amme ist, so ist der Vater der wahre Lehrer« (S. 26). Doch Rousseau formuliert auch geradezu revolutionäre Erziehungsziele, wenn er dem Vater eine richtungsweisende Rolle als Erzieher zuschreibt: Kinder, vor allem die Söhne, sollten sich ihren Vätern nicht lediglich unterordnen müssen, sondern auch den eigenen Charakter entfalten können.

Rousseaus Forderung, Väter müssten ihre Erzieherfunktion verstärken und den Machtanspruch über ihre Kinder als persönliches Eigentum zurücknehmen, fand vor allem in den bürgerlichen Schichten Gehör. In diesen Milieus wurde das Aufwachsen der Kinder freier und im Umgang mit dem Vater ungezwungener. Gegen Ende des 18. Jahrhunderts waren viele Männer Väter zum Anfassen geworden. Weit entfernt vom grundsätzlich patriarchalen Vater bauten sie mit dem Nachwuchs eine Beziehung auf, förderten Herzlichkeit und Intellekt, verlangten aber auf der Basis des christlichen Glaubens auch Ordnung und Folgsamkeit.

Dies änderte sich mit der Industriellen Revolution, die zu einer Aufspaltung des Alltags in eine öffentliche und eine private Sphäre führte und einen erneuten Wandel im Vater-Kind-Verhältnis zur Folge hatte. Männer definierten sich nun über Beruf, Besitz, Beziehungen und Laufbahn und nicht mehr über Fürsorgearbeit. Die Eltern-Kind-Beziehung wurde vor allem eine Mutter-Kind-Beziehung, weshalb sich nun ein spezifisch bürgerlicher Vatertyp entwickelte. Unter dem wachsenden Leistungs- und Konkurrenzdruck begannen Männer, ihr Leben auf die Arbeit auszurichten und männliche Verhaltensmuster zu entwickeln. Gefühle galten von nun an als fehl am Platz, und für die Kinder dienten Väter als distanzierte Rollenmodelle. Doch traf dies vor allem auf die bürgerliche Kleinfamilie zu, vorerst jedoch kaum auf die Arbeiterklasse. Für sie war die Berufstätigkeit beider Elternteile aufgrund der schlechten ökonomischen Bedingungen weiterhin erforderlich.

Patriarchen, Disziplinierer, Außenminister

Zu Beginn des 20. Jahrhunderts diskutierte man erstmals öffentlich über die Rolle des Vaters. Die gesellschaftliche Familie mit einem in Ehe und Familie aktiven Vater wurde zum neuen Idealbild, denn die Reformpädagogik stellte die väterliche Autorität infrage und drehte den Spieß sogar um. Das Kind sollte zum Zentrum der Familie werden, und die Eltern hatten sich darauf auszurichten. Beispiele hierfür waren die Pädagogik von Ellen Key oder Maria Montessori.

Dann allerdings brachte die Weltwirtschaftskrise der 1920er- und 1930er-Jahre das gesamte gesellschaftliche Gefüge ins Wanken. Firmenzusammenbrüche, Schließungen von Banken und Massenarbeitslosigkeit führten in Deutschland zwischen 1929 und 1931 zu einem Anstieg der Arbeitslosenzahlen von 1,3 auf über sechs Millionen Menschen. Dies hatte auch Auswirkungen auf die familiären Rollen. Arbeitslose Väter verloren ihren beruflichen Status und ihr Ansehen als Entscheidungsträger. Aus dieser Ohnmacht der Arbeitslosigkeit versuchten viele, die eigene Autorität wenigstens innerhalb der Familie zu verteidigen. Gewalttätige Erziehungspraktiken nahmen deutlich zu – eine Entwicklung, die ihren Höhepunkt im Nationalsozialismus erreichte.

Ab der Nachkriegszeit vollzogen sich viele Veränderungen, die für das heutige Verständnis von Vaterschaft grundlegend sind. Zunächst galt der Vater als Disziplinierer. Ihm kam die Aufgabe der Außenorientierung zu, das heißt, die materielle Existenz der Familie sicherzustellen und die Verantwortung für ihr Wohl zu tragen. Gleichzeitig war er das wichtigste Verbindungsglied zwischen Familie und Außenwelt. Die Aufgabe der Mutter war das Management des Haushalts und die Kinderfürsorge.[69] Dieses System galt fortan als Voraussetzung für eine funktionierende Familie und eine gelingende Entwicklung des Nachwuchses. Neu wurde nun der Vater an seiner Fähigkeit gemessen, ob und wie er seine Familie finanziell unterhalten und auch die Wertevermittlung durchsetzen konnte. Unabhängig vom Geschlecht des Kindes war er ebenso für den Sozialisationsprozess verantwortlich, für den Sohn war er ein Vorbild von Männlichkeit, für die Tochter ein Männlichkeitsideal.

Dieses einflussreiche Modell blieb lange Zeit unhinterfragt bestehen, nicht zuletzt deshalb, weil es von der entwicklungspsychologischen Forschung gestützt wurde, welche bis in die 1970er-Jahre an der Rolle des Vaters als finanziellem Absicherer festhielt.

Vom abwesenden Vater zum Mappi

In den Nachkriegsjahren standen zunächst die Aufarbeitung des Nationalsozialismus und die Rolle der kriegsbedingt abwesenden Väter im Mittelpunkt. Kritisiert wurde, dass viele Männer ihre Erfahrungen verdrängen und zum Geschehenen und Erlebten schweigen würden. Alexander Mitscherlich hat dieses schwierige Thema der Nazi-Vergangenheit aufgegriffen und mit dem Versagen der Väter in Zusammenhang gebracht. Sein Buch *Die vaterlose Gesellschaft* sorgte bis in die 1970er-Jahre für große Aufregung, weil er sich getraute, den Verlust des »modernen« Vaters zu beklagen, sein erlöschendes Vorbild, das in der Anonymität der modernen Betriebe und Verwaltungen verschwinde. Der rapide Anstieg der Scheidungsraten gab zudem zu Sorgen Anlass, der Verlust des Vaters könnte auch in emotionaler, sozialer und ökonomischer Hinsicht katastrophale Auswirkungen auf Kinder und Familie haben. Und auch der aufkommende Feminismus beklagte *Arbeitssucht und Fahnenflucht* des männlichen Geschlechts.[70]

Im Zuge der antiautoritären Bewegung der Nach-1968er-Jahre wurden die Väter neu entdeckt. Nicht so zu werden wie die eigenen Eltern, das wurde die zentrale Maxime. Umgesetzt werden sollte diese Bewegung durch eine von Zwängen und Übermacht des Elternhauses befreite Erziehung, die der Entfaltung der kindlichen Persönlichkeit freie Bahn ließ. Väter hatten sich stärker am Erziehungsprozess zu beteiligen, dem Kind Partner zu werden, keine Autorität zu zeigen und Strafen zu verbannen. Individualität wurde wichtiger als Konformität, aus dem familiären Bestimmungshaushalt wurde ein Verhandlungshaushalt. Väter begannen, Kinder als einen Teil der eigenen Lebensperspektive zu begreifen und eine zunehmend emotionale Bindung zu ihnen zu entwickeln. Daneben blieben aber viele Vater-Kind-Beziehungen traditionell, sodass eine breite Palette an Vaterbildern existierte, die vom gänzlich abwesenden über den eher präsenten, bis zum kumpelhaften, manchmal auch verweichlichten Vater reichte, in Anspielung auf die zunehmend femininer werdende Vaterrolle auch Mappi genannt.[71]

Dass seit den späten 1990er-Jahren Forderungen immer lauter wurden, Männer sollten nicht nur aktivere Väter, sondern auch aktivere Partner in Haus- und Familienarbeit werden, hat vor allem volkswirtschaftliche und gleichstellungspolitische Gründe. Mit der Veränderung der Struktur des Arbeitsmarktes von einer Produktions- zu einer Dienstleistungsgesellschaft ging auch eine Umlagerung vieler Arbeitsplätze einher. Solche veränderten Realitäten zeigten sich in der abnehmenden Differenz zwischen den Qualifikationen von Männern und Frauen. Eine Ursache liegt ebenso in den deutlich gestiegenen Beteiligungsquoten der Mädchen und Frauen in Gymnasien und Hochschulen, die in vielen Sparten heute höher sind als die des männlichen Geschlechts. Parallel zum Bildungsaufstieg der Frauen stiegen auch die Erwerbsquoten der Mütter, sodass die Gleichzeitigkeit von Mutterschaft und beruflicher Erwerbstätigkeit heute selbstverständlich geworden ist. Unterstützt durch solche Entwicklungen, durch Projekte zur Frauenförderung und durch Vereinbarkeitskampagnen, haben viele Männer erkannt, dass eine partnerschaftlichere Aufteilung der Familienarbeit unausweichlich ist.

Der Superdaddy des 21. Jahrhunderts ist keine moderne Konstruktion[72]

Der historische Überblick zeigt: Die Rolle des Vaters hat sich nicht in einer linearen Weise entwickelt. Zu allen Zeitpunkten der Geschichte gab es immer eine große Variabilität in der Ausgestaltung der Rolle. Vaterschaft unterliegt einem gesellschaftlichen Wandel, der nicht lediglich aus Patriarchen neue Väter macht, sondern viele Vätertypen entstehen lässt. Gemeinsam ist ihnen, dass sie sich mit neuen Rollenanforderungen auseinandersetzen müssen (auch dann, wenn sie einem traditionellen Rollenbild verhaftet bleiben), ihre Identität neu austarieren sollen (auch dann, wenn sie genaue Vorstellungen haben) und in der Familie nicht um Aushandlungsprozesse herumkommen. Denn die gesellschaftlich bedingten Umbildungsprozesse führen logischerweise zu einer Neubestimmung der männlichen und auch weiblichen Positionen innerhalb der Familie. Und schließlich kann der Wandel der Vaterrolle nicht losgelöst vom Wandel der Geschlechterverhältnisse betrachtet werden. Zusammengenommen sind alle diese Prozesse daran beteiligt, weshalb man vom Vater nur im Plural sprechen kann.

Somit ist es falsch, die heutigen Ausprägungen von Vatersein lediglich als Merkmal der Moderne zu verstehen. Obwohl es für viele Männer ermutigend sein kann, dass sie die ersten in der Geschichte sind, welche Windeln wechseln oder das Kind baden, sind sie nicht die ersten fürsorglichen und liebevollen Väter. Die Vaterschaft ist – das zeigt der historische Blick zurück – eine Pendelgeschichte. Deshalb ist sie nichts anderes als ein Balanceakt, den man aktiv unter die Füße nehmen, aushalten und gestalten muss.

Neue Konzepte: Ein erweiterter Blick auf Väter

Männer sollen nicht auf ihre klassische Rolle des Alleinernährers reduziert werden. Genauso unzureichend ist es, sie lediglich am Ausmaß ihrer Teilhabe an Kinderbetreuung und Haushaltsarbeit zu beurteilen. Um den Blick auf Väter zu erweitern und gleichzeitig zu objektivieren, müssen alle Leistungen für die und in der Familie berücksichtigt werden. Dazu gehören auch diejenigen indirekter Art sowie die Rahmenbedingungen, etwa das von den Paaren gewählte Erwerbsmodell. Dieses Kapitel gibt einen Überblick über die aktuelle Diskussion.

Die Steuererklärung ausfüllen ist auch eine Form von Fürsorge

Will man männliche Fürsorgearbeit auf einer objektiven Basis diskutieren, braucht es entsprechende Daten. Solche stehen jedoch nur sehr eingeschränkt zur Verfügung. Einer der Hauptgründe dafür ist, dass viele der väterlichen Leistungen nicht direkt sichtbar und zeitlich messbar sind, weshalb sie oft gar nicht oder dann undifferenziert erhoben werden. Beispielsweise kann man relativ gut die Zeit messen, welche Männer und Frauen für die Kinderbetreuung, für Transportdienste oder fürs Kochen, Putzen und Waschen aufwenden, doch wird es schon schwieriger, wenn etwa das Multitasking berücksichtigt werden muss. Ein Vater etwa, der im Beisein seines Sprösslings das Essen zubereitet, gleichzeitig jedoch mit seinem Chef telefoniert, oder die Mutter, welche mit dem Kind einkaufen geht, zugleich aber noch im Büro Dokumente für das Homeoffice abholt: Solche Tätigkeiten sind schwierig zu kategorisieren, weil sie nicht trennscharf sind und sowohl Elemente von Betreuung als auch von Berufsarbeit beinhalten. Trotzdem ist dies nicht das Hauptproblem von Forschungsstudien über Väter und Mütter, sondern die enge Definition dessen, was Haus-, Familien- und Betreuungsarbeit ist oder sein soll. Weil sich die Forschung bisher fast ausschließlich auf die sichtbaren Leistungen konzentriert hat, werden die vielen kaum sichtbaren Tätigkeiten von Vätern strukturell unterbewertet.

Im Unterschied zur feministischen Care-Forschung betrachtet die angloamerikanische Väterforschung indirekte Betreuungsarbeiten nicht als Gegensatz, sondern als Bestandteil von Fürsorgearbeit.[73] Dabei geht es keinesfalls darum, die bestehenden Ungerechtigkeiten zwischen dem Ausmaß der mütterlichen und väterlichen Betreuungsarbeiten zu vertuschen oder zu verharmlosen, sondern darum, ein neues Verständnis von Vaterschaft zu entwickeln.

Zu den indirekten Beiträgen gehört beispielsweise die Cash-Funktion. Neben den familiären Aufgaben kümmern sich viele Väter ums Geldverdienen. Im Durchschnitt erwirtschaften sie immer noch rund drei Viertel des Haushaltseinkommens. Ob wir dies gerne hören oder nicht: Auch die volle Lohntüte am Ende des Monats ist eine männliche Form der Fürsorge. Als indirekte Leistungen gelten aber auch Service- und Instandhaltungstätigkeiten (z. B. Steuererklärung ausfüllen, Reparaturen vornehmen,

Abfall entsorgen, das Auto warten), Kontroll- und Unterstützungsleistungen (z. B. Hausaufgaben, Medienkonsum betreuen und überwachen), die Beschaffung von Gütern und Dienstleistungen zur materiellen Versorgung der Familie (z. B. Überstunden, um eine Ausstattung oder eine Fördermaßnahme des Nachwuchses finanzieren zu können), die Unterstützung der sozialen Kontakte mit anderen Kindern (z. B. die Förderung von Freundschaften), das väterliche Engagement in der Schule oder in anderen Institutionen zugunsten der Kinder.

Weg vom Tunnelblick auf Väter

Unsere Gesellschaft ist zwar weitgehend vom Fokus auf das Modell des Vaters als alleinigem Ernährer abgekommen, trotzdem werden wissenschaftliche Erkenntnisse zu neuen Vaterschaftskonzepten noch wenig wahrgenommen.[74] Es ist somit höchste Zeit, um auf dieser Basis veränderte Rollenanforderungen und Erwartungen neu auszuleuchten und zu erkennen, dass das Engagement von Vätern und die Rolle von Müttern weit komplexer sind, als vom Mainstream aktuell diskutiert. Eine Konzentration auf die unmittelbare Beschäftigung des Vaters mit seinen Kindern oder auf Versorgungs- und Pflegeleistungen stellt eine unzulässige Komplexitätsreduktion dar.[75] Darauf verweisen die Konzepte von Michel Lamb, Joseph Pleck, John Snarey und Robert Palkovitz.[76]

▪ **Das Konzept von Michael Lamb:** Als erster Forscher überhaupt differenzierte Michael Lamb bereits in den 1980er-Jahren das Konzept des Väterengagements anhand einer Drei-Faktoren-Typologie. Dazu gehörten Interaktion *(Interaction)*, Erreichbarkeit und Zugänglichkeit *(Accessibility)* sowie Zuständigkeit und Verantwortung *(Responsibility)*. Die Interaktion beschreibt die Zeit, die ein Vater in direktem Kontakt mit seinem Kind verbringt, z. B. beim Spielen oder Geschichtenerzählen. Die Erreichbarkeit untersucht, wie verfügbar der Vater für sein Kind ist, ohne in unmittelbarem Betreuungskontakt mit ihm zu sein. Dazu gehören etwa, Einkäufe mit dem Kind zu erledigen oder das Essen vorzubereiten und dabei für das Kind ansprechbar zu sein. Die Zuständigkeit macht das Ausmaß sichtbar, in dem der Vater grundsätzliche Verantwortung (z. B. als Ernährer) sowie spezifische Verantwortung für kindbezogene Aufgaben übernimmt (so der Besuch beim Kinderarzt oder ein Lehrergespräch, aber auch die gedankliche Beschäftigung mit dem Kind).

Mit dieser Typologie legte Lamb ein deutlich breiteres Fundament für die Vaterschaft, als dies damals üblich war, wobei er auch die Ernährerfunktion respektive Erwerbsarbeit nicht mehr als Hauptbeitrag wertete, sondern als einen von verschiedenen Beiträgen. Sein Konzept ist seitdem vielfach weiterentwickelt worden, doch bildet seine Typologie nach wie vor das Fundament der Forschung zum Väterengagement.

■ **Das Konzept von Joseph Pleck:** In seinem Modell unterscheidet Joseph Pleck fünf Dimensionen des väterlichen Engagements. Drei Hauptkomponenten sind auf das *Doing with children* ausgerichtet (positive Aktivitäten und Engagement, Wärme und Responsivität sowie Monitoring), während die anderen beiden Komponenten das *Doing for Children* in den Blick nehmen. Dazu gehören Aktivitäten für das Kind jenseits des direkten Kontakts und der Betreuung sowie die Prozessverantwortung, welche die Bereitstellung ökonomischer Ressourcen betrifft, die Beschaffung von Gütern und die Bereitstellung von Dienstleistungen für das Kind, die materielle Versorgung der Familie etwa in Form von Überstunden sowie die Förderung des sozialen Netzwerkes. Die Prozessverantwortung erachtet Pleck als wichtigstes Qualitätsmerkmal der Vater-Kind-Beziehung. Sie zeigt sich beispielsweise darin, ob und in welchem Ausmaß Väter von sich aus wahrnehmen, was in Haushalt und Familie getan werden muss oder ob sie eher auf Geheiß oder Bitte der Partnerin zur Verfügung stehen. Auch die aktive Organisation der kindlichen Betreuung gehört dazu, die Übernahme von Fahrdiensten, das Engagement in Fragen der Planung und Entscheidungsfindung (z. B. für die Schullaufbahn, Beitritt zu Sport- und anderen Vereinen, Planung der Freizeit), der Besuch beim Kinderarzt oder des Elternabends, aber auch der Einkauf neuer Kleider mit dem Nachwuchs.

- **Das Konzept von John Snarey:** John Snareys Konzept heißt Generative Vaterschaft. Auf der Basis des Stufenmodells von Erik Erikson[77] versteht er Vaterschaft als Ergebnis eines komplexen, lang andauernden und nicht genetisch angelegten Prozesses im Lebensverlauf. Basis bildet eine vierzig Jahre dauernde Langzeitstudie zur generativen Fürsorgearbeit mit 200 Männern, die in den 1970er- und 1980er-Jahren erstmals Vater geworden waren. Als generativ bezeichnet Snarey das Verhalten von Vätern, die bestrebt sind, die Fürsorgebeziehung zu den Kindern über Jahre hinweg zu entwickeln und aufrechtzuerhalten. In der Studie zeigte sich, dass Männer, die sich derart engagiert hatten, davon auch selbst profitieren konnten. Langfristig führten sie eine stabilere Partnerschaft als wenig engagierte Väter, und auch im mittleren Lebensalter übernahmen sie mehr Aufgaben im Rahmen des zivilgesellschaftlichen Engagements. Mit Snareys Modell lässt sich somit die Theorie Eriksons bestätigen, wonach die Fähigkeit zur Fürsorge im mittleren und späteren Erwachsenenleben mit einem glücklicheren und erfüllteren Leben verbunden ist. Väterliche Fürsorge ist ein dynamischer Prozess, der sich über die Zeit hinweg verändert. Dies ist ein wichtiger Grund, dass die Qualität von Vätern nicht lediglich anhand ihres Engagements in der frühen Kindheit beurteilt werden kann.

▪ **Das Konzept von Robert Palkovitz:** Das Konzept der väterlichen Einbindung ist das Ergebnis der Kritik Robert Palkovitz' an der traditionellen Väterforschung. Seiner Meinung nach erfasst sie meist nur verhaltensbezogene Elemente, nicht jedoch emotionale Elemente. Charakteristisch für sein Modell ist deshalb die Berücksichtigung von Aspekten, die traditionellerweise nicht dem Bereich des väterlichen Engagements zugeordnet werden. Palkovitz definiert 15 Kategorien, welche eine engagierte Vaterschaft ausmachen: Kommunikation, dem Kind etwas beibringen, Überwachung, gedankliche Beschäftigung mit dem Kind, Erledigung administrativer Aufgaben, direkte Betreuung, kindbezogene Haushaltstätigkeiten, gemeinsame Interessen, Verfügbarkeit, Planungen, gemeinsame Aktivitäten, Zuneigung, Versorgung, Schutz und emotionale Unterstützung.

Für Palkovitz ist das Engagement von Vätern nicht das Gleiche wie körperliche Präsenz, sondern ein Konglomerat vieler verschiedener Aktivitäten. Gerade weil dieses komplexe Modell auch affektive und verhaltensbezogene Aspekte unter die Lupe nimmt, wird es dem Väterengagement besonders gerecht. Damit widersetzt es sich der verbreiteten Annahme, dass ein Mehr an zeitlicher Präsenz der Väter die Kinder automatisch fördert, die Mütter entlastet und die Partnerschaft deshalb glücklicher macht.

Auch Vollzeit arbeitende Männer können engagierte Väter sein

Welche Schlüsse lassen sich aus solchen Vaterschaftskonzepten ziehen? Erstens, dass die Rolle des Vaters als Ernährer – in welcher Ausprägung auch immer – zwar als wichtiges Kriterium guter Vaterschaft betrachtet werden soll, aber nur als eines unter verschiedenen. Zweitens sind neben der häuslichen Anwesenheit auch weitere väterliche Beiträge einzubeziehen. Drittens muss das Väterengagement mit dem jeweiligen Erwerbsmodell und dem Verhalten der Partnerin in einen Zusammenhang gebracht werden. Und schließlich ist auch die Art und Weise zu berücksichtigen, wie die Partner miteinander ihre Aufgaben aushandeln.

Somit bilden neue Vaterschaftskonzepte notwendige Grundlagen, um das männliche Engagement breiter und objektiver zu erklären und die bisher eng geführte Diskussion um wichtige Punkte zu erweitern. Diese Konzepte machen deutlich, dass Männer in der familiären Fürsorgearbeit auch engagiert sein können, ohne dass ihre sichtbare Betreuungsarbeit besonders hoch ist. Infolgedessen können auch Vollzeit arbeitende Männer engagierte Väter sein und ihre Kinder positiv beeinflussen, genauso können häuslich sehr präsente Männer den Kindern durch ungeeignete Erziehungsmaßnahmen schaden.

Neue Vaterschaftskonzepte sind nicht nur äußerst wichtig für eine objektive Erfassung der männlichen Beiträge in und für die Familie. Sie sind ebenso bedeutsam, um die zunehmende Variabilität der Beziehungsformen von Paaren im Zusammenhang mit dem Väterengagement unter die Lupe nehmen zu können. Gerade deshalb ist es vordringlich, dass dieses Engagement auch anhand von Variablen bestimmt wird, welche über Verfügbarkeit und direkt beobachtbare Interaktionen hinausgehen. Vor diesem Hintergrund bekommen gerade die Cash-Funktion des Vaters oder andere Tätigkeiten als Elemente von Fürsorgearbeit eine neue Bedeutung, auch wenn dies die feministisch orientierten Betreuungsforschungen vielleicht nicht so sehen wollen.

Männer in der Väterforschung

Hierzulande sind Väter erst seit den 1980er-Jahren ein Thema der Forschung, die mit dem zweibändigen Standardwerk von Wassilos Fthenakis aufs Engste verknüpft ist.[78] Darin unterscheidet er vier Forschungsphasen, in denen jeweils spezifische Themen bearbeitet wurden und die wiederum Ausdruck epochaler Fragestellungen sind. In Abbildung 5 aufgeführt sind die Phasen der Vaterabwesenheit, der Vater-Kind-Beziehung, der Rolle des Vaters im System sowie die Väter in nicht traditionellen Familienformen. Der Abbildung beigefügt ist die fünfte und aktuelle Phase der Väterforschung, die sich auf eine neue Betrachtung von Vaterschaft konzentriert und auch die Reaktionen von Frauen beleuchtet.

Die erste Forschungsphase der 1960er-Jahre konzentrierte sich im Zuge der Nachwirkungen des Zweiten Weltkriegs auf die Auswirkungen des abwesenden Vaters auf seine Kinder. In diesem Zusammenhang versuchte man die

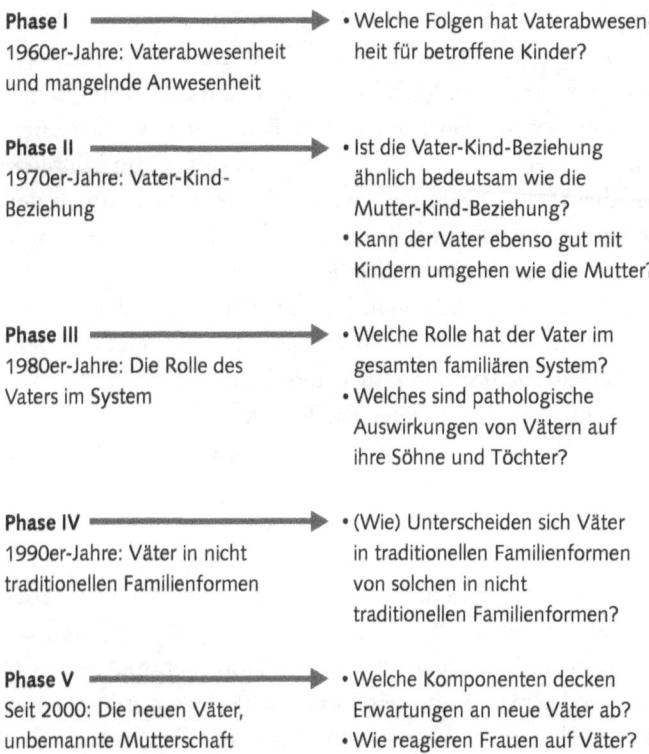

| Phase I | → | • Welche Folgen hat Vaterabwesen-heit für betroffene Kinder? |
| 1960er-Jahre: Vaterabwesenheit und mangelnde Anwesenheit | | |

| Phase II | → | • Ist die Vater-Kind-Beziehung ähnlich bedeutsam wie die Mutter-Kind-Beziehung? |
| 1970er-Jahre: Vater-Kind-Beziehung | | • Kann der Vater ebenso gut mit Kindern umgehen wie die Mutter? |

| Phase III | → | • Welche Rolle hat der Vater im gesamten familiären System? |
| 1980er-Jahre: Die Rolle des Vaters im System | | • Welches sind pathologische Auswirkungen von Vätern auf ihre Söhne und Töchter? |

| Phase IV | → | • (Wie) Unterscheiden sich Väter in traditionellen Familienformen von solchen in nicht traditionellen Familienformen? |
| 1990er-Jahre: Väter in nicht traditionellen Familienformen | | |

| Phase V | → | • Welche Komponenten decken Erwartungen an neue Väter ab? |
| Seit 2000: Die neuen Väter, unbemannte Mutterschaft | | • Wie reagieren Frauen auf Väter? |

Abbildung 5: *Phasen der Väterforschung*

periphere Rolle von Vätern aufzuzeigen, die in der Kindererziehung kaum in Erscheinung traten. Abweichendes Verhalten oder Lern- oder Entwicklungsstörungen von Kindern wurden deshalb meist mit dem fehlenden Vater in Zusammenhang gebracht. In den 1970er-Jahren befasste sich die zweite Phase mit der Vater-Kind-Beziehung und der Frage, ob diese Beziehung ähnlich bedeutsam wie die Mutter-Kind-Beziehung ist respektive, ob Väter überhaupt eine ähnlich intensive Beziehung zu ihrem Kind aufbauen können. Mütter waren dabei die unhinterfragte Messlatte. In der dritten Phase der 1980er-Jahre trat der systemische Blick stärker in den Mittelpunkt und damit der Vater in seiner Position im Familiensystem. Beleuchtet wurden auch pathologische Akzente väterlicher Funktionen, im Hinblick auf die Töchter waren es sexuelle Aspekte im Rahmen der Missbrauchsforschung, im Hinblick auf Söhne die Frage, ob aus ihnen als Opfer väterlicher Gewalt selbst später einmal Täter werden könnten. In der vierten Phase der 1990er-Jahre konzentrierte sich das Interesse neu auf nicht traditionelle Familienformen und Vaterschaften, insbesondere auf Väter in Scheidungs- oder Patchworkfamilien sowie alleinerziehende Väter und auf die Frage, wie sich solche Väter voneinander unterscheiden.[79]

Um die Jahrtausendwende setzte ein Boom an Arbeiten zu den neuen Vätern ein, in denen erstmals neue Vaterschaftskonzepte diskutiert wurden. Diese fünfte und aktuelle Phase nimmt einen Perspektivenwechsel vor, weil sie sich von der Präsenz als alleinigem Hauptmerkmal eines Vaters verabschiedet und seine weit vielfältigeren Aufgaben in den Blick nimmt. Damit verbunden sind Fragen nach den veränderten Rollen und Erwartungen an Männer, nach der Arbeitsteilung der Paare und wie sie diese aushandeln, aber auch inwiefern der Vater als Beziehungsfigur überflüssig wird (unbemannte Mutterschaft). Für die zukünftige Väterforschung folgt daraus, dass eine neue Konstruktion des familialen Zusammenlebens notwendig ist, welche nicht lediglich auf neuen Männern aufbauen kann und Frauen außen vor lässt.

Was Väter tun und wie sie ihre Partnerin entlasten

Männer haben in den letzten Jahren viel zum Wandel der Eltern- und der Partnerschaft beigetragen. Doch stehen wenig empirische Ergebnisse zu ihrer Familien- und Fürsorgepraxis sowie zu ihrem beruflichen und freizeitbezogenen Handeln zur Verfügung. Die Gründe liegen unter anderem darin, dass Väter eher selten selbst zu Wort kommen beziehungsweise lediglich ihre Einstellungen erfasst werden. Da zudem viele Studien auf traditionellen Vaterschaftskonzepten basieren, werden bestimmte Aufgabenbereiche gar nicht untersucht. Infolgedessen verfügen wir über wenige Zeitbudgetstudien, welche differenzierte Analysen über alle väterlichen Tätigkeiten zulassen. Zudem ist relativ wenig darüber bekannt, wie Paare ihre familiäre und berufliche Arbeit aushandeln, welche Spannungen entstehen oder welche Rolle Arbeitgeber und Vorgesetzte spielen.

Ausgehend von unserem Vaterschaftskonzept der Tarzan-Studie werden in den nächsten vier Kapiteln folgende Fragen beantwortet: Auf welche Art und Weise erfüllen Väter ihre alltäglichen familiären Aufgaben? Wie gelingt es ihnen, den Rollen des Erziehers, des aufmerksamen Partners und des (Teil-) Ernährers gerecht zu werden? Welche Anstrengungen unter-

nehmen sie, um solche Ansprüche umzusetzen? In welchen Bereichen der Familie, des Haushalts und der Kindererziehung beteiligen sie sich, und wie bewältigen sie gleichzeitig die beruflichen Anforderungen? Was bleibt schließlich für die Freizeit übrig?

Unsere Daten machen mehr als deutlich: Im Vergleich zu den Babyboomer-Vätern der 1970er- und 1980er-Jahre agieren Männer heute deutlich anders. Viele von ihnen haben erzieherische, betreuende und begleitende Funktionen übernommen, um im Alltag des Nachwuchses eine bedeutende Rolle spielen zu können. Sie machen sich viele Gedanken über die richtige Erziehung, und ein nicht kleiner Teil ist auch ausgesprochen selbstkritisch. In vielen Bereichen übernehmen sie gemeinsam mit den Müttern die Verantwortung – auch dann, wenn sie Vollzeit arbeiten –, obwohl die Hauptverantwortlichkeit nach wie vor bei den Müttern liegt. Dieses enorme Engagement beider Partner führt oft zu Spannungen, wobei sich Mütter für das Beziehungswohl stärker verantwortlich fühlen als Väter und auch höhere Anforderungen an die Zweisamkeit stellen.

Übers Ganze gesehen hat ein Großteil der Männer Probleme, Beruf und Familie unter einen Hut zu bringen. Das Vereinbarkeitsdilemma ist heute auch männlich und kein exklusives Frauenproblem mehr. Auch die Maßnahmen zu Elterngeld und Vätermonaten können nicht darüber hinwegtäuschen, dass es einen neuen Blick auf Vaterschaft und Mutterschaft braucht, um die Vereinbarkeitsproblematik in den Griff zu kriegen.

Keine Zeit?

Will man sich auf einer einigermaßen objektiven Basis über das Engagement von Vätern unterhalten und es mit demjenigen der Mütter vergleichen, kommt man nicht darum herum, die Zeitfrage zu stellen: Wie viel Zeit verwenden Männer für die Kinder, den Beruf, den Haushalt, die Freunde und die Hobbys? Haben sie das Ganze im Griff (Zeitmanagement) oder nicht (Zeitmangel), und wie gut gelingt ihnen die Work-Life-Balance?[80] Hierzu wissen wir zwar einiges, aber oft wenig Differenziertes. Grundlegend sind deshalb Daten zur Entwicklung des väterlichen und mütterlichen Engagements im Zeitverlauf, das heißt während der Woche und am Wochenende. Dieses Kapitel gibt darüber Auskunft.

Männer haben aufgeholt

Zu Wandlungsprozessen von Vätern seit den 1960er-Jahren bis heute gibt es kaum Studien. Eine Ausnahme ist die Zusammenfassung amerikanischer Längsschnittdaten von Hans Bertram und Carolina Deuflhard. Sie erlaubt die Beantwortung der Frage, ob Väter ihren Partnerinnen seit jeher hinten nachhinken oder ob sie in den letzten Jahrzehnten aufgeholt haben.[81] Damit lässt sich die aktuelle, ideologisch gefärbte Diskussion auf eine objektivere Basis stellen – allerdings unter der Berücksichtigung, dass es sich um amerikanische Daten handelt.

In Abbildung 6 sind die Daten nach Beruf, Kinderbetreuung, physiologischer Regeneration (Schlaf und Erholung), Haushalt, Besorgungen und Freizeit aufgelistet und nach Müttern und Vätern differenziert. Bei der ersten Messung 1965 haben sich Väter lediglich 4,4 Stunden in Haushaltsarbeiten engagiert, Mütter jedoch 32 Stunden. Im Jahr

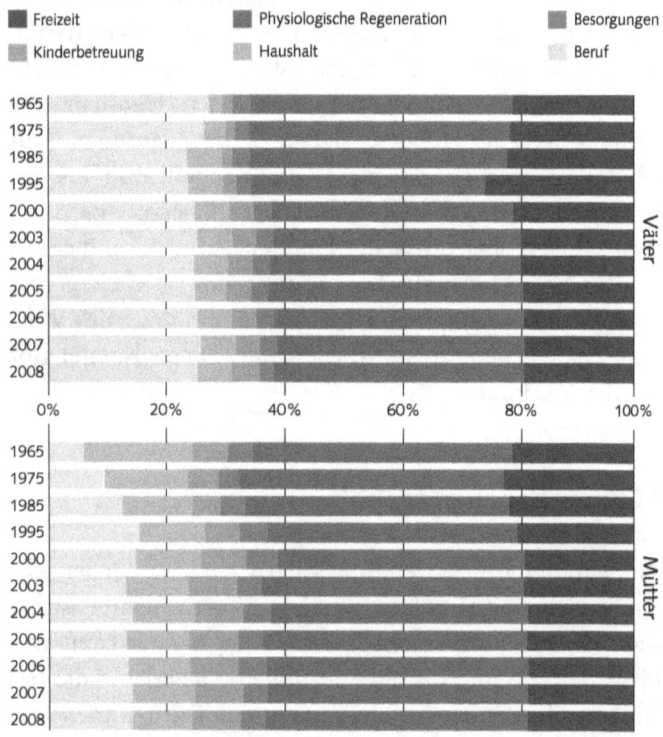

Abbildung 6: *Wöchentliche Zeitverwendung amerikanischer Väter und Mütter in Stunden (1965–2008), nach Bertram & Deuflhard (2015, S. 21)*

2008 leisteten Väter zehn Stunden Haushaltsarbeit, Mütter hingegen nur noch 17 Stunden, unter anderem deshalb, weil sie deutlich häufiger und intensiver berufstätig geworden sind (1965: 9 Stunden, 2008: 24 Stunden) und Haushaltsarbeiten aufgrund des technologischen Fortschritts generell weniger Zeit beanspruchen. Die Berufstätigkeit der Väter hat in diesem Zeitraum jedoch von 46 Stunden auf 43 Stunden abgenommen. Der Aufwand für Besorgungen wie beispielsweise das Einkaufen ist bei Männern wie Frauen in etwa gleichgeblieben (durchschnittlich fünf Stunden respektive sieben Stunden).

Besonders eindrücklich sind die Betreuungsdaten. In diesem Bereich haben beide Geschlechter ihr Engagement deutlich erhöht. Das ist erstaunlich, könnte man doch davon ausgehen, dass die sich in diesem Zeitraum massiv verstärkende mütterliche Berufstätigkeit und der Ausbau familienergänzender Betreuungsangebote eine Abnahme des Betreuungsaufwands der Mütter zur Folge haben sollte. Dieser ist aber um vier Stunden angewachsen, von zehn Stunden im Jahr 1965 auf 14 Stunden im Jahr 2008, der Betreuungsaufwand der Väter von drei Stunden auf acht Stunden. Parallel dazu haben Väter ihre Regenerationszeit von 75 Stunden auf 72 Stunden reduziert, während sie bei den Müttern mehr oder weniger gleichgeblieben ist (74 Stunden respektive 75 Stunden).

Wie lassen sich solche Daten angesichts der Tatsache interpretieren, dass die zur Verfügung stehende Zeit logischerweise die gleiche geblieben sein muss? Offenbar haben die Männer einige Reduktionen in Beruf, Freizeit und Erholung (je drei Stunden) vorgenommen, um wegen des beruflichen Engagements der Partnerin mehr Familienarbeit übernehmen zu können. Abgeschwächt gilt dies auch für Frauen, die einen Teil ihrer freien Zeit (vier Stunden) zugunsten der Familien- und Berufsarbeit geopfert haben.

Es ist somit eine empirische Tatsache, dass sich Väter intensiver in Haushalt und Kinderbetreuung engagieren, als dies noch für ihre eigenen Väter gegolten hat. Das heutige Familienleben sieht radikal anders aus, weshalb man durchaus von einer stillen Revolution sprechen kann. 70 Prozent der Väter empfinden ihre Rolle in der Familie im Vergleich zu ihren Vätern als markant anders und bewerten diese Veränderungen als persönlichen Gewinn.

Dass Eltern heute deutlich mehr Zeit als je zuvor für ihre Kinder aufwenden, ist empirisch besehen zwar eine richtige Aussage. Wie bereits kritisiert, ist sie dennoch sehr engführend, weil mit ihr meist die Ansicht verbunden wird, mehr Zeit mit den Kindern zu verbringen sei in jedem Fall ein erstrebenswertes Ziel. Dies stimmt so nicht, denn es gibt auch so etwas wie eine zeitliche Übersättigung. Viele Kinder werden fast rund um die Uhr überwacht, in schulischen Belangen permanent gefördert und auch in der Freizeit in Förderkurse geschickt, zu denen sie von den Eltern (meist von den Müttern) hin- und zurückgefahren werden. Solche durchgetakteten Wochenstrukturen sind für Eltern enorm stressig und einer gesunden kindlichen Entwicklung eher abträglich. Zwar wünschen sich die allermeisten Eltern nur das Beste für ihren Nachwuchs, und sie wollen ihre Kinder glücklich und erfolgreich in der Schule machen. Leider ist das eine falsche Idee. Denn Schulerfolg und Glück stellen sich nicht einfach so oder durch das elterliche Engagement und die Dauerkontrolle des Nachwuchses ein. Damit Kinder widerstandsfähig werden und lernen, Hindernisse zu überwinden, brauchen sie auch eine zeitliche Autonomie jenseits des kontrollierenden Erwachsenenblicks. Mit Überfürsorglichkeit und permanenter Kontrolle erreichen Eltern deshalb eher das Gegenteil, also mehr kindliche Abhängigkeit und weniger Selbstvertrauen. Kinder, die andauernd von Mama und Papa unterstützt werden, werden bei den kleinsten Schwierigkeiten aus der Bahn geworfen.[82] Oft gilt das auch noch in der Pubertät und im jungen Erwachsenenalter.

Jenseits des historischen Blicks auf die Entwicklung des zeitlichen Aufwandes von Vätern und Müttern, der aus der obigen Abbildung herausgelesen werden kann, haben die Daten zwei weitere Achillesfersen: Sie differenzieren das Engagement von Vätern zu wenig, und sie unterscheiden nicht nach Erwerbsmodell. Dies leistet unsere Tarzan-Studie.

Die Tarzan-Studie: Wer Väter sind, was sie tun und wie sie wirken

Die Tarzan-Studie basiert auf einem aus drei Säulen bestehenden Vaterschaftskonzept: direkte Fürsorgeleistungen, indirekte Fürsorgeleistungen und längerfristige Verantwortlichkeiten (Abbildung 7). Fürsorgearbeit definierten wir als den Umfang aller sichtbaren und unsichtbaren Tätigkeiten materieller und immaterieller Art in Versorgung, Pflege, Betreuung, Erziehung, Förderung und Zuwendung.

Säule I umfasst die direkten, das heißt sichtbaren Fürsorgeleistungen und den Austausch mit dem Nachwuchs, also Betreuung, Pflege, Erziehung und andere Aktivitäten. In Säule II sind die indirekten Fürsorgeleistungen zusammengefasst. Dazu gehören der Umfang, in dem der Vater in Haushalt und Familie tätig ist und für die Kinder zur Verfügung steht (ohne in direktem Austausch mit ihnen zu

Das Drei-Säulen-Konzept der Tarzan-Studie

Säule 1	Säule 2	Säule 3
Direkte Fürsorgeleistungen (Austausch mit dem Kind)	Indirekte Fürsorgeleistungen (Verfügbarkeit)	Längerfristige Verantwortlichkeiten (Arbeiten außerhalb der täglichen Routinen)
Betreuung	Putzen	Finanzielle Verantwortung
Pflege	Einkaufen	Administration
Erziehung	Kochen	Reparaturen
Freizeit	Waschen/Textilpflege	Überstunden
	Gedankliche Beschäftigung mit dem Kind	Schulanlässe
		Arztbesuche

Abbildung 7: *Das Drei-Säulen-Konzept der Tarzan-Studie*

sein), aber auch die gedankliche Beschäftigung mit ihnen. Säule III beinhaltet alle Zuständigkeiten in Fürsorge, Haushalt und Familienarbeit, welche nicht zu den täglichen Routinen gehören, sondern eine eher längerfristige Verantwortungsübernahme bedingen oder punktueller Natur sind. Das Ausmaß der finanziellen Verantwortung ist ein wichtiger Bestandteil.

Die Tarzan-Studie beantwortet folgende Fragen:[83]

- In welchem Umfang und wie engagieren sich Väter heute?
- Welche Rolle spielen dabei die Partnerinnen?
- Wie gestalten Männer ihr Vatersein in Abhängigkeit von Familie und Beruf?
- Welchen Beitrag leisten Väter zur Bildung und Förderung ihres Kindes?

Mehr als 80 Stunden Engagement pro Woche

Während einer Woche haben die Tarzan-Väter ihre gesamten Tätigkeiten (Beruf, Familie, private Zeit, Freizeit, gedankliche Arbeit etc.) protokolliert. Dieses Zeitprofil ist in Tabelle 4 dargestellt. Demnach sind Väter während der Woche im Durchschnitt 83,8 Stunden engagiert und am Wochenende während 35,9 Stunden.

Die Erwerbsarbeit nimmt während der Woche durchschnittlich 46,2 Stunden in Anspruch, davon sind 4,5 Stunden Homeoffice. Auch am Wochenende wird durchschnittlich 2,3 Stunden gearbeitet. Die Zeit, welche Männer für die Familie (Administration, Haushalt, Mahlzeiten zubereiten und gemeinsam essen) aufwenden, beträgt 12,7 Stunden während der Woche und 9,9 Stunden am Wochenende. Offenbar werden viele Familien- und Haushaltsarbeiten auf das Wochenende verschoben. Aber auch die fehlende Zeit für das private Zusammensein wird am Samstag und am Sonntag kompensiert. So ist der Zeitanteil für die Beschäftigung mit dem Kind am Wochenende gleich groß wie während der Woche (je 4,9 Stunden). Am Wochenende ist dies sogar die zeitintensivste Kategorie, für die Partnerin ist das Zeitbudget um eine Stunde kleiner (3,8 Stunden). Für Hobbys, Ehrenämter und Vereinstätigkeiten, für Freunde und Erholung bleiben während der Woche 16,2 Stunden übrig, am Wochenende 15 Stunden.

Bereich	Woche	Wochenende
Beruf*	**46,2**	**2,3**
Erwerb außer Haus	41,7	1,2
Homeoffice	4,5	1,1
Familie	**12,7**	**9,9**
Administratives	0,9	0,5
Haushalt	3,8	3,9
Mahlzeiten zubereiten	2,4	2,2
Gemeinsam Essen	5,6	3,6
Private Zeit	**8,7**	**8,7**
Zweisamkeit mit Kind/ern**	4,9	4,9
Zweisamkeit mit Partnerin	3,8	3,8
Freizeit	**16,2**	**15,0**
Hobby, Ehrenamt	3,8	3,4
Soziales Leben, Freunde	2,9	4,3
Passive Erholung	3,3	3,3
Mediennutzung	6,2	4,0
Gesamt	**83,3**	**35,9**
Schlaf	37,2	12,1
Total	**120,0**	**48,0**

*18 % der Befragten machen regelmäßig Überstunden, um der Familie etwas Besonderes zu ermöglichen. Für weitere 32 % trifft dies unregelmäßig zu.

**direkte Betreuung, ohne Beisein der Mutter

Tabelle 4: *Das Zeitprofil der Väter pro Woche (in Stunden)*

Dieses Zeitbudget macht deutlich, wie intensiv sich Väter am Wochenende mit der Familie beschäftigen und vieles mit Kindern und Partnerin nachholen, was während der Woche nicht möglich war. Es zeigt aber auch, wie sehr das Wochenende zu zwei Kampftagen geworden ist, an denen die Uhr läuft und läuft. Darauf verweisen auch andere Zeitbudgeterhebungen.[84] Das Gesamtengagement der Männer in der und für die Familie zu bagatellisieren ist vor dem Hintergrund solcher Daten mit Sicherheit fehl am Platz.

Mach schon, wir haben keine Zeit!

Viele Menschen leiden heute an Zeitknappheit, Zeit wird zur bedrohenden Form des persönlichen Kapitals. Also muss man sie managen und in sie investieren. Dies alles ginge ja noch, wenn die Zeit nicht auch auf das Familienleben übergreifen würde. Doch auch das Familienleben ist von einer immer rationaleren Lebensführung gekennzeichnet. Permanente Erreichbarkeit, Homeoffice und Telearbeit tragen dazu bei, dass die beiden Systeme Familie und Beruf verschmelzen und das Zuhause nicht mehr ein Ort des Abschaltens ist, sondern immer mehr zu einem zweiten Arbeitsplatz wird – Arlie Hochschild nennt dies die zweite Schicht –, während die Firma das neue Zuhause ist, wo man einen Großteil des Tages verbringt und wo viel Arbeit wartet.

Viele Männer berichten, dass sie sich erst zu Hause so richtig unter Druck fühlen: Es soll einen Zeitblock für die Partnerin geben, einen für den Nachwuchs und, wenn's geht, noch einen für den Verein oder das zivilgesellschaftliche Engagement – und nicht selten braucht man auch noch einen für die Erledigung beruflicher Dinge. Deshalb versuchen sie, die kostbaren Überreste der Familienzeit bis ins Letzte zu organisieren und zu schützen. Dies erfordert besondere Disziplin, viel Energie und Konzentration – genau wie die Arbeit. Man versucht, alles schnell zu erledigen, um sich ein paar Inseln von Quality time zu schaffen, in der dann alles mit Bedacht angegangen werden soll. Ein Hilfsmittel ist das Multitasking, mit dem inzwischen nicht nur Frauen, sondern auch Männer Erfahrung haben. Sie planen voraus, delegieren und packen Aktivitäten immer dichter hintereinander und nebeneinander: das rasche Abendessen, die Gutenachtgeschichte für die Kleinen und dann noch ein schnelles Telefonat. Väter nehmen das Handy mit aufs WC (70 Prozent), haben es dabei, wenn die Kinder in der Badewanne planschen (60 Prozent), wenn der Geschirrspüler läuft, hören sie den Anrufbeantworter ab (40 Prozent), schauen auf Facebook nach, ob es neue Einträge gibt oder checken noch schnell die Mails (60 Prozent). Und wer viele Dinge in weniger Zeit als bisher erledigen kann, ist nicht nur stolz, sondern auch der Überzeugung, das Zeitproblem gelöst zu haben.

Dies zeigt sich auch am Wochenende. Paare geben sich alle erdenkliche Mühe, das während der Woche Liegengebliebene nachzuholen: den Großeinkauf, den Sonntagssport, das Freizeitprogramm mit Kind und Hund, den Abstecher zu den Großeltern, aber auch Familienwärme, Sex, Gespräche mit dem Partner und Nachdenken über sich selbst und den nächsten Karriereschritt. Zwar wünscht man sich schon am Donnerstag ein schönes Wochenende, aber eigentlich dient es vor allem dazu, in Eile alles aufzuholen. Deshalb muss man sich noch den halben Montag davon erholen.[85]

Effizienz ist die neue häusliche Tugend, genauso wie dies früher das Geldsparen war. Die abendliche Familienzeit ist zu einem Arbeitssegment geworden, zum Pausenfüller zwischen zwei Systemen. Viele Eltern fühlen sich als Zeitmanager, die den Nachwuchs andauernd antreiben müssen. »Mach schon!« »Spielen – aber sicher nicht heute!« »Wenn du nicht kommst, dann gehen wir!« – dies sind nur drei Beispiele der täglichen Hetzerei. Kinder sind jedoch Schlaumeier, die solche Aufforderungen auf ihre eigene Weise beantworten und sich gegen das Tempo und die ständigen Deadlines aufzulehnen beginnen. Am Abend trödeln sie und finden den Pyjama nicht mehr; sie wollen ausgerechnet dann vom Spielplatz wieder nach Hause, wenn eigentlich noch Zeit zum Bleiben wäre, oder sie bekommen am Morgen genau in dem Moment einen Wutausbruch, wenn es Zeit zum Gehen ist. Manchmal möchten sie eben keine Qualitäts-, sondern Quantitätszeit.

Kinder wünschen sich etwas weniger gestresste Eltern. Dies zumindest ist ein Ergebnis der Studie von Ellen Galinsky, in der die Kinder einen freien Wunsch an ihre Väter und Mütter formulieren durften. Mehr als 50 Prozent der Eltern glaubten, ihre Kinder würden sich mehr Zeit mit ihnen wünschen. Einige Antworten der Kinder tendierten tatsächlich in diese Richtung, aber der Großteil wünschte sich, dass die Eltern weniger müde und vor allem weniger gestresst sein sollten. Kinder sorgen sich um das Wohlbefinden ihrer Eltern in einer Art und Weise, welche diese oft nicht berücksichtigen und deshalb in vielen Dingen anders interpretieren. Glücklich und überlegen zu sein sind zwei wichtige Schlüsselfaktoren, mit denen die Kinder die Qualität des Vater- und Mutterseins bewerten. Deshalb profitieren Kinder gar nicht so viel, wenn ihre Eltern möglichst viel in kurzer Zeit unter einen Hut zu bringen versuchen und sich dabei in alle Richtungen verzetteln.

Natürlich darf man nicht dramatisieren. Die Beschleunigungen, die unsere Gesellschaft erfasst haben, gehören nun einmal zum Berufs- und Familienalltag, und die Realität ist komplex. Trotzdem sind wir uns viel zu wenig bewusst, dass wir nicht nur Gefangene, sondern ebenso Architekten der Zeitfalle sind, in der wir uns befinden. Dass die Zeit knapp ist, hat deshalb nicht nur mit den enorm hohen Herausforderungen von Vereinbarkeitsfragen zu tun, sondern ebenso damit, dass sich Eltern derart unter Druck setzen lassen, diese knappe Zeit optimal zu nutzen. Das hinterhältige Zauberwort hierfür heißt Quality time.

Die Zeitfalle lässt sich nicht mit Quality time überwinden

Die Zeit, die man in der Familie verbringt, unterscheidet sich zwar von der Zeit am Arbeitsplatz, doch dominiert an beiden Orten die Effizienzkultur, die früher nur für den beruflichen Bereich gegolten hat. Ständig sollte man sich zu neuen Leistungen antreiben: zu Hause die Quality time nutzen, am Arbeitsplatz das Total-Quality-Management-System leben und in der raren Freizeit auch noch die Selbstoptimierung pflegen. Überall geht es um Qualität.

Die Botschaft, dass nicht die Quantität der Zeit, welche Vater und Mutter mit den Kindern oder in Zweisamkeit verbringen, ausschlaggebend ist, sondern die Qualität, ist deshalb Balsam für die Seele vieler Paare. Mit Qualitätszeit gemeint sind verlässliche und selbstbestimmte Zeitoptionen für gemeinsame Aktivitäten, die bewusst als Familienzeit wahrgenommen werden.[86] Diese Definition ist jedoch mit einer gefährlichen Botschaft verbunden, weil sie suggeriert, dass die häusliche Zeitfalle mit Quality time überwunden werden könne. Dies ist eine falsche Verheißung und nichts anderes als ein machtvolles und folgenreiches Wortspiel einer Gesellschaft ohne Zeit, dafür mit einem großen schlechten Gewissen. Sich am Abend und am Wochenende Quality-time-Inseln schaffen zu wollen, ist aus mindestens zwei Gründen ein sehr herausforderndes Wunschdenken:

- Mit dem Konzept ist die Vorstellung verknüpft, dass alles hochstehend sein muss: die Zeit für die Kinder und mit ihnen, Zweisamkeit und Gespräche mit der Partnerin oder das Zusammensein mit Freunden. Deshalb gilt eine relaxte Konzentration auf Familie sowie Mutter- und Vatersein nicht als erstrebenswerte und schon gar nicht als gewöhnliche Quantitätszeit, weil man sie mit Passivität verbindet, die nicht von Herzen kommt. Dies ist ein Fehlschluss, denn man kann nicht einfach so die Zeiten intensiven Zusammenseins einplanen, damit Beziehungen automatisch gut oder fruchtbar werden und Kinder keine Qualitätseinbußen erleiden.

- Das Quality-time-Konzept beinhaltet die verdeckte Annahme, Väter müssten sich lediglich mehr Mühe geben und die Zeit besonders gut nutzen, um auf einfache Art und Weise Qualitätszeit herzustellen. Und wer sich so verhalte, werde zum guten Vater. Solche überzogenen Vorstellungen führen jedoch zu Stress- und Überforderungsgefühlen, die ihrerseits Quality-time-Aktivitäten noch mehr anheizen. Ein Beispiel hierfür sind Väter und Mütter, die den Zeitmangel mit Nonstop-Aktivitäten am Wochenende ausbügeln wollen. Gelingt ihnen dies nicht, dann ist das schlechte Gewissen da, und der Teufelskreis beginnt von vorne.

Das Problematischste am Quality-time-Konzept ist die Vorstellung, man könne auf eine einfache Weise die Komplexität des Familiensystems reduzieren. Deshalb beginnen viele Paare, sich auf die Qualitätszeit zu konzentrieren und sich gleichzeitig in der Zeitfalle einzurichten, ohne die Bedingungen zu verändern, welche diese hervorrufen. Der Paarforscher Guy Bodenmann sagt, Veränderungen müssten beim Stress geschehen. Er führe dazu, dass Paare keine Zeit mehr füreinander haben und keine gemeinsamen Erlebnisse. Wenn jeder sein eigenes Leben lebt, leidet das Wirgefühl.

Familie und Haushalt

Viele Väter sind alles andere als Traditionalisten. Zwar ist es richtig, dass der größere Teil hauptverantwortliche Brotverdiener sind, die nach der Familiengründung das berufliche Engagement sogar intensivieren. Trotzdem engagieren sich Männer für die Familie stärker als jede Generation zuvor. Allerdings ist dies noch kein Indiz dafür, dass sie die Verantwortung für den Haushalts- und Familienbereich egalitärer mit ihren Partnerinnen aufteilen. Verschiedene empirische Studien haben hierzu eher ungünstige Daten vorgelegt. Dies hat zum Schluss geführt, dass sowohl die bezahlte Erwerbsarbeit als auch die unbezahlte Familienarbeit nach wie vor asymmetrisch zwischen den Geschlechtern verteilt ist. Väter würden nur einen Teil davon übernehmen – so lautet das meist kritisch formulierte Resümee – weshalb sie wiederholt als distanziert oder kapriziös bezeichnet worden sind.[87]

Wie bereits erwähnt nehmen solche Untersuchungen fast ausschließlich direkt sichtbare Leistungen von Männern in den Blick (etwa Kinderbetreuung, kochen, putzen oder waschen), ohne dabei zu berücksichtigen, ob ein Mann Vollzeit oder Teilzeit arbeitet. Deshalb sind viele dieser Daten verzerrt. Darüber hinaus beruhen sie auf der unhinterfragten Wertung, dass das Teilzeit-Teilzeit-Modell die einzig erstrebenswerte Form von Partnerschaft sei. Ein solcher enger Blick verunglimpft viele Paare, sowohl diejenigen, welche sich gemeinsam für ein anderes Modell entscheiden (z. B. Vollzeit-Vollzeit) als auch solche, die ein traditionelleres Modell wählen (z. B. Vollzeit-Teilzeit oder Vollzeit-nicht berufstätig), vielleicht lediglich als zeitlich beschränkte Variante. Somit sind die aus Untersuchungen abgeleiteten Schlüsse so lange problematisch, wie sie das jeweilige Familienmodell unberücksichtigt lassen. Deshalb stellt sich die Frage, wie das Engagement von Vätern aussieht, wenn man es nach direkten, indirekten und nicht sichtbaren Leistungen aufschlüsselt und das familiäre Erwerbsmodell berücksichtigt. Darüber berichtet das vorliegende Kapitel.

Mütter tragen die Hauptverantwortung – ja, aber …

Unsere Tarzan-Studie zeigt: Männer bringen sich in die direkte Betreuungsarbeit des Nachwuchses ein, insbesondere dann, wenn die Partnerin nicht dabei ist. Mehrmals pro Woche oder gar täglich lesen 58 Prozent mit ihren Kindern, 44 Prozent nutzen gemeinsam mit ihnen Medien, und 40 Prozent spielen mit ihnen. Auch sportliche und musische Tätigkeiten gehören für 25 Prozent zum Alltag. Zudem unterstützen 40 Prozent ihre Kinder regelmäßig bei den Hausaufgaben. Besonders stark engagieren sich Väter im zwischenmenschlichen Bereich. Neun von zehn Vätern kuscheln täglich mit den Kindern, balgen mit ihnen herum, plaudern über Kita, Kindergarten, Schule oder über Freunde, meist in Kombination mit gemeinsamen Aktivitäten.

Wie jedoch engagieren sich Männer in Haushalts- und Familienarbeit? Wie berechtigt ist die Kritik, dass Frauen sowieso viel mehr leisten würden als ihre Partner? Nur so lange, wie man alle Paare in einen Topf wirft und nicht nach familiärem Erwerbsmodell differenziert! Schlüsselt man die Daten entsprechend auf, dann wird schnell deutlich, dass die Kritik so nicht haltbar ist. In Tabelle 5 sind neben den direkt sichtbaren Fürsorgeleistungen die indirekten, regelmäßigen und sporadischen Hausarbeiten aufgelistet und nach Erwerbsmodell differenziert.

Mit Blick auf Pflege und Erziehung springt ein Ergebnis ins Auge: Die meisten Aufgaben verantworten die Paare gemeinsam, unabhängig vom Erwerbsmodell. Eine Ausnahme bilden Krankenpflege und Arztbesuche, für welche die Mütter zuständig sind, außer im Teilzeit-Teilzeit-Modell. Zudem übernehmen Mütter, die nicht berufstätig sind, das Monitoring, das heißt die Überwachung und Kontrolle, mit wem das Kind spielt, ob es zur vereinbarten Zeit zu Bett geht, ob es seine Zähne geputzt hat und Ähnliches. Auch Förder-, Familien- und Freizeitgestaltung werden unabhängig vom Erwerbsmodell von beiden Elternteilen verantwortet. Anders ist es in Bezug auf die Fahrdienste, welche von den nicht und in Teilzeit erwerbstätigen Müttern übernommen werden. Fast das gleiche Bild zeigt sich in den Verantwortlichkeiten für Belange der Betreuung oder Schule, welche die Partner ungeachtet des Modells aufteilen.

Unabhängig vom Erwerbsmodell sind Mütter somit für die meisten regelmäßigen Haushaltsarbeiten hauptsächlich verantwortlich. Dieses Ergebnis ist nicht erstaunlich. Überraschend ist jedoch der Sachverhalt, dass nicht nur Vollzeitmütter die Hauptverantwortung für den Haushalt tragen, sondern ebenso in Teilzeit und in Vollzeit berufstätige Frauen. Damit wird die anhaltende Traditionalisierung der Geschlechterrollen gerade in diesem klassischen Bereich überdeutlich. Unbesehen davon, welche berufliche Position

	Vater Vollzeit – Mutter nicht erwerbstätig (15 %)	Vater Vollzeit – Mutter Vollzeit (6 %)	Vater Vollzeit – Mutter Teilzeit (66 %)	Vater Teilzeit – Mutter Teilzeit (13 %)
Pflege und Erziehung (Krankenpflege, nachts aufstehen, Disziplin, Sozialverhalten, Monitoring*)	gemeinsam (außer Krankenpflege, Monitoring: Mutter)	gemeinsam (außer Krankenpflege, nachts aufstehen: Mutter)	gemeinsam (außer Krankenpflege: Mutter)	gemeinsam
Förder-, Familien- und Freizeitaktivitäten	gemeinsam (außer Fahrdienste: Mutter)	gemeinsam	gemeinsam (außer Fahrdienste: Mutter)	gemeinsam
Schulische Belange (Hausaufgaben, Teilnahme an Kita-/Schulanlässen, Lehrergespräche etc.)	gemeinsam	gemeinsam	gemeinsam	gemeinsam
Regelmäßige Hausarbeiten (kochen, einkaufen, Wäsche, putzen etc.**)	Mutter	Mutter (außer putzen: gemeinsam)	Mutter	gemeinsam (außer Wäsche: Mutter)
Sporadische Hausarbeiten (entsorgen, reparieren, Administration etc.)	Vater (außer Administration: gemeinsam)	Vater (außer entsorgen: gemeinsam)	Vater	Vater

* Damit ist das Überwachen und Registrieren gemeint, bspw. mit wem das Kind spielt oder ob es zur vereinbarten Zeit zu Bett geht, ob es seine Zähne geputzt hat und Ähnliches.

** In der Tabelle nicht erwähnt: Das Putzen, Entsorgen und Reparieren wird bei allen Erwerbsmodellen teilweise von Dritten erledigt.

Tabelle 5: *Verantwortlichkeiten für Haushalts- und Fürsorgeleistungen, differenziert nach Erwerbsmodell*

Frauen einnehmen und mit welchem Pensum sie erwerbstätig sind, leisten sie deutlich mehr traditionelle Haushaltsarbeit als ihre Partner.

Fast gegenteilig sieht es allerdings aus, wenn man die sporadischen und längerfristigen Haushaltsarbeiten in den Blick nimmt, wie etwa Entsorgungen und Reparaturen. Sie sind fast ausschließlich in Männerhand, unabhängig davon, welches Erwerbsmodell sie praktizieren. Die Partnerin hat in keinem dieser Bereiche die alleinige Verantwortung.

Kaum ein Mann möchte mehr im Haushalt tun

Zu den Fürsorgeleistungen gehören auch solche unsichtbarer Art, beispielsweise, wie oft sich Väter gedanklich mit den Kindern beschäftigen. Dies tun sie mit teilweise großer Intensität (Tabelle 6). So denken mehr als 60 Prozent intensiv über den zukünftigen Lebensweg ihrer Kinder nach, und

Gedankliche Beschäftigung mit dem Kind	trifft sehr zu/ trifft eher zu
Ich denke oft darüber nach, was aus meinen Kindern wird.	62 %
Ich überlege mir oft, ob ich ein guter Vater bin.	52 %
Ich frage mich oft, ob ich gut erziehe.	46 %
Ich verspüre oft einen Druck, dass meine Kinder sich gut entwickeln müssen.	37 %
Ich vergleiche meine Kinder oft mit anderen.	31 %

Tabelle 6: *Gedankliche Beschäftigung mit dem Kind (%)*

37 Prozent verspüren gleichzeitig einen Druck, dass sich der Nachwuchs gut entwickeln sollte. Dies mag auch damit zusammenhängen, dass fast jeder dritte Befragte seine Kinder relativ häufig mit anderen Kindern vergleicht (31 Prozent). Viele Männer sind jedoch auch selbstkritisch. Gut die Hälfte überlegt sich regelmäßig und intensiv, ob sie ihre Arbeit als Vater gut machen (52 Prozent) und ob sie gute Erzieher sind (46 Prozent).

Väter haben ziemlich klare Vorstellungen, was ein gutes und befriedigendes Familienleben ausmacht. Fast immer nennen sie an erster Stelle die ausreichende Zeit für die Kinder, um mit ihnen zu spielen, ihnen vorzulesen oder ganz einfach, gemeinsam mit ihnen kleine und alltägliche Dinge zu tun. Fast nie findet sich jedoch die Antwort, sie möchten mehr im Haushalt tun. Auf den ersten Blick erstaunt es deshalb kaum, dass Mütter hierfür die weitaus größere Verantwortung tragen. Dass dies jedoch auch so ist, wenn Frauen Vollzeit arbeiten oder ein hohes Teilzeitpensum haben, ist nur schwer nachvollziehbar und interpretierbar. Möglicherweise hat es mit dem Gatekeeping-Verhalten von Frauen zu tun und der erlernten Hilflosigkeit der Männer – und damit vielleicht auch mit dem wirkmächtigen traditionellen Rollenverhalten.

Will man ein Urteil über die innerfamiliäre Arbeitsteilung von Paaren fällen, so kann dies nur unter Berücksichtigung des gewählten Erwerbsmodells geschehen. Dass Frauen mehr direkte und indirekte Betreuung leisten, scheint vor dem Hintergrund der Vollzeiterwerbstätigkeit vieler Männer bei gleichzeitiger Vollzeitmutterschaft oder in niedrigen Teilzeitpensen tätigen Frauen nachvollziehbar und logisch. Gegenteiliges gilt jedoch für die Aufteilung der Haushaltsarbeiten der anderen Paare. Infolgedessen ist es unangemessen, Männer lediglich als familienorientierte

Brotverdiener oder gar als das faule Geschlecht zu bezeichnen. Solche Etikettierungen würdigen ihr Engagement nicht angemessen und berücksichtigen darüber hinaus in keiner Art und Weise, dass es *den* Vater gar nicht gibt.

Spannungen in der Partnerschaft

Genauso wie berufstätige Mütter haben viele Väter während der Arbeitswoche ein dichtes Programm. Das Wochenende wird zwar zum Kompensieren und Nachholen genutzt, trotzdem kommt für beide Partner einiges zu kurz. Obwohl sich neun der zehn Tarzan-Männer mit ihrer Lebens- und Berufssituation im Allgemeinen zufrieden zeigen, geben viele an, unter Dauerstrom zu stehen. Um alles in den Griff zu kriegen, agieren sie als familiäre Terminpartner und Logistikfachleute. Und eigentlich, so sagen sie, klappt alles nicht schlecht, wenn nur das Kind nicht schon wieder Fieber hätte, die Partnerin die superwichtigen Abendtermine nicht wahrnehmen würde oder wenn der Babysitter nicht schon wieder krank wäre.

Befragt nach Spannungen und Meinungsverschiedenheiten in der Partnerschaft nennen Mütter und Väter diverse Problembereiche, die sie allerdings unterschiedlich gewichten (vgl. Abbildung 8).

Die Abbildung verdeutlicht, dass fast jede zweite Frau der Ansicht ist, dass sich der Partner zu wenig Zeit für Zweiergespräche nimmt, andere Vorstellungen über die Haushaltsarbeit hat, ihre Familien- und Erziehungsarbeit zu wenig schätzt und andere Vorstellungen über deren Aufteilung hat. Für die Männer überwiegen teils andere Probleme, teils sind sie auch ähnlich. Gut jeder zweite bemängelt die Verteilung der Haushaltsarbeit, die unterschiedlichen Vorstel-

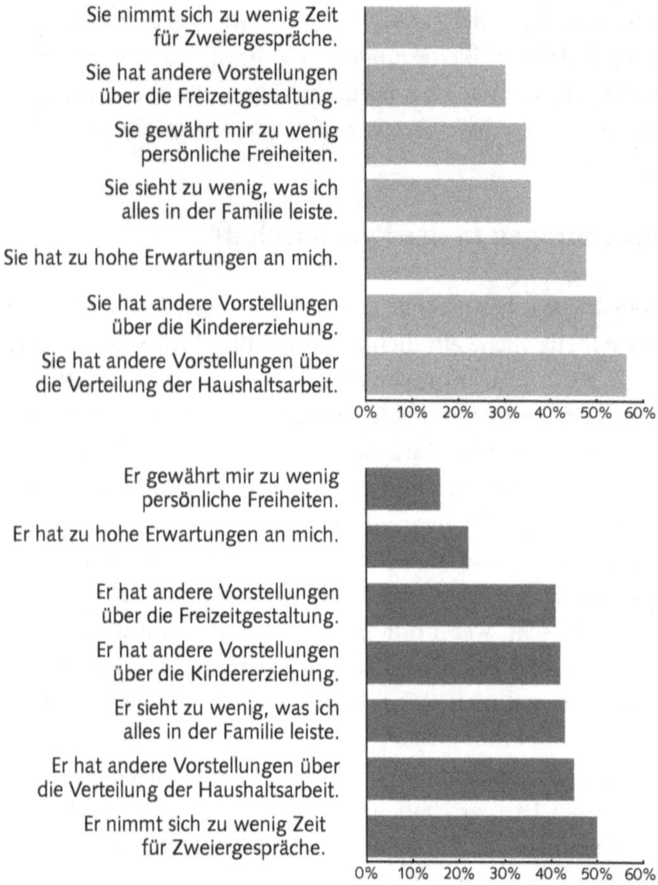

Sie nimmt sich zu wenig Zeit
für Zweiergespräche.

Sie hat andere Vorstellungen
über die Freizeitgestaltung.

Sie gewährt mir zu wenig
persönliche Freiheiten.

Sie sieht zu wenig, was ich
alles in der Familie leiste.

Sie hat zu hohe Erwartungen an mich.

Sie hat andere Vorstellungen
über die Kindererziehung.

Sie hat andere Vorstellungen über
die Verteilung der Haushaltsarbeit.

0% 10% 20% 30% 40% 50% 60%

Er gewährt mir zu wenig
persönliche Freiheiten.

Er hat zu hohe Erwartungen an mich.

Er hat andere Vorstellungen
über die Freizeitgestaltung.

Er hat andere Vorstellungen
über die Kindererziehung.

Er sieht zu wenig, was ich
alles in der Familie leiste.

Er hat andere Vorstellungen über
die Verteilung der Haushaltsarbeit.

Er nimmt sich zu wenig Zeit
für Zweiergespräche.

0% 10% 20% 30% 40% 50% 60%

Abbildung 8: *Ursachen für Spannungen in der Partnerschaft aus weiblicher und männlicher Sicht*

lungen über Kindererziehung und die zu hohen Erwartungen an ihn. Zudem ist der Mann der Ansicht, die Partnerin würde seine Leistungen für die Familie zu gering schätzen, ihm zu wenig persönliche Freiheiten gewähren und zu viel an ihm herumnörgeln.

Für beide Partner führen solche Differenzen zu Spannungen, jedoch in unterschiedlichem Ausmaß. Frauen haben andere Vorstellungen als Männer, was die Verteilung der Lasten und Pflichten, die Erwartungen an und die Wertschätzung des Partners sowie die Erziehung betrifft. Solche Probleme sind aus der Paarforschung bestens bekannt. Guy Bodenmann zeigt in seinem Buch *Stark gegen Stress* auf, weshalb Männer und Frauen in einer Partnerschaft Kompromisse eingehen, eigene Bedürfnisse in gesundem Maß zurückstellen und eine faire Ausgewogenheit zwischen den persönlichen Wünschen und Ansprüchen und denen des Partners finden sollten. Deshalb geht es längerfristig nicht denjenigen Paaren am besten, die mit den besten Trümpfen in die Beziehung starten (Schönheit, Attraktivität, Reichtum, toller Job etc.), sondern denen, die für ihre Beziehung am meisten Sorge tragen. Ohne Kompromisse ist eine gute Beziehung nicht zu haben, weshalb der Wunsch, den Partner ändern zu wollen, die Beziehungssünde Nummer eins ist.

Weil sich Frauen auch in unserer Studie stärker für das Beziehungswohl verantwortlich fühlen als Männer, vertreten sie auch die Ansicht, der Partner müsse sich mehr Zeit für Zweiergespräche nehmen. Dass dem offenbar häufig nicht so ist, hat mit gesellschaftlichen Normen zu tun. Obwohl Männer zwar genauso gut wie Frauen über ihre Gefühle sprechen könnten, möchten nicht wenige von ihnen solchen fordernden Situationen lieber aus dem Weg gehen. Sie können aber nicht, wenn sich der Gesprächsverlauf etwa so gestaltet, wie er in einem unserer Interviews geschildert worden ist:

»Zuerst wird die Frau laut, dann der Mann; sie wird noch lauter und wirft vielleicht mit Gegenständen um sich; dann wird der Mann entweder gewalttätig, oder er bricht ab und zieht sich zurück, geht mit dem Hund spazieren, betrachtet seine Fingernägel oder die Decke. Er fühlt sich in die Enge getrieben, sodass es für ihn beim nächsten Gesprächsversuch schnell nach Konflikten riecht.«

Deshalb gehen viele Männer Konflikten aus dem Weg – und meiden Gespräche (oder eine Paartherapie). Aber eigentlich würde der Mann ebenso gerne Probleme lösen. Doch der Partnerin geht es oft um das, was hinter dem Konflikt steckt: Sie fühlt sich nicht genug wertgeschätzt und in ihren Bedürfnissen zu wenig geachtet.

Beruf und Betrieb

Beruflich folgt ein Großteil der Männer weitgehend den traditionellen Rollenzuschreibungen. Zwar haben sie ihre Einstellungen deutlich verändert, und es scheint auch ein Umdenkprozess stattgefunden zu haben, doch schlägt sich dies nur ansatzweise im beruflichen Handeln nieder. Es ist somit kaum erstaunlich, dass in unserer Studie ein Drittel sagt, die Berufsarbeit dominiere ihr Leben und setze sich stark im Kopf fest. Ähnliches zeigt sich bei den Frauen. Nach einer durch Mutterschaft bedingten Unterbrechung werden zwar viele wieder berufstätig, entscheiden sich jedoch für ein Teilzeitpensum und übernehmen nicht nur einen großen Teil der Haus- und Familienarbeit, sondern auch die innerfamiliäre Gesamtverantwortung. Dies sind wichtige Gründe, weshalb sich die traditionelle Rollenverteilung in der Partnerschaft verfestigt.

Die Berufstätigkeit hat einen bedeutenden Einfluss auf die häusliche Präsenz und die Art und Weise, wie Männer mit Partnerin und Familienmitgliedern umgehen. Berufsstress oder monotone berufliche Tätigkeiten können die Partnerschaft, aber auch die Bereitschaft, sich intensiv mit den Kindern zu beschäftigen, beeinträchtigen. Andererseits bedeutet ein hohes Arbeitspensum noch lange nicht, dass man ein Workaholic ist. In diesem Kapitel werden berufliche Anforderungen an Väter diskutiert, aber auch die problematische Rolle der Vorgesetzten.

Allzeit verfügbare *High Potentials*

Für viele Männer bedeutet Arbeit weit mehr als die finanzielle Sicherung der Existenz. Sie gibt dem Tag eine zeitliche Struktur, ermöglicht soziale Einbindung und eine gesellschaftliche Position, welche die Identität wesentlich mitbestimmt. Man kann sogar davon ausgehen, dass mit der Höhe der beruflichen Verantwortung die Wahrscheinlichkeit steigt, dass der Beruf zur wichtigsten Dimension der Identität wird. Nicht zufällig spricht man auch von einer Berufsidentität.

Diese Aussage ist allerdings zu differenzieren. Arbeiter, die am Fließband arbeiten, verstehen ihre Berufstätigkeit wahrscheinlich eher als Job zum Geldverdienen und kaum als Selbstverwirklichung. Eine hohe Berufsidentität dürfte deshalb vor allem für Männer mit anspruchsvollen Karrieremöglichkeiten gelten, sogenannte *High Potentials*. Wer beliebig verfügbar und hoch motiviert ist, sich in der knapp bemessenen Freizeit im Fitnessstudio aufhält und nicht schnell nach Hause gehen muss, um Windeln zu wechseln, gilt immer noch als Laufbahnmodell und als Prototyp männlicher Berufsidentität. Dies zeigt sich auch in den Prinzipien des *Total Quality Managements*, welches in vielen Betrieben zu einer partizipativen Unternehmenskultur geführt hat. Partizipativ meint dabei meistens, dass Mitarbeitende schnell und effizient Entscheidungen fällen, flexibler sein und mehr Arbeit in kürzerer Zeit erledigen sollen. Dementsprechend verlangen Unternehmen eine hohe Präsenz, Erreichbarkeit auch am Feierabend, eine herausragende Leistungsbereitschaft und eine klare Fokussierung auf den Beruf. Solche Betriebskonventionen erschweren es Männern mit Familie, sich von Erwartungen abzugrenzen, beispielsweise von der Teilnahme an Abendkonferenzen, weil sie die Kinder vor dem Schlafengehen noch sehen möchten. Gerade Kaderleute erfahren immer wieder, dass Karrieren nach 17 Uhr entschieden werden, beim Apéro, Networking, an Abendmeetings und an Come-Together-Veranstaltungen. Es ist somit stark dem Zufall überlassen, ob man eine Personalchefin hat, welche der Vereinbarkeitsproblematik Rechnung trägt und diese in die Unternehmensstrategie einbaut, oder einen Personalchef, der vor ähnlichen familiären Herausforderungen steht wie seine Mitarbeitenden – und dies auch zugibt.

Auch wenn 80 Prozent der betrieblichen Personalverantwortlichen sagen, dass potenzielle Mitarbeiter heute bei Vorstellungsgesprächen deutlich mehr auf die Familienfreundlichkeit achten als je zuvor[88], setzen die Unternehmen solche Forderungen sehr unterschiedlich um. Vor allem kleinere Betriebe pflegen eine selbstverständliche Anwesenheitskultur, während in größeren Unternehmen eher komplexere Arbeitszeitmodelle im Trend sind. Vielleicht ist dies einer der Gründe, weshalb Bayern mit seiner starken industriellen Produktion (BMW, Audi, Siemens, Max-Planck-Gesellschaft etc., alle mit zwischen 17 000 und 80 000 Mitarbeitenden) einen Spitzenplatz in der Rangliste der Männer einnimmt, welche nach der Geburt eines Kindes Vätermonate beziehen (40 Prozent). Solche Unternehmen leisten einen wichtigen Beitrag zur Veränderung des Betriebsklimas, weil sie sich nicht mehr unhinterfragt auf die volle Verfügbarkeit ihrer Mitarbeiter verlassen können. Diese neue Konstellation dürfte die Entscheidungsgrundlage bei Einstellungen oder Beförderungen zukünftig deutlich verändern.

Dinosaurier-Dads in Chefetagen

Gerade auf höheren Hierarchieebenen werden traditionelle Werthaltungen nach wie vor explizit hochgehalten. Wer an die Spitze eines Unternehmens gelangt ist, hat in der Regel kaum Vitamin B von den Eltern mitgekriegt, sondern sich seine Laufbahn selbst oder mit einem Mentor erarbeitet und viel Zeit, Präsenz und Engagement investiert. Deshalb dürften die Ansprüche an die Mitarbeitenden so hoch sein wie die Ansprüche an sich selbst. Solche, inzwischen meist ältere Chefs, auch Dinosaurier-Dads[89] genannt, sind sehr oft selbst Väter, tun aber so, als ob sie keine Kinder hätten. Vereinbarkeitsprobleme betrachten sie nicht als männliches Problem, sondern als eine Privatangelegenheit, welche die Frauen selbst regeln müssen.

In Stellenausschreibungen gelten familienfreundliche Arbeitszeiten als attraktiv, doch bleiben sie im Arbeitsalltag nicht selten eine Floskel. Wenn die Personalabteilung ein solches Modell vorsieht, doch der Chef ein Mann alter Schule ist, eine strikte Anwesenheitskultur pflegt und selbst seine Familie nur selten sieht, dann dürfte es mit Sicherheit Umsetzungsprobleme geben. Es erstaunt deshalb kaum, dass gerade solche Arbeitgeber oft finanzielle Anreize setzen, damit Männer die Elternzeit gar nicht beanspruchen. Männer werden noch immer unter Druck gesetzt, diese nicht zu beziehen, weil sie in manchen Betrieben als etwas für Schwächlinge gilt. 45 Prozent der befragten Männer gaben in der Allensbach Studie von 2015 an, dass dem tatsächlich so ist und Arbeitgeber ihnen Steine in den Weg legen.

Finanzielle Anreize für die Nichtbeanspruchung der Elternzeit sind ein unmoralisches Angebot, das zugleich auch auf ein Hauptproblem verweist: dass in vielen Betrieben zu viele Aufgaben auf zu wenig Leute verteilt sind, weil immer alles kosteneffizient sein soll. Fällt jemand wegen Elternzeit aus, dann leiden das Unternehmen und die (kinderlosen) Kolleginnen und Kollegen.

Die oft gehörte Kritik, Männer seien zu zaghaft und zu wenig willensstark, um für eine Reduktion ihrer Berufstätigkeit und für mehr Flexibilität am Arbeitsplatz zu kämpfen, greift zu kurz.[90] Viele Männer berichten von negativen Erfahrungen und darüber, wie ihnen Hindernisse in den Weg gelegt werden, wenn sie vom Mainstream abweichen, und ihnen dies als Verweigerungshaltung ausgelegt wird. Offenbar kann der Wunsch nach Teilzeitarbeit zu einem Risiko mit nicht absehbaren Folgen werden. Kommunizieren Männer ihrem Chef, dass sie Väter geworden sind, respektive mehr Zeit mit der Familie verbringen wollen, müssen sie sich vieles anhören.

Betriebliche Hindernisse durch (meist männliche) Vorgesetzte bilden das Haupterklärungsmuster, weshalb Väter beruflich nicht kürzertreten. Drei Beispiele:[91]

Jürg H. Manager (37 J.): »Als ich meine zwei Vätermonate nehmen wollte, nahm mich mein Vorgesetzter bei einer Betriebsfeier beiseite und sagte: ›Ist das eine gute Idee für deine Karriere? Deine Leitungsfunktion können wir nicht so reduzieren.‹«

Alain R., Projektleiter (41 J.): »Als ich die Dauer meiner Elternzeit bekannt gegeben habe, wurden meine Leistungen negativ beurteilt. Mir wurde Illoyalität als Mann vorgeworfen, und meine weibliche Vorgesetzte sagte: ›Wir haben einfach etwas anderes erwartet, sonst hätten wir ja eine Frau einstellen können.‹«

Dirk P., Communication Manager (42 J.): »Ich bin in Elternzeit gegangen, das war ein Cut, und man kann wieder von vorne anfangen, mit allen Verhandlungen, mit allen Sachen, mit allem wieder von vorne. Beim zweiten Kind nahm ich nur noch zwei Monate Elternzeit, beim dritten dann gar keine mehr. Meine Frau und ich kehrten zur traditionellen Rollenverteilung zurück, ich wurde wieder der Familienernährer.«

Sind Vorgesetzte wenig familienorientiert, so getrauen sich Mitarbeiter oft nicht, überhaupt den Wunsch nach familienfreundlicheren Arbeitszeiten vorzubringen. Ganz besonders gilt dies für Kaderleute, wenn ihnen kommuniziert wird, dass ein Karrieresprung mit unbedingter Verfügbarkeit und einer klaren Fokussierung auf den Beruf einhergehen müsse.

Die Führungskräfte sind dabei das Zünglein an der Waage, weil vieles von ihrem persönlichen Lebensmodell abhängt. Noch bevor sie die offizielle Firmenpolitik vertreten, folgen die meisten ihren eigenen Einstellungen und Leitbildern, aber ebenso ihren Vorstellungen von Männlichkeit:

Ronald N., Betriebsökonom (38 J.): »Mein Vorgesetzter hatte keine Vorbehalte gegen meine Elternzeit, und dies hatte auch später keine negativen Konsequenzen. Meine Wünsche bezüglich Dauer und Verteilung der Elterngeldmonate konnte ich weitgehend umsetzen. Mein Chef hat gleich zu Beginn gesagt: ›Toll, das finde ich gut, und das würde ich genauso tun. Hast du denn schon Ideen, wie du es machen willst?‹«

Pierre A., Controller (43 J.): »Mein Vorgesetzter hat zuerst überrascht reagiert, aber er hatte kaum etwas dagegen. Er war zwar wenig begeistert vom Mehraufwand mit der Vertretung, aber als er sich an den Gedanken gewöhnt hatte, gab es auch Unterstützung von ihm.«

Hintergründe mangelnder Durchsetzungsbereitschaft

Qualifizierte junge Mitarbeiter können heute kaum mehr allein mit hohen Salären, schicken Dienstwagen oder Boni am Jahresende geködert werden. Sie wünschen sich anderes, beispielsweise berufliche Möglichkeiten, die ihnen stabile Freiräume gewähren, um privaten Verpflichtungen nachkommen und Interessen verfolgen zu können.[92] Doch hat weder die veränderte Erwerbsorientierung noch die Bedeutung, welche Männer der Familie und den Kindern zusprechen, erkennbare Folgen in der Alltagspraxis. Warum sind Väter nicht anspruchsvoller und renitenter? Wie eine Düsseldorfer-Studie[93] ermittelte, sind die Gründe vielfältig. Es geht um soziale Erwünschtheit und um Überzeugungen, dass eine Arbeitszeitreduktion unmöglich sei, um hinderliche Betriebsstrukturen, aber auch um Ängste, welche Reputations- und Einkommensverluste betreffen:

■ **Soziale Erwünschtheit:** Viele Männer haben als Jungen gelernt, sich wie starke Kerle zu verhalten. »Indianer kennen keinen Schmerz«, »Jungen weinen nicht« oder »In deinem Alter muss man sich zusammenreißen« sind Sätze, die sie in ihrer Kindheit von den Eltern oft zu hören bekommen haben. Weil auch heute noch in den

Unternehmen das Bild des emotionskontrollierten Mannes überwiegt, bemühen sie sich, sich so darzustellen, wie es den betrieblichen Normen und Erwartungen entspricht. Diese soziale Erwünschtheit wird auch als Jasager-Effekt bezeichnet.

- **Unmöglichkeit der Arbeitszeitreduktion:** Knappes Personal und Angst vor Diskriminierung sind die Hauptgründe, weshalb fast jeder dritte gut qualifizierte Mann die Ansicht vertritt, eine Reduktion der Arbeitszeit sei gar nicht möglich. Fast zwei Drittel sind sogar überzeugt, dass der Personalchef ihre Vereinbarkeitsprobleme nicht ernst nehmen und ihnen von ihrem Vorhaben abraten würde.

- **Hinderliche Strukturen:** Kommt eine rigide Betriebsorganisation hinzu, dann fällt es fast jedem zweiten Mann besonders schwer, eine Arbeitsreduktion nicht nur zu wünschen, sondern auch einzufordern und faktisch durchsetzen zu wollen. Denn sie müssten dies in der bestehenden Struktur tun, welche sie jedoch nur so weit unterstützt, wie ihre Verfügbarkeit im Betrieb nicht tangiert wird.

- **Reputations- und Einkommensverluste:** Zwei von drei Männern sehen auch von einer Arbeitszeitreduktion ab, weil sie Ansehens- und Einkommensverluste und damit finanzielle Einschränkungen in der Familie befürchten. Dazu kommt die Angst vor schlechteren Aufstiegsmöglichkeiten respektive einer Nichtbeförderung und vor der Herabstufung auf Projekte oder Aufgaben mit weniger Verantwortung.

Auf derartige Herausforderungen reagieren Männer sehr unterschiedlich, entweder mit Belastungsvermeidung, mit einer Rationalisierung der Verpflichtungen durch ein aufwendiges Zeitmanagement oder mit einer proaktiven Strategie, das heißt der unbedingten Durchsetzung der Arbeitszeitreduktion und damit der Abgrenzung vom Betrieb.[94]

Die Strategie der Belastungsvermeidung kommt dann zum Zug, wenn sich Männer hinter hinderlichen Betriebsstrukturen oder der Überzeugung verstecken, eine Arbeitszeitreduktion sei sowieso unmöglich, und sie deshalb die Betreuungs- und Fürsorgearbeit der Partnerin überlassen. Die zweite Strategie besteht in einer aufwendigen Zeitmanagement-Strategie. Sie hat zum Ziel, den chronischen Zeitmangel rationell zu entschärfen und so sowohl über genügend Familienzeit zu verfügen als auch den beruflichen Anforderungen zu entsprechen. Die dritte Strategie ist die persönliche Abgrenzung. Sie wird von Männern praktiziert, die sich von Dauerpräsenz oder permanenter Erreichbarkeit distanzieren und dies gegenüber den Vorgesetzten auch so kommunizieren. Als ersten Grund geben sie meist die Notwendigkeit an, mehr Zeit für die Familie und sich selbst zu haben, weshalb sie sich dann auch für Teilzeitarbeit, Homeoffice und Telearbeit stark machen.

Der Chef als Zünglein an der Waage

Zwar gibt es noch relativ wenig Betriebe, die sowohl väter- als auch familien- und frauenfreundlich sind. Sucht man jedoch nach Leuchttürmen, dann sieht es gar nicht so schlecht aus. Der Druck der Gleichstellungspolitik auf die Unternehmen, aber auch der Mangel an qualifizierten Fachkräften führen zunehmend zu einem Umdenken. Dass Familien- und Väterfreundlichkeit eine PR-Maßnahme ist, um gute Mitarbeitende zu rekrutieren und auch zu halten, haben inzwischen viele Betriebe erkannt. Sie können sich dem gesellschaftlichen Druck kaum mehr entziehen und machen deshalb die Vereinbarkeitsfrage zur Chefsache und die Work-Life-Balance zur Zauberformel. Dass diese Strategie in der Praxis greifen kann, belegen verschiedene Untersuchungen.[95] Gemeinsam ist ihnen die Erkenntnis, dass in einem väter- und familienfreundlichen Betrieb beschäftigte Männer diesem sehr verbunden sind, auch längerfristig dort bleiben wollen und ihn im Bekanntenkreis weiterempfehlen. Dies wird in Tabelle 7 deutlich, wo die Aussagen von Männern in Betrieben ohne und mit familienfreundlichen Maßnahmen einander gegenübergestellt werden.

Väter in Betrieben ohne familienfreundliche Maßnahmen	Väter in Betrieben mit familienfreundlichen Maßnahmen
• 40 % vermissen vereinbarkeitsfreundliche Vorgesetzte.	• 94 % arbeiten gern für ihr Unternehmen.
• 49 % befürchten, ihre Leistungen würden bei Inanspruchnahme familienfreundlicher Leistungen als schlechter wahrgenommen.	• 93 % wollen längerfristig im Betrieb bleiben.
• 52 % sind überzeugt, auch außerhalb der Bürozeiten erreichbar sein zu müssen.	• 82 % empfehlen ihre Arbeitgeber weiter.

Tabelle 7: *Gegenüberstellung von verschiedenen Betriebskulturen und Einschätzungen der Väter*[96]

Trotzdem bleiben familienfreundliche Maßnahmen zu oft Lippenbekenntnisse, weil sie nur in den Köpfen einzelner Personen oder im Firmenleitbild vorhanden sind. Eine selbstverständliche Realität lässt auf sich warten. Gemäß dem Väter-Barometer 2015 sagen zwar zwei von drei Unternehmen, sie hätten familienfreundliche Maßnahmen im Angebot.[97] Stellt man dieser Aussage jedoch die Meinungen der Mitarbeiter gegenüber, so wird eine deutliche Kluft und damit ein großer Verbesserungsbedarf ersichtlich. Hinter der Tatsache, dass durchschnittlich nur jeder zweite Vater familien- respektive männerfreundliche Leistungen des Betriebs in Anspruch nimmt, stecken somit nicht nur die immer wieder erwähnten traditionellen Rollenbilder oder die zu große Zurückhaltung der Väter, sondern offenbar auch die nicht adressatenspezifischen, das heißt individuellen und flexibel anwendbaren Angebote.

Insgesamt mangelt es an vielem: an einer Unternehmenskultur, welche das familiäre Engagement von Männern als Selbstverständlichkeit versteht; an betrieblichen Maßnahmen, die so etabliert werden, dass Männern daraus keine Nachteile erwachsen, und an betriebsinternen Kommunikationsstrategien, welche die bestehenden familienfreundlichen Angebote systematisch bekannt machen. Werden sie von den Betrieben nicht genügend transparent gemacht und empfohlen, bleiben sie logischerweise unbekannt und ungenutzt. Schließlich fehlen sehr oft Angebote, die nicht nur familien-, sondern vor allem auch väterfreundlich sind und zu ihren Bedürfnissen passen (und nicht nur zu denen ihrer Partnerinnen).

Das Vereinbarkeitsdilemma

Frauenquoten, Elterngeld, gleicher Lohn für Frau und Mann, Teilzeitarbeit auch für Väter, Vereinbarkeit von Familie und Beruf: Der Weg zur Gleichberechtigung der Geschlechter ist gepflastert mit wohlklingenden Schlagworten. Die Marschrichtung scheint klar, auch wenn noch einige Kilometer zurückzulegen sind. Dies ist für viele Paare eine Herausforderung. Man gibt das Kind möglichst früh in die Kita, damit Mütter gleichberechtigt mit den Vätern wieder arbeiten gehen können. Auch die Wirtschaft ist höchst interessiert, dass weniger gut ausgebildete Frauen nicht am Herd stehen, sondern im Beruf. Und dies am besten in Vollzeit, damit ihr Potenzial nicht verloren geht. Dies gilt auch für 90 Prozent der Männer, die zur Sicherung des Familieneinkommens Vollzeit arbeiten. Trotzdem sollen sie zu Hause gleich viel Familien- und Hausarbeit übernehmen wie die Partnerin. Keiner darf hinter dem anderen zurückstehen. Deshalb haben nicht nur Frauen, sondern auch Männer ein Vereinbarkeitsdilemma. Die Hintergründe hierzu werden in diesem Kapitel aufgerollt.

Das Vereinbarkeitsdilemma als grundsätzliches Väterproblem

Es sind bei Weitem nicht nur die beruflich stark engagierten Männer, deren Partnerinnen ebenfalls Vollzeit arbeiten, welche Vereinbarkeitsprobleme beklagen.[98] Der Konflikt geht quer durch alle Erwerbsmodelle. So zeigt sich in unserer Tarzan-Studie, dass gerade Männer, deren Partnerinnen nicht erwerbstätig sind, am stärksten unter solchen Problemen leiden. Auch wenn Paare ein traditionelles Familienmodell praktizieren, findet bei nicht wenigen dieser Männer trotzdem ein Wertewandel statt.

Gut drei Viertel aller Väter sind sowohl an der Familie als auch an Beruf und Karriere interessiert. Deshalb geraten sie in eine Dilemmasituation, weshalb sie in den traditionellen Geschlechtsrollen mehr oder weniger gefangen bleiben. Ein wichtiger Grund hierfür dürfte auch ihre Angst sein, nicht mehr als richtige Männer zu gelten, die ihre Familie ernähren können, oder vom Betrieb als loyale Mitarbeiter infrage gestellt zu werden. Bei den Frauen ist es häufig die (verdeckte) Sorge, ein höheres väterliches Engagement könne der eigenen familiären Vormachtstellung Konkurrenz machen und dem Ideal der guten Mutter zuwiderlaufen.

Das Vereinbarkeitsdilemma ist ein grundsätzliches Väterproblem und nicht wie bis anhin angenommen, ein exklusives Frauenproblem. Für manche Männer ist es fast zu einem Dauerzustand geworden. Sie absolvieren ein enormes Wochenpensum und tragen, oft trotz Vollzeiterwerbstätigkeit, gemeinsam mit der Partnerin die Verantwortung. Gerade deshalb muss das Vereinbarkeitsdilemma auch unter einem finanziellen Aspekt diskutiert werden. Denn, wie bereits aufgezeigt, bedingt das oft höhere Salär des Vaters und die geringeren Verdienstmöglichkeiten der Partnerin ein umfassendes männliches Berufsengagement, was wiederum dazu führt, dass Familien- und Fürsorgearbeit so gut wie es geht von Vätern nebenher geleistet werden muss.

Dass Männer solche Konflikte häufiger verheimlichen als Frauen, hat viel mit der gesellschaftlichen Akzeptanz der Doppelbelastung von Frauen und der Würdigung ihrer Vereinbarkeitsproblematik zu tun. Ein Gradmesser hierfür ist die Gleichstellungspolitik, die sich lange Zeit überwiegend mit Untersuchungen zum Vereinbarkeitsdilemma aus Frauensicht beschäftigt hat. Und in den Medien haben prominente und erfolgreiche Frauen, die alles unter einen Hut bringen, Modellcharakter bekommen.

Das eigentliche Grundübel des männlichen Vereinbarkeitsdilemmas liegt in der unhinterfragten Annahme vieler Betriebe, Männer könnten maximale berufliche Leistungen erbringen und ihren Vaterpflichten selbstverständlich nebenbei noch nachkommen. Dies ist zumindest die Botschaft von Unternehmensleitbildern, wenn sie sich auf das Bild des Mannes als erfolgreichem Erwerbstätigen konzentrieren, die Vaterrolle jedoch außen vor lassen und damit die implizite Botschaft aussenden, männliche Fürsorgearbeit sei ein Störfaktor der Berufskarriere. Anders die Betriebe, welche Väterfreundlichkeit explizit in ihre Unternehmenskultur einbauen. Sie verdeutlichen damit, dass sie die Vereinbarkeit als selbstverständliches Problem von Männern verstehen und auch einiges dafür tun wollen, dass sich dies ändern kann.

Welche Richtung zukünftig eingeschlagen wird, hängt entscheidend davon ab, ob sich nicht nur Vorzeigeunternehmen auf die veränderten Vorstellungen einlassen und väterfreundliche Maßnahmen einführen, sondern die Mehrheit der Betriebe. Gefragt sind flexiblere Arbeitszeiten,

Karrieremodelle auf der Basis von Teilzeitarbeit, gezielte Angebote zur Betreuung der Kinder, Alternativen zur permanenten Anwesenheitspflicht und dergleichen. Genauso wesentlich ist es, dass die Politik das Fundament für die Realisierung der Vereinbarkeit von Familie und Beruf für beide Geschlechter zur Verfügung stellt und die Spielräume hierfür erweitert. Ein wichtiges Instrument sind Elternzeit und Elterngeld, damit die geschlechtsspezifische Traditionalisierungsdynamik (er Haupternährer, sie Zuverdienerin) aufgebrochen werden kann.

Ein Beispiel für eine politische Maßnahme: Das Elterngeld

Der Wandel von Familie und Vaterrolle verlief in vielen europäischen Staaten ähnlich, und auch die Vereinbarkeitsfrage ist in den familienpolitischen Agenden fast überall schon seit Jahren vorne platziert. Allerdings bleibt Schweden das wichtigste Beispiel dafür, was eine systematische Unterstützung durch das politische System bewirken kann.[99] Es ist das erste europäische Land, in dem seit 1974 Väteranreize zur Kinderbetreuung für eine intensivere Vater-Kind-Beziehung sowie für eine gleichberechtigte Partnerschaft sorgen.

Grundsätzlich ist die Vereinbarkeitsfrage sehr unterschiedlich reglementiert.[100] In Deutschland und Österreich können sich Männer und Frauen die Elternzeit teilen und bekommen (in Deutschland) zusätzliche Bonusmonate an Elterngeld, wenn der Vater in Elternzeit geht. Die Schweiz kennt bisher nur den bezahlten Mutterschaftsurlaub. Väter haben lediglich einen gesetzlichen Anspruch auf einen freien Tag bei der Geburt des Kindes.

Tabelle 8 macht deutlich, dass sich das Elterngeld in Europa mehrheitlich etabliert hat. Dies nicht zuletzt wegen der EU, die ihre Mitglieder verpflichtet, einen Elternurlaub von mindestens vier Monaten pro Elternteil einzuführen. Mindestens einer der vier Monate ist nicht übertragbar. Dadurch sollen Männer von ihrem Arbeitsplatz und dessen

Staat	Elterngeld	Anreize für Väter
Deutschland	bis zu drei Jahren, zwischen Eltern aufteilbar ElterngeldPlus: Längere Bezugsmöglichkeiten für Teilzeit arbeitende Eltern (1 Elterngeld-Monat = 2 ElterngeldPlus-Monate) Partnerschaftsbonus erlaubt zusätzlich vier ElternPlus-Monate	• Väterzeit: bei Partnerbeteiligung zwei zusätzliche Elterngeld-Monate als Bonus • zwei Monate für Väter reserviert • ElterngeldPlus[101] • Vaterschaftsurlaub: kein gesetzlicher Anspruch, teilweise Sonderurlaub für Beamte
Finnland	263 Tage für einen Elternteil (Männer und Frauen)	• Väterzeit: – • Vaterschaftsurlaub: 18 Tage
Frankreich	drei Jahre unbezahlt für Väter und Mütter (aber mit Arbeitsplatzgarantie), Erziehungsgeld, Teilzeit	• Väterzeit: – • Vaterschaftsurlaub: drei zusätzliche Tage + 11 Tage innerhalb der ersten vier Monate
Norwegen	bis zu 12,5 Monaten	• Väterzeit: 1,5 Monate während Elternzeit • Vaterschaftsurlaub: zehn Tage innerhalb der ersten 60 Tage

Staat	Elterngeld	Anreize für Väter
Österreich	24 Monate, aufteilbar zwischen den Eltern, die sich abwechseln	• Väterzeit: anteilig bei beidseitiger Beteiligung (30+6 Monate, 20+4 Monate, 15+3 Monate, 12+2 Monate) • Vaterschaftsurlaub: bis zu einem Monat innerhalb der ersten zwei Monate (unbezahlt für Beamte und in Wien)
Schweden	Bis zu 16 Monaten	• Väterzeit: Vater muss mind. zwei Monate der Elternzeit nehmen (Elterngeld) • Vaterschaftsurlaub: zehn Tage (bezahlt) innerhalb der ersten drei Monate • Gender Equality Bonus: Pro weiteren, zwischen den Partnern aufgeteilten Tag Elterngeld Bonus von ca. 5 € (oder: je gleicher die Zeitaufteilung zwischen den Partnern, desto mehr Geld gibt es)
Schweiz	14 Wochen Mutterschaftsentschädigung für erwerbstätige Frauen (80 % des Erwerbseinkommens); kein Anspruch auf Elternzeit	• Väterzeit: – Vaterschaftsurlaub: minimal ein Tag, unterschiedlich nach Betrieb[102]

Tabelle 8: *Elternschaftsurlaub im internationalen Vergleich*

Unternehmenskultur ermutigt werden, vermehrt familiäre Pflichten zu übernehmen. Diese Grundsätze sind in den Mitgliedsstaaten weitestgehend umgesetzt.

Eingeführt wurde das Elterngeld in Deutschland im Jahr 2007, als Ersatz für das sogenannte Erziehungsgeld. Beim Elterngeld handelt es sich um einen Einkommensersatz, der die Grundsicherung der Familie während der beruflichen Auszeit garantieren soll. Die Familienleistung beträgt 67 Prozent des bisherigen Nettoeinkommens. Paare können dabei frei entscheiden, ob Mutter oder Vater zu Hause bleibt oder ob sie die Zeit von maximal 14 Monaten untereinander aufteilen. Alleinerziehende erhalten eine Förderung für den gesamten Zeitraum. Meistens nehmen die Mütter die Auszeit, ihr Anteil beträgt rund 96 Prozent. Von den Männern machten ein Jahr nach der Einführung gut 20 Prozent davon Gebrauch, 2013 waren es bereits 32 Prozent und 2017 35 Prozent. Im Schnitt beträgt die Bezugsdauer über die letzten Jahre hinweg 9,4 Monate, dabei bezogen Väter durchschnittlich 3,1 Monate lang Elterngeld und Mütter 11,6 Monate.[103] Allerdings beziehen drei von vier Vätern Elterngeld lediglich für maximal zwei Monate. Und nur knapp 7 Prozent nehmen die Leistung für 12 Monate in Anspruch. Darüber hinaus gibt es riesige geografische Unterschiede. In Jena sind es beispielsweise 60 Prozent, welche Elterngeld beziehen, in Gelsenkirchen nur 12 Prozent.[104]

2014 wurde das Elterngeldgesetz überarbeitet. Seit Sommer 2015 können Väter und Mütter die Elternzeit auf bis zu 28 Monate verteilen und während dieser Zeit arbeiten. Dieses ElterngeldPlus hat eine kleine Kulturrevolution ausgelöst, ist es doch die erste familienpolitische Leistung, mit der die Väter explizit angesprochen sind. Weil Lohnersatzleistungen angeboten werden, wird diese Form des Elterngeldes auch für Männer mit Haupternährerfunktion attraktiv. Viele Männer möchten gerne in der Familienphase mehr Zeit für ihre Partnerinnen und Kinder haben, konnten sich die Einkommenseinbuße aber bisher nicht leisten. ElterngeldPlus ermöglicht nun eine verlängerte Bezugsdauer und einen Partnerschaftsbonus für Männer und Frauen, welche während des Elterngeldbezugs Teilzeit arbeiten wollen. Erste Ergebnisse zeigen, dass, je mehr Mütter erwerbstätig sind und je besser das Kinderbetreuungsarrangement ist, desto mehr Väter diese Möglichkeit nutzen.[105]

Kritisiert[106] wird allerdings, dass gerade gut verdienende Paare das Elterngeld nutzen, um in einen längeren Urlaub zu fahren. Laut den Zahlen des Statistischen Bundesamtes aus dem dritten Quartal 2016 bekommen Väter im Monat durchschnittlich 1200 Euro Elterngeld. Viele von ihnen haben offenbar ein so hohes Monatseinkommen, dass sie es sich ohnehin leisten könnten, für zwei Monate auf das Gehalt zu verzichten, und heben deshalb das monatliche Elterngeld für die Familienreisekasse auf.

In Österreich ist der Grundgedanke des Elterngeldes derselbe, obwohl man hier von Elternkarenz spricht. Karenz meint den Anspruch auf Freistellung von der Arbeitsleistung gegen Entfall des Arbeitsentgelts. In den ersten beiden Jahren nach der Geburt gilt die Vollkarenz, das heißt, dass Mutter respektive Vater zu Hause bleiben kann, ohne dass der Arbeitgeber das Arbeitsverhältnis auflösen darf. Dabei ist ein zweimaliger Wechsel zwischen den beiden Partnern möglich. Einzige Bedingung ist, dass die Karenzphase jedes Partners mindestens zwei Monate betragen muss. Hierzu stehen verschiedene Modelle zur Auswahl, die auf die jeweiligen individuellen Bedürfnisse der Familien eingehen und in der Dauer sowie der Höhe des Kindergeldbezuges variieren. Väterkarenz führt jedoch noch ein Nischendasein.

2017 waren lediglich 17 Prozent der Männer in Karenz, wobei sich die Variante mit einer Dauer von 14 Monaten als beliebtestes Modell herauskristallisiert hat und von rund 35 Prozent der Karenzväter in Anspruch genommen wird.[107]

Mutterschaftsurlaub heißt das Ganze in der Schweiz. Männer sind bis heute nicht mitgemeint. Der Mutterschaftsurlaub beträgt 14 Wochen. In diesem Zeitraum wird der Bruttolohn bis zu 80 Prozent fortbezahlt und dies bis zu einer Höchstgrenze von 196 CHF pro Tag. Diese Entgeltersatzleistung wird nur gewährt, wenn die Mutter mindestens fünf Monate während der Schwangerschaft berufstätig war. Derzeit diskutiert man zwar über ein bezahltes Elternzeit-Modell, allerdings wurde es noch nicht umgesetzt – und die Chancen hierfür stehen eher schlecht. Aktuell wird immer noch über einen bezahlten Vaterschaftsurlaub von einigen wenigen Tagen gestritten. Die Initiative *Für einen vernünftigen Vaterschaftsurlaub* wurde vom Bundesrat im Herbst 2017 jedoch abgelehnt. Das Modell sah zwanzig Tage Vaterschaftsurlaub vor, flexibel beziehbar. Die Kosten hätten sich auf 300 bis 400 Millionen CHF belaufen, würden alle Väter den Urlaub in Anspruch nehmen.

Zurzeit ist das Anrecht von Männern auf einen Vaterschaftsurlaub in der Schweiz sehr unterschiedlich geregelt. In einigen Kantonen gibt es gerade mal zwei Tage Vaterschaftsurlaub, im Kanton Zürich fünf und in der Bundesverwaltung Bern sowie in Basel-Stadt zehn Tage. Auch in den Städten ist die Situation alles andere als einheitlich. Die Stadt Bern bietet drei Wochen Vaterschaftsurlaub (und erhöht demnächst auf vier Wochen), in der Stadt Biel sind es zwanzig Tage. Auch in der Privatwirtschaft finden sich generöse Arbeitgeber, und es ist eine deutliche Entwicklung hin zu mehr Vaterschaftsurlaub feststellbar. Den Rekord hält das Möbelhaus IKEA, das zwanzig freie Papa-Tage gibt, und wer will, kann den Urlaub auf zwei Monate ausdehnen.

Das Elterngeld als Katalysator für eine neue Rollenverteilung

Seit der Einführung der Elternzeit respektive der Elternkarenz ist eine große Anzahl an Studien entstanden. Viele von ihnen befassen sich vor allem mit der Frage, weshalb sich die meisten Männer für eine Elternzeit von nur zwei Monaten entscheiden, wenige aber für eine längere Phase. Dieses Ergebnis wird unterschiedlich bewertet, teils negativ (»Diese Zweimonatsväter!«), teils aber auch positiv (»Das ist doch schon mal was, besser als gar keine Elternmonate!«). Tatsächlich kommen diese Zweimonatsväter fast einem kulturellen Umbruch gleich, wenn man sie mit den Vätern der 1960er- oder 1970er-Jahre vergleicht. Männer der Babyboomer-Generation hatten überhaupt keine solchen Erfahrungen gemacht, und nur wenige von ihnen waren überhaupt bei der Geburt der Kinder im Kreißsaal mit dabei.

Somit stellt sich die fundamentale Frage, was eigentlich das Elterngeld bewirkt. Um diese Frage zu beantworten, muss man sich zunächst seine Ziele vergegenwärtigen, denn es geht ja nicht nur um die Erhöhung der Väterbeteiligung in den ersten Lebensmonaten des kleinen Kindes. Genauso wichtig sind Ziele wie die Minimierung des Einbruchs des Haushaltseinkommens nach der Geburt, die Ausdehnung der Fürsorgezeit mit den Kindern, die Erhöhung der Erwerbsbeteiligung von Frauen sowie die Erhöhung der Geburtenrate.

Wie zu erwarten, sind die Wirkungen unterschiedlich.[108] Besonders eindrücklich sind sie im Hinblick auf die deutlich angestiegene Beteiligung der Väter in den ersten beiden Lebensjahren des Kindes und auf das Einkommen. So hat sich der durchschnittliche Einbruch des Haushaltseinkommens nach der Familiengründung dank des Elterngelds verringert, allerdings vor allem für bereits berufstätige und hoch qualifizierte Paare. Auf die Fürsorgezeit mit Kindern hat das Elterngeld hingegen unterschiedliche Effekte. Einerseits haben Familien mit Babys mehr Zeit, weil sich die ohnehin schon geringe Zahl arbeitender Mütter mit Säuglingen weiter reduziert hat und sich Väter stärker an der Fürsorgearbeit beteiligen. Andererseits haben Mütter mit Kleinkindern ihre Zeit für sich selbst leicht reduziert, ihre Arbeitszeit hingegen erhöht. Man könnte somit argumentieren, dass das Elterngeld zwar die Erwerbsbeteiligung von Müttern mit Kleinkindern verstärkt, dieser Trend jedoch vor allem eine Folge der besseren Betreuungsinfrastruktur und der Arbeitsmarktnachfrage nach Frauen zurückzuführen ist. Schließlich lässt sich die Frage, ob die Geburtenrate durch das Elterngeld gestiegen ist, auf dieser Basis nicht beantworten. Denn sie ist in allen deutschsprachigen Staaten – auch in der Schweiz als einem Musterbeispiel eines in dieser Hinsicht politischen Entwicklungslandes – in den letzten Jahren markant angestiegen.[109]

Das Elterngeld, das mit Partner- respektive Vätermonaten gekoppelt wird, gilt zu Recht als Katalysator der Vereinbarkeitsfrage. Es hat dazu geführt, dass sich Traditionalismen und Routinen zu verändern begonnen haben und Vereinbarkeit nun endlich auch aus der männlichen Perspektive betrachtet wird. Vielen Männern dienen die Elterngeldmonate als Schnupperkurs, um sich mit Alternativen zur Vollzeitarbeit vertraut zu machen. Zudem können sich die Elterngeldmonate positiv auf eine gleichstellungsorientiertere Lebensweise der Paare auswirken. Männer, die Elterngeldmonate bezogen haben, beteiligen sich tendenziell nicht nur stärker an Kinderbetreuung und Hausarbeit, sondern reduzieren nach der Rückkehr in den Beruf auch teilweise ihre Arbeitszeit und ermöglichen so der Partnerin einen früheren und meist auch erfolgreicheren beruflichen Wiedereinstieg.

Grundsätzlich haben Männer günstige Ausgangsbedingungen, engagierte Väter zu werden, insbesondere dann, wenn sie Papamonate beziehen und so identische Kompetenzen wie die Partnerin erwerben und entwickeln können – und zwar auch dann, wenn sie nicht präsent ist. Doch bildet das Elterngeld lediglich eine gute Ausgangslage für eine stärkere Beteiligung der Väter in den anschließenden Familienjahren. Wie sich Männer tatsächlich entwickeln und wie sie ihre Rolle im Leben ihres Kindes entfalten, hängt auch von vielen anderen Faktoren ab.

Die Elternzeit allein macht noch keine modernen Väter

Doch gerade für das weibliche Geschlecht ist das Elterngeld auch eine Herausforderung, weil sich damit zu Hause einiges verändert und Frauen zunehmend Konkurrenz bekommen. Denn die ausgedehnte Elternzeit mit den Papamonaten geht zulasten des Mütterprivilegs, dass nur sie (vorübergehend) aus dem Beruf aussteigen und sich allein um das Kind kümmern können. Das Elterngeld wird damit auch zu einem Müttertest, inwiefern Frauen zulassen können, dass der Partner eine aktivere Rolle einnehmen will und deshalb ein eigenständiges und von der Mutter unabhängigeres Verhältnis zum Kind aufbaut.

Aber nicht alle Frauen wollen ihre traditionelle Vormachtstellung als Mütter aufgeben, zumindest lassen sich verschiedene Forschungsergebnisse so interpretieren. In der Studie *Moderne Väter* berichten mehr als zwei Drittel der 1000 befragten Männer, ihre Partnerin habe ausdrücklich zwölf Monate in Elternzeit gehen wollen, ohne dass zwingend partnerschaftliche Absprachen stattgefunden hätten. Nachvollziehbar ist deshalb die Vermutung, dass die Norm des Zweimonatsvaters durchaus auch von den Frauen geprägt sein könnte. Frauen, die sich ein Kind gewünscht haben, möchten mit ihm nun auch viel Zeit verbringen. Und weil sie überzeugt sind, in Fürsorge und Erziehung kompetenter zu sein, teilen sie sich den Elternurlaub mit dem Partner gemäß ihren eigenen Wünschen auf. Auf diese Weise bekommen Frauen zwar etwas Unterstützung, können aber das innerhäusliche Sagen behalten und stoßen beim Partner auf keinen großen Widerstand.

Wollen Männer gern mehr Zeit mit den Kindern verbringen, dann darf der Zweimonatsvater jedoch keine Norm werden. Deshalb braucht es einen Umbau der Familienpolitik, an dem alle beteiligt sind: Chefs, die ihren Mitarbeitern mehr Elternzeit ermöglichen; Mütter, die ihren Partnern unabhängige und autonom organisierte Zeit mit dem Kind zugestehen, und Väter, die bereit sind, die Möglichkeit auch tatsächlich zu nutzen und sich gegenüber Vorgesetzten zu behaupten. Und schließlich gilt es auch einen längerfristigeren Blick auf Vaterschaft und Mutterschaft zu werfen. Die Diskussion um das Elterngeld ist von einer Schwarz-Weiß-Malerei geleitet, und es wird zu oft über erwünschte und erwartete, statt über tatsächlich beobachtete Effekte berichtet. Wer Elterngeld bezieht, gilt als guter und damit neuer Vater, wer nicht, als Traditionalist. Das ist falsch. Denn allein aus der Tatsache, dass ein Mann kein Elterngeld in Anspruch nimmt, kann noch lange nicht geschlossen werden, dass er nicht bereit ist, Erziehungs- und Betreuungsaufgaben zu übernehmen. Einen guten Vater machen noch viele andere, vor allem auch längerfristigere Faktoren aus. Die Fürsorgearbeit ist nie statisch, sondern immer dynamisch. Sie formiert sich laufend und wird im Verlaufe der Kindheit und des Jugendalters eine andere, die nicht immer das gleiche Ausmaß an Präsenz erfordert, wohl aber immer wieder neue Kompetenzen. Elternzeit wird deshalb grundsätzlich überschätzt. Sie ist nur ein wichtiger Indikator unter vielen. Das Gleiche gilt auch für die Teilzeitarbeit.

Teilzeitmänner als Modelle der Zukunft?

Der gesellschaftliche Druck auf Väter, sich den vorherrschenden Normen entsprechend konform zu verhalten, ist hoch. Deshalb ist von Interesse, wer denn diejenigen Männer sind, welche solche Fesseln sprengen können und zu Teilzeitlern werden. Zwar sind es durchschnittlich nur etwa 11 Prozent, doch fallen sie in der Straßenbahn, im Zug und im Einkaufszentrum sofort auf. Das eine Kind schieben sie im Buggy, das andere haben sie im Tragetuch und wickeln es ganz selbstverständlich auf einer Parkbank. Sie arbeiten Teilzeit und verdienen vielleicht sogar weniger als die Partnerin. Wie ist es ihnen gelungen, sich in einer meist traditionell männlich geprägten Unternehmenskultur alternativ zu verhalten und etwas einzufordern? Mit Sicherheit braucht es viel Selbstbewusstsein und Risikofreude, das alternative Lebens- und Berufskonzept argumentativ zu verteidigen. Und dies in einem Umfeld, in dem Teilzeitmänner oft nicht als gleichwertig akzeptiert sind, schräg angesehen und nicht ganz ernst genommen werden, manchmal gerade auch vom näheren Arbeits-, Verwandten- und Freundesumfeld.

Kann es deshalb sein, dass Projekte zur männlichen Teilzeitarbeit diesem gesellschaftlichen Missstand entgegensteuern wollen und Männer deshalb als ganze Kerle darstellen, wie etwa im Schweizer Projekt *Der Teilzeitmann,* dessen Logo dem des *Supermans* auffällig ähnelt? Gut vorstellbar ist zumindest, dass sich viele Teilzeitväter wie Supermänner fühlen möchten, weil sie sich getraut haben, sich anders als der Mainstream zu verhalten, und nun eine familienfreundliche Praxis leben. Und vielerorts gelten sie als Vorreiter für ein neues Väterbild, etwa in Betrieben im Hinblick auf Stressreduktion, Burn-out-Prävention oder einfach auf mehr Lebensqualität. Offenbar ist es ihnen gelungen, die Hindernisse auf dem Weg zur Teilzeitarbeit zu überwinden und auch mit der Partnerin neue und andere Rollen auszuhandeln. Trotzdem hört man von Teilzeitlern auch, wie sehr sie sich als Außenseiter oder gar als Exoten vorkommen und sich fragen, ob sie noch als richtige Männer, als voll leistungsfähig und leistungsmotiviert angesehen werden. Da in vielen Unternehmen immer noch eine Verfügbarkeitsideologie herrscht, stößt ein Teilzeitler mit Aufstiegsambitionen vielerorts auf eine gläserne Decke.

Vielleicht sind auch deshalb ungute Gefühle da, weil es inzwischen einige Berichte zur Teilzeitfalle von Männern gibt. Wer nach der Elternzeit seine Arbeitszeit längerfristig reduziert, läuft Gefahr, genau wie Frauen in der Teilzeitfalle zu landen. Einmal Teilzeit, immer Teilzeit! Die Erkenntnis vieler Mütter, dass sich Teilzeit und Karriere ausschließen, ist eine Erfahrung, von der nun auch Männer zunehmend berichten.[110] Schon ab weniger als 35 Stunden steigt das

Risiko, geringere Aufstiegsmöglichkeiten zu haben. Bei Vätern, die in Teilzeit bis 34 Stunden beschäftigt sind, berichten sogar 47 Prozent über schlechtere Karriereaussichten. Zwar verstehen viele Männer Teilzeit als Lebenskonzept der Zukunft, aber nur dann, wenn noch keine Kinder oder solche im Vorschulalter da sind. Karrierebewusste Väter möchten später meist wieder aufstocken. Das dürfte aber nicht immer einfach sein, genauso wie dies für Teilzeit arbeitende Frauen gilt.

Achillesfersen der Teilzeitarbeit

Kritische Stimmen zur Förderung der Teilzeitarbeit gibt es auch im Zusammenhang mit gesamtwirtschaftlichen Problemen und dem Fachkräftemangel. Befürchtet wird, dass dieser durch eine verstärkte Zunahme von männlicher Teilzeitarbeit weiter verschärft werden könnte.[111] Tatsächlich werfen diverse Fachkräfteinitiativen, welche auf das vorhandene inländische Potenzial setzen (Frauen, ältere Arbeitnehmende), ein eigenartiges Licht auf Teilzeitmann-Kampagnen. Zumindest scheint es widersprüchlich, wenn einerseits auf die vermehrte Rekrutierung von Fachkräften gesetzt, andererseits gerade diese Fachkräfte zu mehr Teilzeitarbeit animiert werden. Dagegen lässt sich natürlich einwenden, dass das verminderte Arbeitsvolumen der Teilzeitmänner durch ein höheres Engagement ihrer Partnerinnen ausgeglichen werde, weil sie von der Familienarbeit entlastet würden. Solche Annahmen sind jedoch aus zwei Gründen kritisch zu betrachten:

▪ weil das Arbeitsvolumen der Bevölkerung seit einigen Jahren tendenziell rückläufig ist. Deshalb dürfte das

Arbeitsvolumen der Männer nicht per se durch eine höhere Beteiligung der Frauen im Arbeitsmarkt kompensiert werden können.

- weil die Löhne von Frauen tiefer als die von Männern sind, unter anderem auch deshalb, weil sich Frauen eher für weniger gut bezahlte Berufe entscheiden und ihre Erwerbsaussichten oft nicht einfach sind. Deshalb können Verdienstausfälle durch Teilzeitarbeit von Männern nicht einfach mit vermehrter Berufspräsenz von Frauen ausgeglichen werden.

Trotzdem scheint Teilzeitarbeit das Modell der Zukunft zu werden, zumindest im engeren Sinn. Glaubt man der neuen Forschung zur Generation Z[112] – gemeint sind damit die nach 1995 Geborenen –, dann werden sich Betriebe auf ein ganz neues Selbstverständnis dieser Generation einstellen müssen. Denn die Z-ler glauben nicht mehr an eine Arbeitswelt, die eine faire Fusion von Job und Privatleben ermöglicht. Vielmehr wollen sie flexible und feste Strukturen, einen klar definierten Arbeitsanfang mit ebenso klar definiertem Ende und vor allem keine Vermischung von Beruf und Privatleben. Wer keine neuen Arbeitsmodelle anbietet, dürfte es deshalb in Zukunft schwer haben. Da zudem viele Babyboomer in den nächsten Jahren in Rente gehen, werden jüngere Männer, die mehr Zeit für ihre Familien haben wollen, eher zu den Unternehmen gehen, welche ihnen fortschrittliche Arbeitsbedingungen anbieten.

Vorhersagen sind jedoch immer voreilig und spekulativ. Ob und wie diese neue Generation der Berufstätigen das Arbeitsleben verändern wird, hängt unter anderem auch von einem funktionierenden Arbeitsmarkt und der Absenz von Arbeitslosigkeit ab. Deshalb ist ein solches Zukunftsszenario ausgesprochen optimistisch.

Wie Väter wirken und von Müttern beeinflusst werden

Die Psychologie betont schon seit längerer Zeit die Bedeutung der Auswirkungen von Vätern auf die kindliche Entwicklung. Doch ist es vor allem der neueren Bindungsforschung zu verdanken, dass diese Feststellung eine empiriebasierte Legitimation erhalten hat. Obwohl sich ein Großteil der Männer heute kaum mehr nur auf die Ernährerrolle konzentriert, dürften sich wahrscheinlich nur wenige Väter bewusst sein, welche Wirkungen sie tatsächlich auf ihre Söhne und Töchter haben.

Obwohl in den letzten Jahren viele Väterstudien entstanden sind, haben sich die meisten auf die häusliche Anwesenheit als dem Hauptkriterium konzentriert und die Abwesenheit vorschnell als Hauptursache für kindliche Fehlentwicklungen bezeichnet. Aufgrund solcher ideologisch gefärbter Überzeugungen sind viele andere Erkenntnisse jenseits der Präsenzfrage nicht oder nicht ausreichend zur Kenntnis genommen worden. Beispielsweise gilt heute als gesichert

- dass eine aktive Beteiligung der Väter am Leben der Kinder positive Auswirkungen auf ihre Entwicklung hat;

- dass Babys und Kleinkinder zu Vätern ebenso sichere Bindungen aufbauen können wie zu Müttern;
- dass Männer nicht direkt anwesend sein müssen, um gute Väter zu sein und im Leben der Kinder eine wichtige Rolle zu spielen;
- dass die Qualität der Vater-Kind-Beziehung von der Qualität der Partnerbeziehung beeinflusst wird.

Erstaunlicherweise sind trotz der großen Anzahl an Veröffentlichungen zu Vätern die Effekte ihres Engagements auf den Nachwuchs nahezu unerforscht geblieben. Diese Blackbox hat wichtige Folgen: Erstens wird die Unterschiedlichkeit der Männer im Umgang mit ihren Kindern zu wenig zur Kenntnis genommen; zweitens bleibt weitgehend unberücksichtigt, dass Väter in ihrem familiären und beruflichen Verhalten vom Verhalten der Partnerin abhängig sind, und drittens werden die Auswirkungen von Vaterschaft aus einer viel zu kurzfristigen Optik beurteilt. Als ob nur Elternzeit und frühe Kindheit bedeutsam wären!

Vätereinflüsse: Die feinen Unterschiede

Wozu brauchen Kinder Väter – außer zu ihrer Zeugung? Was können Männer bei ihrem Nachwuchs bewirken, auslösen, fördern oder verhindern? Erstaunlicherweise gibt es hierzu nur wenig differenzierte Antworten. Bis vor wenigen Jahren ging es vor allem um die problematische Autorität des Vaters, neuerdings um seine unabdingbare Liebe zum Kind. Reinhart Wolff spricht in diesem Zusammenhang gar von einer Liebesrevolution zwischen Vater und Kind.[113] Dieser Begriff steht für die heute weit verbreitete Überzeugung, dass Väter ihre Kinder genauso wie Mütter lieben können und sie dies auch tun sollen. Nicht nur Mutterliebe, auch Vaterliebe trägt die Beziehung zum Kind.

Gute Väter lieben ihre Kinder von Herzen, mal verspielt und vergnügt, manchmal lautstark und kräftig. Darüber ist man sich weitgehend einig. Trotzdem sind Wärme und Zuwendung nur zwei von anderen wichtigen Merkmalen. Genauso bedeutsam ist beispielsweise das Verhalten des Vaters gegenüber dem Kind, allerdings unterscheidet er sich in dieser Hinsicht von der Mutter. Emotional sind zwar beide Elternteile gleich bedeutsam, doch baut der Vater zum Kind eine andere Bindung auf, geht mit ihm anders um und spielt auch anders mit ihm. Solche Unterschiede machen beide, Vater und Mutter, unverzichtbar. Präzise formuliert sind es aber nicht *die* Mutter und *der* Vater, sondern der weibliche und der männliche Teil von Eltern. Mütter können auch väterliche Funktionen übernehmen und umgekehrt. Und es können auch lesbische oder schwule Paare den Kindern sowohl das männliche als auch das weibliche Beziehungselement mitgeben.

Dieses Kapitel widerlegt die vielen Vorurteile, wonach die Mutter für die kindliche Entwicklung wichtiger sei als der Vater. Es beleuchtet, weshalb das Anderssein des Vaters ein Segen für das Kind ist, warum Spiel und Wettbewerb für den Erwerb von Frustrationstoleranz so zentral sind und was dahintersteckt, dass Väter mit ihren Töchtern anders umgehen als mit ihren Söhnen.

Papa ist anders als Mama: Ein Segen fürs Kind

Die Bindungsforschung untersucht, wie Kinder Bindungen zu ihren Eltern aufbauen und welchen Einfluss sie auf die kindliche Entwicklung haben.[114] Über Vater-Kind-Bindungen wissen wir heute relativ viel, insbesondere aus den umfangreichen Studien von Karin Grossmann und ihrem Team, welche die klassische Bindungstheorie widerlegt und unser Wissen hierzu revolutioniert haben. Heute ist klar, dass die Biologie der Geschlechterdifferenz einer innigen Vater-Kind-Bindung nicht im Weg steht. Väter haben die gleichen Voraussetzungen wie Mütter, um feinfühlig, liebevoll und kompetent mit den Kindern umzugehen. Mit Ausnahme des Stillens gibt es keine Hinweise, dass Frauen prädisponiert sind, der fürsorglichere Elternteil zu sein. Die Rolle, die ein Vater für sein Kind einnimmt, ist so vielfältig und wichtig wie die der Mutter und wichtiger als die aller anderen sekundären Bezugspersonen. Väter stehen den

Müttern in nichts nach. Unterschiede gibt es bloß in der Art und Weise, wie beide Geschlechter die Bindung aufbauen und gestalten. Für das Kind ist diese Differenz ein Segen.

Der Mann beginnt seine reale Karriere als Vater mit der Geburt des Kindes und den entsprechenden Vorbereitungen. Während der ersten Lebensmonate des Babys ist er vielleicht ein mütterlicher Vater oder eher eine männliche Mutter, weil er vor allem damit beschäftigt ist, die Bedürfnisse des Säuglings kennenzulernen und zufriedenzustellen. Männer mobilisieren hierzu schon während der Schwangerschaft ihre Weiblichkeit. Je mehr sich der Vater davon leiten lässt, desto näher steht er seinem Neugeborenen. Väter und Mütter sind deshalb gleichermaßen in der Lage, eine emotionale Nähe zum Kind aufzubauen, sein Verhalten zu steuern, es richtig zu interpretieren und angemessen darauf zu reagieren.

Zwischen den Geschlechtern gibt es aber feine Unterschiede.[115] Obwohl Vater und Mutter ein ähnlich intuitives Handlungswissen haben, gehen sie ab der Geburt mit ihrem Kind unterschiedlich um. Mütter sorgen sich von Beginn an mehr um seine Gefühlswelt, haben einen engeren Körperkontakt und sind emotional beschützender. Dies ist ein wichtiges Fundament, damit sich Kinder emotional gut entwickeln, ihr Verhalten regulieren lernen und beziehungsfähig werden. Anders hingegen die Väter. Sie zeigen deutlich stärkere Neigungen, ihr Kind im physischen Tun anzuregen. Dies beginnt relativ unauffällig bei den Neckereien und Versuchen, das Kind zu verwirren, es in robusten, wilden Spielen oder in Mutproben herauszufordern, mit ihm beim Babyschwimmen riskante Wasserspiele zu machen oder es dann auf der großen Rutsche Sprosse um Sprosse hinaufsteigen zu lassen. Durch solche Handlungen regt der Vater das Erkundungsverhalten seines Sprösslings an, bereitet ihn darauf vor, mit ungewissen Situationen umzugehen, sich auf Gefahren einzulassen und etwas ohne Hilfe Erwachsener zu lösen. Aus solchen Erfahrungen wachsen Selbstvertrauen, Autonomie und Selbstbewusstsein – dies sind wichtige Grundlagen für kindliche Persönlichkeits- und Identitätsentwicklung.

Väter sind natürlich nicht nur für den spielerischen Bereich zuständig. Sie können genauso sanft, geduldig oder zart besaitet sein wie Mütter. Doch schon sehr kleine Kinder spüren, dass Papa anders spielt als Mama. Für Kinder ist dies ein enormer Gewinn, denn ihr Entwicklungsantrieb wäre nicht so groß, wenn sich Väter exakt so verhalten würden wie Mütter. Ob das in einer traditionellen Familie geschieht oder in einer mit zwei Müttern oder zwei Vätern, ist egal. Väter, die sich der Partnerin angleichen wollen, halten dem Kind deshalb eine wichtige Erfahrung vor: dass sich Mama und Papa in vielem unterscheiden und eine unterschiedliche Sichtweise auf die Welt haben.

Heraus aus der Muttersymbiose!

Auch wenn sich Väter von Müttern unterscheiden, kann ihre Bindung zum Kind gleich intensiv sein. Diese Erkenntnis von Karin Grossmann widerlegt die These von John Bowlby, wonach sich der Säugling ausschließlich an seine Mutter binden könne. Heute wissen wir, dass sich das Baby an denjenigen Elternteil am stärksten bindet, der sich am intensivsten um es kümmert. Doch in den ersten Lebensjahren ändern sich die Vorlieben laufend. Während sich viele Kinder zunächst eher stärker an die Mutter binden, wechselt dies oft schon im Verlaufe des ersten Lebensjahres – je nach Geschlecht und sensibler Phase[116], in der sich das Kind gerade befindet, und auch je nach Verfügbarkeit der beiden Elternteile.

Die Stunde des Vaters beginnt dann so richtig zu schlagen, wenn sich das Kind neugierig und vertrauensvoll der Umwelt zuwendet, die mit hundert Signalen, Tönen, Menschen und Dingen lockt. In dieser spannenden, aber auch ungewissen und ängstigenden Welt wird der Vater nun unter all den vielen beeindruckenden Objekten das wichtigste und das verlässlichste. Zwar war er von Anfang an immer da, sein schwerer Schritt, seine dunkle Stimme, seine andere Art. Aber jetzt tritt er ins kindliche Bewusstsein. Und er kann das Kind aus der Muttersymbiose herauslocken. Anders als die Mutter ist er meist nicht in einer derart intensiven Bindung eingefangen, sondern von Anfang an Objekt, also ein Gegenüber. Gleiches gilt allerdings für die Mutter, wenn der Vater die primäre Bindungsperson ist, was allerdings nur in einzelnen Fällen zutreffen dürfte.

Die Beziehung zum Vater ermöglicht dem Kind wichtige Ablösungsschritte von der Mutter. Er wird nun zur zweiten Sicherheit gebenden Person. Gibt es nur die Mutter als Bezugsperson oder ist der Vater großenteils abwesend, kommt es nicht selten zu einer *Überbindung* an sie, im Positiven wie im Negativen. Dies kann zur Folge haben, dass Kinder es nicht ertragen, Aufmerksamkeit zu teilen und deshalb stets Exklusivität in Beziehungen zu einer einzigen Person herstellen möchten. Dies gilt nicht nur für die ersten Lebensjahre zu Hause, sondern ebenso für Kita, Kindergarten und Schule. Selbstverständlich können Kinder auch von anderen männlichen Bezugspersonen wie einem Patchworkvater oder -großvater profitieren und sie sogar als Vorbild wählen, doch ersetzen diese den leiblichen Elternteil nur teilweise. Studien zu Patchworkfamilien belegen, dass es Kindern dann am schlechtesten geht, wenn sie zugunsten einer neuen Beziehung auf die gewachsene Beziehung zum leiblichen Vater verzichten sollen.[117] Das bedeutet, dass bei einer Scheidung die Bereitschaft der Eltern, in Verbindung zu bleiben und den anderen Partner in die elterlichen Aktivitäten einzubeziehen, aus Kindersicht unverzichtbar ist.

Im Hinblick auf die symbiotische Beziehung von Müttern zu ihren Kindern ist es gut, wenn Väter (oder Ersatzväter) dazwischentreten und diese Symbiose aufbrechen. Dies hat spezifische Folgen, und das ist gut so. Wenn man heute von Kindern spricht, die mangelndes Selbstvertrauen haben oder Mühe, Hilfe von Dritten anzunehmen, dann gründet dies eben nicht nur in einer gestressten Mutter, sondern auch und mindestens ebenso sehr auf einer zu geringen Unterstützung durch den Vater. Die neue Bindungsforschung hat Wichtiges zu dieser Erkenntnis beigetragen. Ihre berechtigte Kritik am idealisierenden Modell der perfekten Mutter und ihrer Symbiose zum Kind zog unter anderem die Forderung nach sich, den Vater systematisch und gleichberechtigt in die frühe Fürsorge und Pflege einzubeziehen. Das Pendel droht allerdings dann zu stark auszuschlagen, wenn mit viel Pathos die Einzigartigkeit des Vaters betont wird. Als ob die Übernahme der Mutterrolle durch den Vater aus ihm den perfekten Papa machen würde! Was Kinder brauchen, ist eine Differenz zwischen den Geschlechtern, respektive zwischen dem männlichen und dem weiblichen Element.

Kamikazespiele und Wettkämpfe:
Das Männliche muss sein

Wenn somit Väter vieles anders als Mütter machen und dies beim Spielen und Herumtollen besonders deutlich wird, dann fragt sich, was solche feinen Unterschiede längerfristig bewirken. Erstens fördern Väter mit ihrem Sinn für körperliches Spiel die Risikofreude. Sie fordern ihre Kinder häufiger auf, etwas Besonderes oder Herausforderndes zu tun, Mütter hingegen bringen mehr Emotionen und Fürsorglichkeit zum Ausdruck. Auch beim Lernen sind Väter dann aktiver, wenn das Kind eine bestimmte Aufgabe lösen soll, Mütter hingegen, wenn es um das Ausprobieren neuer Verhaltensweisen geht. Insgesamt wirken Mütter bestärkender, Väter jedoch anregender. Das heranwachsende Kind braucht beides.

Für Jungen ist die männliche Art von Anregung besonders wichtig. Gegenüber Mädchen sind sie in der Regel deutlich körperbetonter, rabiater im Zugriff auf die Dinge und stärker bereit, Konflikte mit Gleichaltrigen durch Rangeln zu lösen. Solches Verhalten wird durch Modelle und Vorbilder stark geprägt, vom pädagogischen Mainstream aber meist nur wenig akzeptiert, weil es ausschließlich mit Gewalt konnotiert wird. Selbstverständlich sind alle Formen von Gewalt abzulehnen und zu unterbinden, doch gilt es, zwischen Gewalt und körperbetonten Problemlösungen oder Wettkämpfen zu unterscheiden. Die beiden Letzteren sind für Jungen wichtig, weil sie jede Menge Energie haben und diese wie bei einem Ventil unbedingt rauslassen müssen. Bereits als kleine Jungen können sie dies besonders gut bei den sogenannten Kamikazespielen *(rough and tumble play)* mit dem Vater. Manchmal wird zwar von Männern,

die mit ihren Kindern herumbalgen, etwas herablassend gesagt, dass sie das Kind im Manne zeigen würden. Doch sind
Kamikazespiele tatsächlich wichtig, einerseits, weil Väter
vom Sockel steigen und einen Rollentausch mit ihrem Kind
praktizieren, andererseits, weil gerade diese Art von Spiel
körperlich enorm stimulierend ist. Was gibt es Größeres für
ein Kind, als vom Vater hochgehoben, in die Luft geworfen
oder herumgewirbelt zu werden und dabei auch durchaus
riskante Situationen zu erleben? Und darauf stolz zu sein,
dass der Mama allein beim Zusehen fast der Atem stockt?

Der herausfordernde Vater als Motor für die kindliche Entwicklung

Die Tatsache, dass Väter anders und herausfordernder mit
den Kindern spielen als Mütter und in Reinlichkeits- und
Ordnungsstandards tendenziell großzügiger sind, hat wichtige Auswirkungen auf die kindliche Persönlichkeit. Gerade
wenn die Mutter übervorsichtig ist, lernen die Kinder durch
den fordernden Umgang des Vaters auch einmal etwas zu
wagen, Angst zu überwinden oder eine Herausforderung
zu meistern, vielleicht gerade nach einem Misserfolg. Ein
Kind, das lernt, solche Hindernisse zu überwinden, Hürden
zu meistern und Enttäuschungen zu ertragen, erwirbt wichtige Lebenskompetenzen, die auch für den Schul- und Be-
rufserfolg bedeutsam sind. Wer vom Vater – oder vom
männlichen Element in der Familie – in dieser Hinsicht
modellhaft lernen und sich mit ihm identifizieren kann,
verinnerlicht emotionale, aber auch moralische Standards
und Werte. Derart herausfordernde und engagierte Väter
haben positive Auswirkungen auf die intellektuelle Entwicklung des Kindes und seine Schuleinstellung.[118]

Nicht zu unterschätzen ist auch die männliche Bedeutung für die kindliche Sozialisation. Im herausfordernden Spiel mit dem Vater lernen Kinder, negative Gefühle zu kontrollieren und sie so zu regulieren, dass andere Menschen nicht geschädigt werden. Dies wiederum ist das Fundament, um sich in der Gruppe von Gleichaltrigen bewegen und sich auch an Regeln im Zusammenleben mit Erwachsenen halten zu können. Gerade durch das Spiel wirken Väter als positive Modelle, und dies wiederum ist eine Vorbereitung auf die soziale Eingliederung.

Problematisch sind zwei Trends: erstens, wenn Väter zu zweiten Müttern werden sollen, und zweitens, wenn beide Elternteile ihren Nachwuchs überfordern – entweder durch Überbehütung und Verwöhnung (v. a. Mütter) oder durch eine starke Wettkampforientierung (v. a. Väter). Gerade die Diskussion um die gleichwertige väterliche und mütterliche Bindungsfähigkeit hat zu einer einseitigen Überbetonung der väterlichen Liebe geführt und die anderen spezifisch männlichen Funktionen zunehmend unter den Tisch gekehrt. Deshalb besteht die Gefahr, dass wichtige Elemente von positiver Aggression nicht mehr zum Zug kommen, weil sie vom schützenden und behütenden weiblichen Erziehungsprinzip überflutet werden. Doch Männer, die sich in ihrem Erziehungs- und Bindungsverhalten deutlich von der Mutter unterscheiden, haben autonomere, sozialere und selbstsicherere Kinder als solche, die versuchen, vor allem mütterlich zu sein.

Zweitens besteht die Tendenz, dass beide Elternteile ihren Nachwuchs auf ihre je eigene Weise überfordern. Mütter tun dies häufiger als Väter durch Überbehütung, Verwöhnung und psychologische Kontrolle. Dazu gehören Mechanismen widersprüchlichen Verhaltens wie Liebesentzug (Desinteresse am Kind signalisieren, abwertende Be-

merkungen machen, seine Präsenz ignorieren), Schuldzuweisungen (was man alles fürs Kind getan hat und dass es
dafür nicht dankbar ist) oder Abwertung (wenn das Kind
den mütterlichen Erwartungen nicht entspricht). Väter
wiederum überfordern ihre Kinder durch eine zu starke
Wettkampforientierung und falschen Ehrgeiz. Beispielsweise melden sie ihre kleinen Knirpse bei sogenannten
Kids- oder Bambiniläufen an, beobachten sie dann während des Laufs genauestens und zerren sie regelrecht über
die Ziellinie. Viele Organisatoren solcher Veranstaltungen
sagen, dass dies bei Kinderläufen neuerdings zur Normali-
tät gehöre. Auch Schwimm- und Fußballtrainer oder Verbände berichten von skurrilen Ausschreitungen unter Eltern, meist Vätern, weshalb immer häufiger die Notbremse
gezogen oder gar die Polizei alarmiert werden müsse, wenn
neben dem Platz die Fäuste fliegen oder ein Schiedsrich-
ter massiv bedroht werde.[119] Das Ergebnis seien dann meistens weinende Kinder, schreiende Väter und kein bisschen
Spaß.

Männer gehen mit Söhnen anders um als mit Töchtern

Immer wieder berichten Eltern, dass ihre kleinen Jungen
partout nur mit Autos und Baggern spielen wollen, ihre
Töchter dagegen lieber den Puppenwagen schieben. Dabei
unterstreichen sie meist, dass dies allein durch den Antrieb
der Kinder geschehe. Gibt es somit angeborene Unterschiede im Gehirn? Dies ist schwer nachzuweisen, und Studien hierzu sind sehr unterschiedlich. In einigen Studien
liest man, Eltern würden ihre Babys vom ersten Tag an je
nach Geschlecht unterschiedlich behandeln, auch wenn

dies ihnen nicht bewusst sei. Andere Studien machen sich für biologische Unterschiede stark. Als Beweis wird immer wieder ein Experiment von Simon Baron-Cohen von der Cambridge University angeführt, das der Psychologe vor einigen Jahren auf der Säuglingsstation eines Krankenhauses durchgeführt hat:

Den männlichen und weiblichen Neugeborenen wurde einmal das lächelnde Gesicht einer Mitarbeiterin Cohens gezeigt, ein anderes Mal ein Mobile. Dabei wurden die Babys gefilmt, und anschließend beurteilten andere Wissenschaftler ohne Kenntnis des Geschlechts das Verhalten. Weil es kurz nach der Geburt noch keinen prägenden Einfluss durch Erziehung geben kann, müssen – so die Grundthese des Forschers – alle beobachteten Unterschiede angeboren sein.

Tatsächlich konnte Baron-Cohen einen Unterschied zwischen männlichen und weiblichen Babys beobachten: Jungen bevorzugten Mobiles, Mädchen Gesichter. Auf dieser Basis gelangte Baron-Cohen zum Schluss, dass das weibliche Gehirn empathische Eindrücke fokussiert, das männliche Gehirn hingegen Systematisierung anstrebt.

Diese Ergebnisse konnten bis heute zwar nicht reproduziert werden, doch bleibt die Suche nach frühen biologischen Unterschieden, welche die Geschlechtsspezifik beeinflussen, aktuell.

Auch in der Diskussion um Chancengleichheit und Schulerfolg stehen geschlechtsabhängige Unterschiede zwischen Mädchen und Jungen im Zentrum. Die Frage, ob sie angeboren sind oder ob Väter und Mütter, Lehrerinnen und Lehrer sowie andere Erwachsene unterschiedlich mit Jungen und Mädchen umgehen, füllt Bibliotheken. Fasst man die Erkenntnisse zusammen, dann halten sich die beiden Positionen in etwa die Waage. Ganz sicher lassen sie den als naturgegeben gezogenen Schluss »Jungen mögen Autos, Mädchen Puppen« nicht zu. Viel wesentlicher scheint unser Umgang mit der Tatsache zu sein, dass sich Jungen und Mädchen in ihren Interessen oft voneinander unterscheiden. Deshalb sollte man sich bemühen, solche Stereotypen nicht noch zu verstärken.

Gehen Väter grundsätzlich anders um mit ihren Söhnen und Töchtern als Mütter? Ja, wobei Frauen allerdings weniger auf Geschlechtsunterschiede achten als Männer. So bemuttert der Vater sein Kind nicht nur anders als die Mutter, sondern er verhält sich in der Regel auch gegenüber seinem Sohn anders als gegenüber seiner Tochter. Mütter behandeln die Kinder eher gleich. Mit den Söhnen spielen Väter nicht nur häufiger, sondern sie regen auch besonders ausgeprägt geschlechtsspezifische Betätigungen an. Dies lässt sich bei Kleinkindern gut beobachten. Gerade die Vorschulzeit ist eine besonders kritische oder sensible Phase für die Frage, weshalb sich ein Junge männliches und ein Mädchen weibliches Verhalten aneignet. Auch wenn ein Junge zuerst tatsächlich »Auto« gesagt hat und ein Mädchen »Puppe«, so ist es bedeutsam, wie Eltern das Verhalten des Kindes lenken.

Dass das Verhalten der Väter geschlechtstypisch ist, zeigt sich auch in unserer Tarzan-Studie (Abbildung 9). Sie regen bei ihren kleinen Söhnen vor allem die sportlichen Betätigungen an inklusive Spielen, während sie mit ihren Töchtern eher gemeinsam Medien nutzen.

Doch ist diese Geschlechtstypik nicht durchgehend. Väter verstärken das geschlechtsrollenspezifische Verhalten bei ihren Kindern nicht grundsätzlich. Doch haben sie die Tendenz, sich unterschiedlich intensiv mit den Kindern zu beschäftigen. Sind sie beruflich besonders eingespannt, dann unternehmen sie mehr mit den Söhnen als mit den Töchtern und zwar in allen Aktivitäten, wobei allerdings die Un-

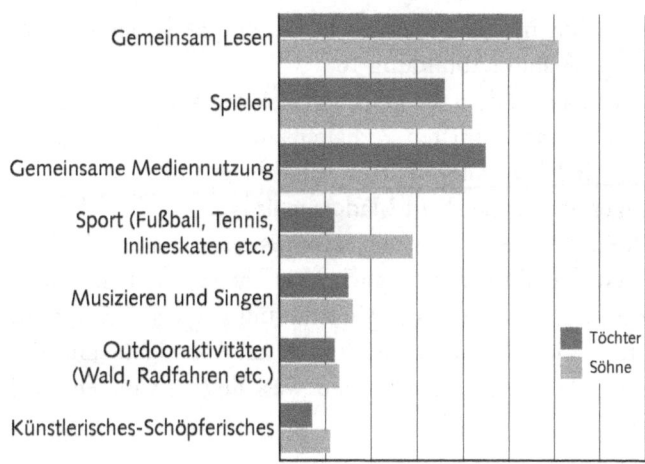

Abbildung 9: *Väter und ihre Aktivitäten mit Söhnen und Töchtern*

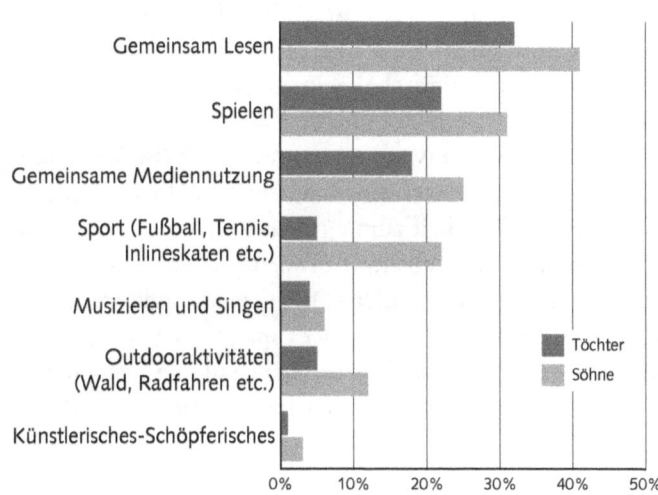

Abbildung 10: *Beruflich stark eingespannte Väter und ihre Aktivitäten mit Söhnen und Töchtern*

terschiede im Sport und in den Outdooraktivitäten besonders groß sind (Abbildung 10).

Weshalb ist dem so? Dies lässt sich nur ansatzweise interpretieren, doch dürften Verhaltensunterschiede von Jungen und Mädchen eine nicht unwesentliche Rolle spielen. Da Jungen im Vergleich zu Mädchen als lauter und fordernder gelten, diese jedoch als sozialkompetenter und verständnisvoller, ist es durchaus möglich, dass Töchter der beruflichen Belastung des Vaters mehr Verständnis entgegenbringen als Söhne. Vielleicht stellen sie deshalb am Abend oder am Wochenende weniger Forderungen, weshalb sich Väter eher auf die Söhne konzentrieren.

Söhne brauchen männliche Rollenmodelle

Zwischen Vater und Sohn gibt es oft eine wechselseitige Identifizierung. Der Vater ist stolz auf seinen Sohn, der Sohn ist stolz auf seinen Vater. Ist die Beziehung zur Mutter besonders symbiotisch, beginnen Jungen meist im zweiten Lebensjahr, sich aus dieser Enge zu lösen und sich allmählich auch dem Vater zuzuwenden. Dies ist die Grundlage, um nach und nach eine Ichidentität aufbauen zu können, also die Fähigkeit zum eigenen Rollenverhalten. Fehlt das männliche Element im Aufwachsprozess, so kann dies auch zu einer Bürde werden. Diese Tragik findet nicht nur im normalen Alltag statt, sondern spiegelt sich auch in den Werken vieler Schriftsteller, man denke nur an Franz Kafka, Klaus Mann oder Jean Paul Sartre, der 1968 geschrieben hat:

»Ich war ein Waisenkind ohne Vater. Da ich niemandes Sohn war, wurde ich meine eigene Ursache.«[120]

Folgt man der psychoanalytischen Forschung, dann ist die Absenz des Vaters eine lebenslange Quelle von Traurigkeit, Ärger, Verbitterung und Scham.[121] Ein Sohn braucht seinen Vater, um das nötige Vertrauen in seine Zukunft als Mann entwickeln zu können. Ohne Vater tritt er in ein Leben, für das er nur unzureichend vorbereitet ist. Er weiß dann nur über Stellvertreter, wie ein Mann ist und wie er Sinn in seinem Tun findet. Für Jean Paul Sartre war der Vater das unbekannte Wesen, deshalb hat er sich als Sohn ganz neu definieren müssen.

Die Folgen der väterlichen Unterrepräsentation im Alltag werden vor allem auch im Zusammenhang mit den fehlenden Männern in der Schule problematisiert. Mindestens bis zum Ende der Grundschule ist das Bildungswesen fest in weiblicher Hand, vielleicht mit Ausnahme der Schulleitungen. In Kitas und Kindergärten kann man die Anzahl der Männer fast an einer Hand abzählen. Kein Wunder, dass Jungen weniger gefördert werden, wenn sie diese weibliche Übermacht erdrückt! Diese populistische These ist inzwischen und vor allem bei politischen Akteuren derart gängig, dass sie kaum mehr hinterfragt wird. Logischerweise nimmt man auch nicht zur Kenntnis, dass es hierfür keine ausreichenden theoretischen Grundlagen, geschweige denn fundierte Erkenntnisse gibt![122]

Empirisch belegt ist lediglich, dass Jungen bei gleicher Kompetenz schlechter benotet werden als Mädchen, und zwar von Lehrerinnen und Lehrern. Männliche Lehrkräfte wirken sich nicht a priori positiv auf den Bildungserfolg von Jungen aus. Angenommen wird deshalb, dass dies nicht zwangsläufig auf die Feminisierung der Schulen zurückgeführt werden kann, sondern eher auf mangelnde Selbstdisziplin oder den Hang zur Arbeitsvermeidung.[123] Dies sind Persönlichkeitsmerkmale, die vor allem auf eine verwöhnende Erziehung, meistens seitens der Mütter, zurückzuführen sind. Jungen brauchen deshalb männliche Vorbilder und Rollenmodelle. Und die Betonung sollte dabei auf männlich und nicht auf Mann oder Vater liegen. Jedes Kind braucht für ein gesundes Aufwachsen das weibliche und das männliche Element, unabhängig vom Geschlecht der beiden Elternteile. Das männliche Element kann weiblichen oder männlichen Geschlechts sein, genauso das weibliche Element.

Nicht von der Hand zu weisen ist, dass Institutionen aufgrund des Mangels an männlichem Fachpersonal Gefahr laufen, sich an traditionell weiblichen Merkmalen und femininen Umgangsformen als Standards auszurichten. Sozialforscher verweisen deshalb immer wieder darauf, dass es Jungen mit männlichem Verhalten eher schwer haben, weil ihnen die Schule nicht die Sicherheit gibt, männlich sein zu dürfen und auch zu sollen.[124]

Doch wäre es zu einfach, lediglich die Männerquote in Kitas und Schulen zu erhöhen. Es kommt ebenso auf die Einstellungen von Lehrkräften an. Lehrerinnen können Jungen in ihrem männlichen Verhalten im Rahmen klarer Regeln und Sanktionen genauso stärken wie Lehrer. Die Tatsache, dass Lehrkräfte Männer sind, bedeutet noch lange nicht, dass sie den Jungen in ihrer Rollenfindung a priori guttun. Eine Männerquote allein bewirkt gar nichts, vielmehr braucht es Pädagoginnen und Pädagogen, die den Jungen zeigen, wie vielseitig Männer heute sein können und sein sollten: kämpferisch und liebevoll, Technikfreaks und Träumer, kaltblütig und emotional. Die große Herausforderung dürfte sein, dass Frauen – sowohl Pädagoginnen als auch Mütter – solche neuen Männerbilder auch tatsächlich zulassen.

Männliche Vorbilder auch für die Töchter

Auch Mädchen brauchen für den Erwerb eines realistischen Männerbildes ein männliches Vorbild. In den meisten Fällen dürfte dies zunächst der Vater sein. Den grundlegenden Umgang mit dem anderen Geschlecht lernen sie nicht mit dem weiblichen Element, sondern mit dem männlichen. Mädchen, die eine gute Vaterbindung oder ein männliches Rollenmodell haben, gehen als Jugendliche mit Beziehungen umsichtiger um und suchen auch nicht blind die Bestätigung von jungen Männern.

Julia Onken beschreibt in diesem Zusammenhang drei Tochtertypen: die Gefalltochter, die Leistungstochter und die Trotztochter. Alle drei haben das gleiche Ziel, nämlich die Aufmerksamkeit und die Liebe des Vaters zu gewinnen. Die Gefalltochter tut dies über optische Gefälligkeit und durch besonders auffälliges Verhalten. Die Leistungstochter sucht sich Bereiche aus, von denen sie glaubt, sie könne ihren Vater damit interessieren und erfreuen. Sie scheut keine Anstrengung und investiert ihre gesamte Kraft, um leistungsstark zu werden. Die Trotztochter legt sich quer zu allem und bringt dem Vater Widerstand entgegen. Sie will sich mit ihm duellieren und so seine Anerkennung erkämpfen. Ob innig, leistungsorientiert oder trotzig: Meist ist der Vater nicht nur der erste prägende Mann im Leben einer Frau, sondern auch der erste, der sie liebt und für sie da ist. Väter müssen erkennen, wie stark sich ihr Verhalten auf die Entwicklung der Tochter auswirken kann – und wie sehr sie auch von ihr beeinflusst werden.

Die Sozialisation des Nachwuchses ist keine Einbahnstraße. Väter nehmen nicht nur Einfluss auf ihre Sprösslinge, sondern diese auch auf sie, und zwar Söhne und

Töchter. Manchmal versuchen sie ganz direkt, sich in den Mittelpunkt zu stellen und das gesamte Familienleben zu bestimmen. Jungen tun dies oft mit coolem und brüskierendem Handeln, Mädchen mithilfe ihrer Emotionen. Sie verstricken den Vater in endlose Diskussionen, schmeicheln ihm oder reagieren depressiv, wenn er nicht sofort auf ihre Wünsche einsteigt. Zwischen Kindern und Vater ergibt sich eine Wechselbeziehung, welche die Forschung auch als Passungsverhältnis bezeichnet. Passung entsteht dann, wenn der Vater sein Verhalten den Forderungen oder Provokationen der Kinder anpasst und sich nicht getraut, als positive Autoritätsperson aufzutreten. Vor allem bei schwierigen Kindern – ob Sohn oder Tochter spielt keine Rolle – verhalten sich Väter oft besonders zurückhaltend. Je ungünstiger die Umstände sind, desto eher wird das Vatersein an den Rand gedrängt.

Der Vater in der Pubertät: Die wichtigste Neutralisationsfigur

Väter sind vor allem in der frühen Kindheit und im Schulalter wichtig. Diese Botschaft liest und hört man überall. Trotzdem trifft dies nur teilweise zu, denn es wird dabei schnell vergessen, wie bedeutsam Väter für ihre Kinder gerade in der Adoleszenz und im jungen Erwachsenenalter sind. Entwicklungspsychologisch betrachtet ist Vaterschaft ein sich über Jahre entwickelnder Prozess, der in der Adoleszenz neue Konturen bekommt.

Besonders bedeutsam werden Väter im mittleren Schulalter. In dieser Phase weiten Kinder ihre Betätigungen und den Kontakt mit anderen Kindern enorm aus. Eltern bleiben dabei unerlässliche Identifikationsfiguren im Bereich der Gefühle, der Ratschläge, der Förderung und der Kontrolle. Männer, die sich in dieser Zeit besonders um den Nachwuchs kümmern, haben nicht nur schulerfolgreichere, sondern auch emotional stabilere Kinder. Eine wichtige Ursache hierfür liegt im herausfordernden Spiel.

Mit dem Eintritt in die Adoleszenz oder Pubertät[125] ergeben sich deutliche Veränderungen in der Eltern-Kind-Beziehung, die meist von den Kindern selbst ausgehen. In dieser Zeit fühlen sie sich beiden Elternteilen nicht besonders nahe, stellen deren Ansichten, Regeln und Vorstellungen infrage, provozieren Konflikte und verlangen partnerschaftlichere Beziehungen. Dies erschüttert die Familienstruktur grundlegend. Dabei entzünden sich die Auseinandersetzungen meist in ganz Alltäglichem: nicht aufgeräumte Zimmer, zu spätes abendliches Nachhausekommen, Taschengeldforderungen, Rauchen und Alkoholkonsum. Daran hat sich in den letzten zwanzig Jahren kaum etwas geändert.

In dieser Zeit werden Väter ein wichtiger Sozialisationsfaktor und zwar stärker als die Mütter. Bis vor Kurzem war die Mama noch die heiß geliebte Person, jetzt schreit die Tochter plötzlich »Ich hasse dich!« und knallt die Türe zu. Mütter trifft diese Rebellion besonders hart, weil sie in der Regel mit den Kindern am meisten zu tun haben und die innerfamiliäre Gesamtverantwortung tragen. Lange Zeit haben sie sich darum bemüht, Intensität und Nähe der Beziehung so aufrechtzuerhalten, wie sie in der Kindheit war. Ziehen sich die Kinder zurück, dann fühlt sich manche Mutter regelrecht vom Thron gestoßen, wodurch Väter zu wichtigen Neutralisationsinstanzen werden. Dies ist allerdings nur möglich, wenn sie sich mit der Abnabelung der Kinder schon früher auseinandergesetzt haben und in solchen Prozessen deshalb überlegener reagieren können. Ist dem nicht so, dann erleben Kinder die väterliche Zuwendung vor allem als Kontrolle oder Festhalten an alten Beziehungsstrukturen. Auch wenn sich Väter plötzlich mit Machtworten Überlegenheit verschaffen wollen, führt dies nicht selten zu gegenseitigen Vorwürfen und Kränkungen.

Wer sich als Vater schon früh in der Familie engagiert hat, dem fällt es in dieser schwierigen Zeit leichter, Konflikte mit den Kindern auszutragen, sie loszulassen und eine Vermittlerfunktion zur Mutter zu übernehmen. Solche Männer verhalten sich im Umgang mit den größer werdenden Kindern eher als Peer, gestehen ihnen mehr Selbstständigkeit und Freiräume zu, fordern sie aber gleichzeitig auch stärker heraus. Auf diese Weise erleben die heranwachsenden Kinder eine Alternative zu den mütterlichen Bemühungen, sie enger an sich zu binden. Dadurch erwerben die Kinder ein größeres Verhaltensrepertoire, das sie auch in ihrem identitätssuchenden Verhalten bestärkt.

In der Pubertät verändert sich auch die Beziehung zwischen Vater und Mutter, meist als Midlife-Crisis bezeichnet. Abgrenzung und Autonomieentwicklung der Kinder bringen nicht nur neue Herausforderungen mit sich, sondern lenken den Blick wohl oder übel auch auf die nähere und fernere persönliche Zukunft. Paare werden sich nicht nur ihres eigenen Älterwerdens bewusst, sondern ebenso, dass die Kinder flügge werden und sich verstärkt dem eigenen Leben zuwenden. Auch wenn sich Vater und Mutter noch stark mit dem Nachwuchs beschäftigen und ihn finanziell unterstützen, wird das Elternhaus immer mehr zu einem Empty-Nest. Spätestens jetzt müssen sie ihre Identität neu definieren und ihre Ziele anders austarieren. Dies gilt nicht nur für Mütter, sondern insbesondere auch für Väter. Mit dem allmählichen Erwachsenwerden des Nachwuchses erleben sie nun erstmals ihre Endlichkeit und erfahren in vielen Bereichen Unterschiede zu den Kindern. Oft trifft sie ganz besonders, dass sie mit ihnen im Sport nicht mehr so mithalten können wie bisher. Manchmal sind es aber auch selbstkritische Rückblicke, etwa Versäumnisse in der Kindererziehung, Betreuung oder der zeitlichen Präsenz. Solche Versäumnisse lassen Väter den verstärkten Kontakt zu den Kindern suchen, manchmal mit wenig Erfolg.

Nervige Töchter und ruppige Söhne

Die Vater-Kind-Beziehung ist gekennzeichnet von großen Veränderungen. Für kleine Mädchen ist der Vater manchmal so etwas wie die erste Liebe, den sie heiraten wollen, wenn sie einmal groß sind. Im Schulalter flacht der Einfluss deutlich ab, nimmt aber in der Adoleszenz wieder stark zu, oft ohne dass sich Väter dessen bewusst sind. Für manche Männer ist die Pubertät eine eher unverständliche Zeit. Die ehemals so schmusige Tochter ist dauernd mies gelaunt, hat Liebeskummer oder ist in sich gekehrt. Väter sind deshalb verunsichert und wissen nicht, wie sie sich ihr gegenüber verhalten sollen. Weil es ihnen schwerfällt, die körperlichen Veränderungen anzuerkennen, schaffen sie aus Schamgefühl eine gewisse Distanz. Dabei wäre es gerade in dieser Phase für die Tochter so wichtig, dass ihre Weiblichkeit bemerkt wird, vor allem deshalb, weil ein Vater seiner Tochter gerade durch Anerkennung wichtige Impulse für ihr Leben als Frau mitgibt. Doch darf bei ihr nicht das Gefühl entstehen, vom Vater mit einer Form des Verlangens beobachtet zu werden.[126]

Auch wenn Jungen in der Pubertät vor allem ihre Coolness zeigen, brauchen sie den Vater trotzdem. Früh schon haben sie gemerkt, dass sie anders sind als die Mutter und all die Frauen, von denen sie in der Krippe, im Kindergarten umgeben waren. In der Schulzeit brauchten sie den Vater als männliches Vorbild, mit dem sie sich identifizieren und an dem sie sich reiben konnten. Sie haben mit ihm Bäche gestaut, Hütten gebaut, Fußball gespielt und gekämpft – das haben sie geliebt. In der Pubertät wenden sich nun viele Jungen aus anderen Gründen dem Vater zu, beispielsweise, weil er im Außenbereich aktiv ist und sie selbst sich nach außen wenden wollen, weg von der Nestwärme der Mutter. Fehlt jedoch der männliche Gegenpart, dann besteht die Gefahr, dass die Jungen zu Machos werden und sich gegenüber dem dominant Weiblichen um sie herum abgrenzen wollen und müssen, um ihre Identität zu festigen.[127] Oft tun solche Jungen so, als könnten sie Partner sein, und auch von Müttern hört man nicht selten, der Sohn sei ihr bester Freund. Jungen übernehmen so meist unbewusst ein Stück weit die Rolle des Mannes, was an sich nichts Schlechtes ist. Doch binden sich gerade Jungen von alleinerziehenden oder von überbehütenden Müttern mit abwesenden Männern an ihre Mütter, was die Ablösung von ihnen durchaus erschweren kann. Deshalb ist es so wichtig, dass die Heranwachsenden von der frühen Kindheit bis ins Erwachsenenalter männliche Bezugspersonen haben, sei dies ein Großvater, ein Trainer oder Mentor, der Pate oder ein Lehrer.

Die überschätzte Präsenz der Väter

Väter kleiner Kinder, die zu Hause präsent sind und vielleicht sogar Teilzeit arbeiten, gelten a priori als gute Väter. Dies stimmt so nicht, und zwar aus zwei Gründen: Erstens ist häusliche Anwesenheit nur eines von verschiedenen Merkmalen zur Bestimmung der Qualität von Vätern. Zweitens ist der ausschließliche Fokus auf ihr Engagement in den ersten Lebensjahren des Kindes zu kurzsichtig. Die frühe Kindheit ist zwar sehr bedeutsam, weil Männer in dieser Phase eine innige Beziehung zu ihrem Nachwuchs aufbauen und in die Vaterrolle hineinwachsen können. Ob sie ihren familiären Aufgaben grundsätzlich gerecht werden, entscheidet sich jedoch erst langfristig. Dieses Kapitel beleuchtet die großen Unterschiede jenseits der Präsenz und im Hinblick auf das längerfristige väterliche Engagement.

Ob Männer gute Väter sind, zeigt sich erst langfristig

Es ist ein Trugschluss, Männer bereits dann als gute Väter zu bezeichnen, wenn sie in Elternzeit gehen oder Vaterschaftstage beziehen. Denn es gibt solche, die zu Hause nicht besonders präsent sind und vielleicht nicht einmal in Elternzeit gehen, aber eine enge Beziehung zum Kind entwickeln und diese auch in der späteren Kindheit und im Jugendalter noch ausbauen. Genauso können Väter die Elternzeit in Anspruch nehmen und engagierte Väter sein, in den darauffolgenden Jahren jedoch immer traditioneller werden und sich vom Kind distanzieren. Die aktuelle Väterdiskussion ist somit in vielerlei Hinsicht einseitig und kurzsichtig.

Dass eine kurzfristige Beurteilung des väterlichen Engagements ungenügend ist, belegen verschiedene Untersuchungen, unter anderem die österreichische Längsschnittstudie »Familienentwicklung im Lebenslauf (FIL)«.[128] Das Besondere an dieser auf 15 Jahre angelegten Studie ist die Frage, wie sich Väter über die Zeit hinweg entwickeln und ob es bestimmte Vätertypen gibt. Wie erwartet ist die Vielfalt an Einstellungen und Verhaltensweisen, aber auch der Veränderungen über die Jahre hinweg groß. In den ersten drei Lebensjahren fühlen sich fast alle Männer stark belastet und einer großen Verantwortung ausgesetzt. Dies trifft für Männer, die Elternzeit nehmen, weniger ausgeprägt zu. Zudem gibt es auch solche Männer, die keine Elternzeit nehmen, im Familienalltag jedoch partnerschaftliche Strukturen leben. Sind die Kinder im Schulalter, entwickelt ein Teil der Männer egalitärere Einstellungen der Partnerin gegenüber und öffnet sich vermehrt neuen Rollenaufteilungen. Allerdings kippt der größere Teil der Männer, welche anfangs offen und fortschrittlich eingestellt waren, über die Jahre hinweg in Richtung Traditionalisierung.

Vaterschaft ist weder kurzfristig noch statisch. Es gibt viele Wendepunkte, beginnend bei Schwangerschaft und Geburt des ersten Kindes und dann weiterer Kinder, über deren Begleitung auf dem Schul- und Ausbildungsweg bis zur Entwicklung der Paarbeziehung und der beruflichen Laufbahn beider Elternteile. Setzt man lediglich auf frischgebackene Väter in der frühen Kindheit, dann bleibt unberücksichtigt, wie unterschiedlich sich Männer nach dieser Phase entwickeln können. Deshalb ist es falsch, gute Vaterschaft mit genutzter Elternzeit gleichzusetzen und das Urteil nur auf die kurze Momentaufnahme der ersten beiden Lebensjahre des Nachwuchses zu beschränken. Elternzeit ist eine notwendige, aber keine hinreichende Bedingung für die Entwicklung guter Vaterschaft. Sie ist ein formelles Angebot und ein Türöffner, sich mehr als Vater und Partner einzubringen.

Dazu kommt auch ein entwicklungspsychologischer Aspekt. Väter und Mütter (respektive das männliche und das weibliche Element) sind in der kindlichen Entwicklung unterschiedlich gefragt. Kinder brauchen nicht in allen Lebensphasen eine kontinuierlich starke Bindung und Nähe, welche in vielen Fällen die Mutter gewährleistet. Im Lebensverlauf brauchen Kinder auch Erkundung (Exploration) und Autonomie, weshalb die Abwesenheit der Mutter und die ausschließliche Anwesenheit des Vaters auch ein Segen für das Kind sein kann.

Den Vater gibt es nur im Plural

Die Moderne ist durch eine immer stärkere Differenzierung menschlicher Funktionen und gesellschaftlicher Komplexität gekennzeichnet. Keine Gesellschaft der Vergangenheit war so global vernetzt wie die der Gegenwart; keine Technologie war so voraussetzungsvoll wie die heutige. Darauf reagieren wir mit Techniken zur Begrenzung und Reduktion derartiger Komplexität.

Dies zeigt sich auch in der Väterdiskussion. Sie macht uns glauben, den neuen Vater als Idealtypus gefunden zu haben. In mancher Publikation wird ganz selbstverständlich davon ausgegangen, dass Männer nur dann gute Väter sein können, wenn sie sich in ihren Verhaltensweisen und Einstellungen von der traditionellen Männerrolle entfernt haben, Elternzeit beziehen und Teilzeit arbeiten. Wer jedoch ein Weltbild hat, in dem Männer genau diesem Schema entsprechen müssen, unterliegt einer verzerrten Wahrnehmung. Augenscheinlich wird dies dort, wo Vollzeit arbeitende Männer per se als Traditionalisten abgestempelt werden, die gar keine guten Väter sein können. In den Sozialwissenschaften wird diese Art der verzerrten Wahrnehmung als positivistisches Hypothesentesten bezeichnet, das heißt, man schaut nur die Fälle an, welche die eigenen Vorannahmen bestätigen.

Tatsache ist, dass sich Männer sehr unterschiedlich mit den gesellschaftlichen Erwartungen auseinandersetzen, ihre Vaterrolle unterschiedlich praktizieren und auch beruflich an unterschiedlichen Wegmarken ihrer Laufbahn stehen. Empirisch legitimieren lässt sich dies anhand von Studien zu Vätertypen. Solche Untersuchungen weisen nach, dass das Spektrum an Ausgestaltungsformen von Vaterschaft sehr breit ist und es Väter folglich nur im Plural gibt. Typologien sind eine empirisch besonders beliebte und instruktive Form dieser Vereinfachung, weil sie eine große Bandbreite von praktizierter Vaterschaft fassbarer machen können. Bündelt man die verfügbaren Studien, so lassen sich etwa vier Prototypen herauskristallisieren.[129] Da sind die traditionellen Väter, welche das klassische Ernährermodell vertreten, herkömmliche Rollenvorstellungen haben und sich nur am Rand in der Familienarbeit engagieren. Vaterschaft wird wenig reflektiert, Mann wird einfach so Vater. Etwas anders sind die pragmatisch eingestellten Väter, die sich für die Familienarbeit mehr Zeit nehmen, aber vom egalitären Modell nicht überzeugt sind. Im Alltag sind sie zumindest partiell präsent, ihre Beziehung zu den Kindern ist gut. Die Hauptverantwortung liegt aber in den Händen der Mutter. Den dritten Typ bilden die egalitären Väter, die sich 50 : 50 die Erziehungs- und Versorgungsaufgaben mit der Partnerin teilen und sich auch stark in der Fürsorge- und Haushaltsarbeit einbringen. Schließlich gibt es den Typ des Vaters als Außenseiter, der nicht richtig in die Familie eingebunden, wenig engagiert ist und sich nur beschränkt von der Partnerin akzeptiert fühlt.

Typologien dieses Zuschnitts haben jedoch verschiedene Achillesfersen: Erstens liefern sie kaum Hinweise auf den Zusammenhang zwischen dem väterlichen Engagement und der kindlichen Entwicklung; zweitens bleiben Verhaltensmerkmale und Einstellungen der Mütter außen vor, und drittens wird das praktizierte Erwerbsmodell der Paare zu wenig berücksichtigt. In unserer Tarzan-Studie haben wir diese wichtigen Aspekte einbezogen.

Vaterpräsenz und Mutterrolle

Es ist nicht nur unbestritten, sondern auch logisch, dass es zwischen Vätern und Müttern große Unterschiede gibt. Doch diese Tatsache allein ist noch wenig aussagekräftig, genauso wie die wiederkehrende Einteilung der Männer in traditionelle oder fortschrittliche Väter, die zu Hause viel oder wenig anpacken. Erst wenn man auch einen Blick auf das Verhalten der Partnerinnen wirft und dieses in Beziehung zum Väterengagement setzt, wird die Diskussion interessant. In unserer Tarzan-Studie haben wir auf der Basis einer Clusteranalyse untersucht, wie bestimmte Faktoren miteinander gekoppelt sind und welche spezifischen Muster sich dabei unterscheiden lassen.[130] Einbezogen haben wir folgende Merkmale:

- das Erwerbsmodell des Paares
- die Förderung des Kindes und seine Schulnoten
- die Intensität der Beschäftigung des Vaters mit dem Kind
- die emotionale und körperliche Nähe des Vaters zum Kind
- die Einstellungen der Partnerin zum väterlichen Engagement
- die Verhaltensmerkmale der Partnerin

Wie in Abbildung 11 dargestellt lassen sich Väter anhand von drei Gruppen im Hinblick auf die Frage beschreiben, welchen Einfluss sie auf ihre Kinder haben, wie sie mit ihnen umgehen und welche Rolle die Partnerin spielt. Es sind dies »Die bildungsambitionierten Klassiker«, »Die begeisterten Egalitären« und »Die distanzierten Orientierungslosen«. Zu berücksichtigen ist dabei, dass unsere Tarzan-Stichprobe tendenziell mittelschichtlastig war, und zweitens, dass solche Typen in der Realität natürlich nie genauso vorgefunden werden. Deshalb werden sie als Ideal-

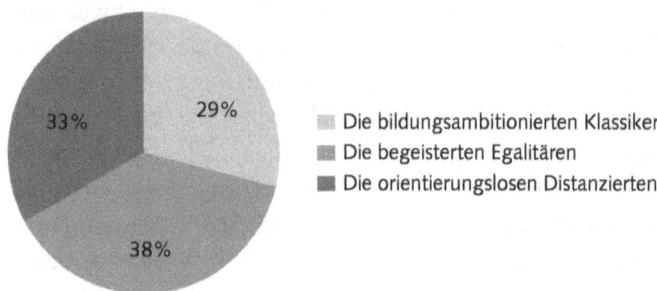

Abbildung 11: *Väter gibt es nur im Plural: eine Typologie*

typen bezeichnet. So finden sich immer Ansätze einer Gruppe auch in anderen Gruppen, und keine von ihnen ist die Beste oder die Schlechteste. Trotzdem verweist der Typ der distanzierten orientierungslosen Väter auf eine problematische Beziehungsstruktur insofern, als offenbar die Partnerin die innerfamiliäre Macht in der Familie definiert und dies Auswirkungen auf das väterliche Engagement hat.

Die bildungsambitionierten Klassiker (29 %)

Männer dieses Typs sind vor allem in Leitungs- und Führungspositionen tätig, etwa als Geschäftsleiter, Selbstständige, Wissenschaftler, Juristen, Ärzte oder Lehrkräfte an Hochschulen. Als Vollzeit-Erwerbstätige erwirtschaften sie nicht nur den Löwenanteil des Familieneinkommens, sondern lehnen im Vergleich zu den anderen beiden Typen eine egalitäre Aufteilung von Familien- und Erwerbsarbeit auch besonders pointiert ab. Unterstützt werden sie von ihren Partnerinnen, die mit ihrer Lebenssituation im Allgemeinen zufrieden sind, sich hauptverantwortlich um die Fürsorge der Kinder und den Haushalt kümmern und infolgedessen nicht oder nur mit einem kleinen Pensum von etwa 20 bis 30 Prozent berufstätig sind. Zwar werden sie in dieser Teilzeit-Berufstätigkeit vom Partner unterstützt, aber nur solange die Fürsorgearbeit für die Kinder nicht leidet. So ist es auch kaum überraschend, dass besonders viele Männer dieses Typs die Ansicht vertreten, eine Frau solle die Berufstätigkeit zugunsten der Familie einschränken.

Fast im Gegensatz dazu steht das hohe Engagement dieser Väter für die Kinder. Im Vergleich zu den beiden anderen Typen kuscheln sie mit ihnen am häufigsten und sind ihnen auch emotional besonders zugewandt. Doch erwarten sie auch besonders viel von ihnen, weshalb sie als »bildungsambitionierte Klassiker« bezeichnet werden. Zwar kümmern sie sich vergleichsweise wenig um Hausaufgaben, erachten Schulnoten jedoch als besonders wichtig für die Schullaufbahn ihres Kindes, gehört es doch zu den leistungsstarken Schülern der Klasse. Dass Väter dieses Typs trotz Vollzeitengagement so kindzentriert sind, dürfte allerdings auch mit der Partnerin zusammenhängen, welche ihnen viele Freiheiten insgesamt und im Umgang mit dem Nachwuchs gibt.

Die begeisterten Egalitären (38 %)

Diese Gruppe unterscheidet sich in vielerlei Hinsicht von den bildungsambitionierten Klassikern. Trotz umfangreicher Berufstätigkeit (meist in Berufen auf mittlerer Qualifikationsebene [Finanzwesen, Verwaltung, Verkauf und Handel oder Technik u. Ä.]) beteiligen sich Männer dieses Typs quantitativ und qualitativ an der alltäglichen und wenig attraktiven Fürsorgearbeit und teilen die anfallenden Arbeiten mit der Partnerin auf. Dass diese gleich viel wie sie arbeitet, erachten sie als selbstverständlich. Allerdings steckt oft eine längere gemeinsame Entwicklungsphase dahinter, insbesondere dann, wenn die Partnerin fixe Arbeitszeiten und ein hohe Präsenzpflicht hat und die Männer sich deshalb für die eigene Berufstätigkeit vertraglich flexiblere Arbeitszeiten aushandeln mussten. Die Partnerin würdigt dies mit besonders vielen Freiheiten in Haushalt und Kindererziehung und zeigt auch einen gewissen Stolz, einen solchen Partner und Vater der gemeinsamen Kinder zu haben.

Männer dieser Gruppe werden deshalb als »begeisterte Egalitäre« bezeichnet. Sie empfinden das Vatersein als enorme Bereicherung, stehen dem Nachwuchs emotional sehr nah und nehmen sich auch viel Zeit für Rituale wie das abendliche Vorlesen oder gemeinsame Ausflüge ohne die Mutter. Daneben engagieren sie sich besonders aktiv in der

Hausaufgabenbegleitung, erachten aber weder die Schulnoten als besonders wichtig, noch fördern sie die Kinder spezifisch. Diese entwickeln sich jedoch sehr gut und gehören zu den guten Schülern der Klasse. Interessanterweise handelt es sich bei diesen »begeisterten Egalitären« um eher ältere Väter, die teilweise bereits Kinder aus einer ersten Beziehung haben.

Die distanzierten Orientierungslosen (33 %)

Männer dieses Typs sind die jüngsten und in Berufen aller Segmente tätig. Dabei unterscheiden sie sich in vielerlei Hinsicht fast diametral von den beiden anderen Typen, zeigen aber auch gewisse Ähnlichkeiten. Diese betreffen das recht partnerschaftliche Rollenverständnis, vertreten doch viele Männer dieser Gruppe die Ansicht, Frauen müssten sich wegen der Kinder in der Berufstätigkeit nicht einschränken. Der große Unterschied zu den beiden anderen Typen zeigt sich jedoch im auffallend bescheidenen familiären Engagement. Mit Blick auf die Kinder gilt dies sowohl für die körperliche und emotionale Nähe, für die Unterstützung bei den Hausaufgaben, das Spielen oder für allgemeine Rituale im familiären Alltag. Auch den Schulnoten messen sie relativ geringe Bedeutung bei, und der Nachwuchs gehört auch kaum zu den Spitzenschülern. Vatersein betrachten Männer dieses Typs nur am Rande als Bereicherung.

Obwohl sie die traditionellen Vorstellungen des Ernährervaters ablehnen, haben sie keine Modellvorstellung, wie sie ihr Leben gestalten möchten. Weil sie irgendwie unschlüssig wirken, bezeichneten wir sie als »Die distanzierten Orientierungslosen«. Ihre Distanzierung scheint dabei mit dem Verhalten der Partnerin in einem deutlichen Zusammenhang zu stehen. Im Gegensatz zu den beiden anderen

Typen bekommen Männer dieses Typs kaum Freiheiten in Familie und Haushalt, und ihre Partnerinnen bekunden auch Mühe, ihnen die Kinder zu überlassen. Sie erachten sich selbst als kompetenter als der Partner, zeigen sich jedoch unzufrieden, dass er sich nicht mehr Zeit für die Familie nimmt. Andererseits berichten die Männer von Partnerinnen, die dauernd an etwas herumnörgeln, weshalb sie sich eher zurückziehen, entweder vor dem Fernseher sitzen oder länger bei der Arbeit bleiben würden.

Väter am Rand der Familie

Was lässt sich aus dieser Typologie schließen? Auffallend ist zunächst einmal, dass die ersten beiden Gruppen Männer umfassen, die sich in die Fürsorgearbeit einbringen. Zusammengenommen belegen sie, dass auch Vollzeit arbeitende Männer gute Väter sein können. Der Typ des bildungsambitionierten Klassikers macht zudem deutlich, dass auch ein an sich traditionelles Rollenverständnis für die Kinder emotionale Stabilität und Unterstützung bedeuten kann. Es ist somit nicht allein die Anwesenheit des Vaters in der Familie, die ausschlaggebend ist, sondern vor allem, wie er sich seinem Kind gegenüber präsentiert und wie sich die Partnerin verhält. Die häusliche Präsenz wird überschätzt, sowohl im Hinblick auf die Partnerschaft als auch auf die kindliche Entwicklung.

Dass allerdings lange nicht alle Männer engagierte oder fürsorgliche Väter sind, zeigt der Typ des distanzierten orientierungslosen Vaters. Bei diesem Typ finden sich kaum Elemente einer neuen Vaterschaft, und Männer dieses Zuschnitts bemühen sich auch wenig um Nähe zu den Kindern. Dabei dürften die Partnerinnen eine wichtige Rolle spielen, scheint doch das Denken und Handeln dieser Väter zu einem nicht kleinen Teil von der Mutter beeinflusst zu sein.[131] Schätzt sie die Kompetenzen des Partners als niedrig ein und spricht sie ihm eher ab, das Kind angemessen betreuen und versorgen zu können, dann versucht sie auch, seine Beteiligung möglichst gering zu halten. In der Folge kann dies dazu führen, dass sich der Mann an den Rand des familialen Geschehens gedrängt fühlt, sich immer mehr zurückzieht, die Motivation verliert und die anfallenden Arbeiten und Aufgaben der Partnerin überlässt. Der Typ des distanzierten orientierungslosen Vaters legitimiert somit die Annahme, dass die allgemeine Distanz solcher Väter mit Sicherheit nicht ausschließlich in individuellen Merkmalen oder in männlicher Demotivation zu suchen ist, sondern ebenso mit dem Verhalten der Partnerin zu tun hat.

Die Partnerin als Herzstück

Die Familie ist eine dauerhafte und systemische Organisation von personalen Beziehungen. Deshalb hat nicht nur die Mutter-Kind- respektive die Vater-Kind-Beziehung, sondern auch die Paarbeziehung einen entscheidenden Einfluss auf das Wohlbefinden aller und auf die Entwicklung der Kinder. Eine gute Vater-Kind-Beziehung setzt sowohl eine funktionierende Partnerschaft (oder im Falle getrennter oder geschiedener Paare eine Wertschätzung des Mannes durch die Ex-Partnerin) voraus als auch ein hohes väterliches Engagement in Fürsorgeaufgaben. Es überrascht deshalb nicht, dass die Beziehungskompetenz beider Partner mit der Qualität der Vater-Kind-Beziehung korreliert. Für eine Partnerharmonie reicht es nicht aus, wenn Männer zu Hause einfach etwas mehr anpacken. Deshalb ist die oft unhinterfragt vorgebrachte Annahme falsch, dass die Qualität der Partnerbeziehung bereits dann besser wird, wenn Männer die Erwerbsarbeit reduzieren und die familiären Aktivitäten erhöhen. Das Ausmaß der väterlichen Mitarbeit ist nicht allein das Ergebnis seines Engagements. Denn Männern machen vor allem auch Routinen, Rituale und Standards zu schaffen, die sich zu Hause eingespielt haben und von Müttern kontrolliert werden. Es sind somit auch die Frauen selbst, die einen wichtigen Beitrag zum häuslichen Engagement des Partners leisten. Nur wenn sie bereit sind, ihre Standards und damit ihre Definitionsmacht[132] zu hinterfragen und allenfalls zu ändern, können sich ihre Partner entwickeln und den eigenen Vorstellungen entsprechend in der Familie einbringen. Neue Väter sind auf Frauen angewiesen, die sich von der Überzeugung emanzipieren, eine Mutter wisse von Natur aus besser, wie man den Haushalt macht und die Kinder betreut. Darüber berichtet dieses Kapitel.

Die Mutter als Schlüsselfaktor der Vater-Kind-Beziehung

Wovon hängt es genau ab, wie stark sich der Vater bei Fürsorgearbeiten für seine Kinder und im Haushalt engagiert? Welche Voraussetzungen müssen gegeben sein? Diese Frage ist höchst relevant, denn nur, wenn wir wissen, was hinter der Motivation von Männern steckt, sich zu engagieren oder sich auszuklinken, können Strategien entworfen werden, die allen Beteiligten dienen.

Unsere Typologie hat gezeigt, dass sich ein Großteil der Männer bemüht, am Alltag der Kinder teilzunehmen und möglichst viel Zeit mit ihnen zu verbringen. Väter sind aber auch deutlich fürsorglicher und dem Kind zugewandter als jede Generation zuvor. Damit legen sie zunehmend ein Verhalten an den Tag, das traditionell als mütterlich gilt. Weshalb ist dem so? Zum einen wegen der veränderten Rolle von Müttern, deren zunehmende Berufsorientierung den Männern unweigerlich eine verstärkte Familienorientierung nahelegt. Zum andern aber auch deshalb, weil das Kind heute vor allem als Produkt der Liebe verstanden wird und sich beide Partner deshalb in solchen Emotionsbeziehungen einnisten. Emotionale Zuwendung und Geborgenheit werden zu den entscheidenden Voraussetzungen für das Funktionieren von Familien. Väter sind zwar auch wegen ihrer Ernährerqualitäten gefragt, werden aber ebenso an ihrer Beziehungsfähigkeit gemessen – auf Paar- und auf Kindesebene.

Somit gilt es auch systemische Zusammenhänge zu berücksichtigen. Abbildung 12 verdeutlicht die vier relevanten Einflussbereiche. Die Merkmale des Mannes als Partner (Rollenbilder, Einstellungen, Lebenspläne, Prägung durch den Vater und andere Männer als Rollenmodelle), die Merkmale der Frau als Partnerin (Rollenbilder, Einstellungen, Identität als Mutter, Vertrauen in die Fürsorgequalität des Partners), die Merkmale der Partnerschaft (gegenseitige Erwartungshaltungen, Einstellungen, Verhaltensmerkmale,

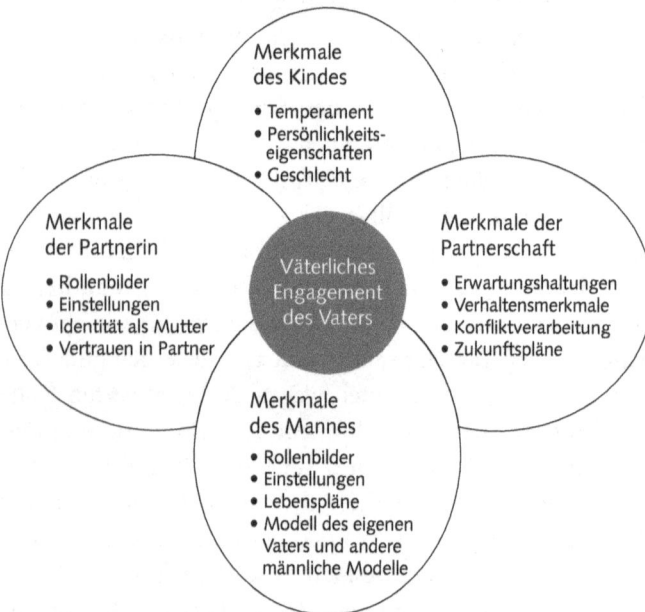

Abbildung 12: *Bedingungen für eine gute Vaterschaft*

Konfliktverarbeitung, Zukunftspläne), die Merkmale des Kindes (Temperament, Persönlichkeitseigenschaften, Geschlecht) und – als grau eingefärbter Hintergrund dargestellt – die Rahmenbedingungen (z. B. berufliche Aspekte, Betreuungssituation, Finanzen, Krankheiten etc.).

- **Merkmale des Mannes als Partner und Vater:**[133] Männer, welche sich auf die Vaterschaft freuen und auch bereit sind, Verantwortung zu übernehmen, engagieren sich ab der Geburt ihres Kindes mehr in der Fürsorge als Männer, denen die Schwangerschaft ihrer Partnerin nicht gelegen kommt und die sie vielleicht sogar als bedrohlich erleben. Aber auch Rollenbilder und die eigene Sozialisation haben einen Einfluss. Männer, die der Ansicht sind, Frauen könnten den Haushalt viel besser besorgen und die Kinder erziehen als sie, nehmen häusliche Aufgaben seltener wahr als solche mit einem fortschrittlicheren Rollenbild. Inwiefern dabei das Modell des eigenen Vaters in der Kindheit mitspielt, ist umstritten. Sicher ist, dass viele Männer keine Kopie des eigenen, oft passiv-überlegenen oder auch autoritären Vaters sein wollen. Manchmal ahmen sie ihn trotzdem nach, meist unbewusst; manchmal kompensieren sie ihn mit einem besonders engagierten Fürsorgeverhalten. Ebenso einflussreich sind der Bekannten- und Freundeskreis, Vätergruppen, Angebote der Väter- und Elternbildung u. Ä. Alle diese Kontakte können zu mehr Selbstvertrauen von Männern beitragen und damit ein positives Fundament für ein erhöhtes väterliches Engagement bilden.

- **Merkmale der Frau als Partnerin und Mutter:** Das Verhalten der Mutter ihrem Partner gegenüber und ob sie in ihn Vertrauen als eigenständige Fürsorgeperson aufbauen kann, ist von ihren Rollenbildern abhängig, vor allem auch von ihrem Mutterbild. Ist sie den gesellschaftlichen Normen und Vorstellungen über »die gute Mutter« verpflichtet, wird sie diesem Mütterlichkeitsideal entsprechen wollen und die Gesamtverantwortung für Familie und Haushalt unhinterfragt übernehmen. Damit bekommt sie die Funktion einer Weichenstellerin, die entscheidet, welche Rolle der Partner im Familienleben spielen soll. Dies beginnt bereits nach der Geburt, weil sie in den ersten Wochen meist die Hauptverantwortung für das Neugeborene trägt und wegen des Stillens auch seine Hauptbezugsperson ist. Je positiver die Mutter die Beziehung zu ihrem Partner einschätzt, desto eher kann sie ihn als gleichberechtigten Fürsorger akzeptieren und ein von ihr unabhängiges innerfamiliäres Engagement unterstützen. Diese Bereitschaft und Fähigkeit der Mutter gilt als wesentlicher Faktor für eine gute Vater-Kind-Beziehung.

- **Merkmale des Kindes:** In der Bindungsbeziehung spielen das Temperament des Kindes und seine Persönlichkeitsmerkmale eine wichtige Rolle. Es gibt mindestens drei Babytypen, welche Väter unterschiedlich reagieren lassen:[134] Die pflegeleichten Babys *(Easy-Babys),* die schwierigen Babys *(Difficult-Babys)* und die zurückhaltenden Babys *(Slow-to-React-Babys).* Bei pflegeleichten Babys empfinden Väter deutlich seltener einen Verantwortungsdruck, während sie sich von schwierigen Babys entweder schon früh eher abgrenzen und in traditionellere Rollenmuster zurückfallen oder sich ganz besonders engagieren. Letzteres gilt auch für zurückhaltende Babys, die Väter oft aus der Reserve locken und sie aktivieren. Väter, die sich nicht zu sehr mit dem Kind und der sich sorgenden Mutter identifizieren, können sich unkomplizierter und gradliniger als die Partnerin einbringen.

Gelingt es ihnen, den vielleicht schwer zu beruhigenden Säugling oder das aggressive Kleinkind zu besänftigen, können sie damit auch die Mutter entlasten und so regulierend wirken.

- **Merkmale der Partnerschaft:** Die Intensität der Beziehung zwischen Vater und Kindern ist auch abhängig von der Beziehungsqualität zwischen Mann und Frau. Väter beteiligen sich mehr an der Familien- und Haushaltsarbeit, wenn sie die Beziehung als positiv erleben. Ein schlechtes Verhältnis begünstigt den Rückzug. Deshalb gilt die Harmonie zwischen den Partnern als Schlüsselfaktor einer guten Vater-Kind-Beziehung. Die Mutter-Kind-Beziehung ist von der Partnerschaftsqualität deutlich unabhängiger.

Eine gute Beziehungsqualität ist auch dann wichtig, wenn das Paar nicht (mehr) zusammenlebt. Je einvernehmlicher und wertschätzender getrennte Paare miteinander umgehen, desto besser kann die Beziehung des Vaters zu den Kindern sein. Auch wenn die Kinder bei der Mutter sind, bleibt sie die zentrale Größe, sofern sie den regelmäßigen Kontakt des Vaters zu seinen Kindern ermöglicht und positiv unterstützt. Ein schlechtes Verhältnis begünstigt seinen Rückzug von der direkten und indirekten Fürsorgearbeit.

- **Rahmenbedingungen:** Rahmenbedingungen haben eine faktorenüberspannende Bedeutung. In der Rushhour des Lebens sind es für Männer in der Regel der Beruf, das Einkommen und die Karriere, welche die Lebenssituation bestimmen. Logischerweise bildet der Umfang der beruflichen Tätigkeit den Rahmen für die väterliche Beteiligung. Ein Vater, der pro Woche vierzig oder fünfzig Stunden abwesend ist, kann sich während der Arbeitswoche nicht an allen Fürsorge- und Betreuungstätigkeiten beteiligen. Wenn somit die Abwesenheit der Väter kritisiert und eine ausreichende häusliche Anwesenheit als Forderung für die gleichberechtigten beruflichen Aufstiegschancen von Müttern herangezogen wird, dann sind immer die Rahmenbedingungen des einzelnen Paares zu berücksichtigen. Günstige Rahmenbedingungen – eine gute finanzielle Grundlage oder die Möglichkeit, Teilzeit zu arbeiten – können qualitativ hochstehendes Vaterverhalten unterstützen, müssen es aber nicht. Väter, die zwar über gute Ressourcen verfügen, aber nur einen sehr begrenzten Antrieb haben, sich aktiv mit ihren Kindern auseinanderzusetzen und in der Familie einzubringen, werden kaum besonders positive Auswirkungen auf diese haben. Umgekehrt kann ein beruflich sehr engagierter Vater in seiner Familienzeit besonders präsent und authentisch sein und den Nachwuchs deshalb positiv beeinflussen.

Hände weg von meinem Kind: Mütter als Kontrollorgan

In vielen Partnerschaften ist die Arbeitsteilung noch vorwiegend geschlechtsspezifisch. Junge Paare weichen sie zwar zunehmend auf, bekommen sie jedoch Kinder, fallen sie besonders oft in traditionelle Rollenmuster zurück. Was gute Familien- und Hausarbeit ist, bestimmen fortan meist die Mütter. Deshalb hängt das Ausmaß, in dem sich Väter zu Hause engagieren, nicht nur von ihrem guten Willen ab, sondern ebenso vom Goodwill der Partnerin, ihre eigenen Vorstellungen von Haushalts- und Fürsorgearbeit mit dem Partner neu auszuhandeln. Spätestens, wenn das erste Kind geboren ist, wird dies für viele Frauen zu einer Herausforderung. Sie nehmen den Partner vielleicht plötzlich als Eindringling wahr und nicht als gleichberechtigten Elternteil. Elisabeth Badinter spricht gar von einer Verweigerungshaltung der Mütter:

> »Viele Frauen verweisen auf die Unfähigkeit des Mannes, der ihnen mehr Arbeit machen als ersparen würde. Aber innerlich empfinden sie ihre Vorrangstellung als Mutter als eine Macht, die sie nicht teilen wollen.«[135]

Gemäß dem Typ des orientierungslosen und distanzierten Vaters unserer Tarzan-Studie dürften gut 20 Prozent der Frauen unter die Kategorie der Gatekeeperin fallen, die den familiären Einsatz des Partners als Türsteherin blockiert. Grund genug also, dieses Phänomen etwas näher zu betrachten.[136] Zunächst einmal zeigt sich das mütterliche Revierverhalten in stark überzogenen und vor allem widersprüchlichen Vorgaben, an denen der Vater letztendlich scheitern muss. Beispielsweise, wenn sie ihn bitten, die kleine Tochter anzuziehen, dann aber hyperkritisch sind ob der Wahl des Outfits. Oder wenn sie mit einer Freundin ins Kino gehen und ihm lange Listen mit Handlungsanleitungen hinterlassen, was er wann wie und wozu tun soll, und später kontrollieren, ob er nichts vergessen hat. Sie behandeln ihn wie ein Au-pair oder den neuen Babysitter, rechtfertigen ihr Verhalten aber völlig rational und werfen ihm vor, dass

- es ihm nicht gelinge, das Baby zu trösten, sie es jedoch bei ihrer Rückkehr sofort mit seinem Lieblingsschnuller beruhigen können,
- er das Kind falsch füttere, wenn er keine Anleitung bekomme,

- es ihm nicht gelinge, das Kind sanft genug in den Schlaf zu wiegen,
- er den Sohn zur Musikstunde oder zum Fußballtraining fahre und dabei regelmäßig die Geige oder die Sporttasche vergesse,
- er den Kindern jeden Abend nur Pizza vorsetzen würde, wäre der Kühlschrank nicht gefüllt,
- er die Wäsche nicht so waschen könne, damit sie sich nicht verfärbe,
- das Badezimmer nach seinen Putzversuchen noch voller Spuren an den Wänden sei.

Es wäre falsch, solche Mütter einfach als Glucken zu bezeichnen, die sich besonders fürsorglich um Kinder und Haushalt kümmern. Eine Glucke behütet ihre Kinder zwar im Übermaß, lässt aber den Mann als ebenbürtigen Partner zu. Eine Türsteher-Mutter definiert sich vor allem in der Abgrenzung zu ihm und fühlt sich für das Wohlbefinden des Kindes allein verantwortlich. Zwar akzeptiert sie den Mann als Partner und Ernährer, aber nicht als väterliche Figur. Deshalb zeigt sie ein abwehrendes Verhalten und verweigert ihm mehr oder weniger die fürsorgliche Nähe zum Kind. Sie bindet es stark an sich und gibt dem Partner dadurch zu verstehen, dass er in Betreuung und Haushalt vieles falsch macht. Sie allein will entscheiden, wie die Beziehung zwischen Vater und Kind auszusehen hat. Und weil nur sie weiß, was das Kind braucht, kann auch nur sie seine Ansprechperson sein. Derartiges Verhalten ist der Auslöser für das Entstehen eines Teufelskreises. Die mütterlichen Standards führen automatisch dazu, dass der Vater scheitern muss. Sein Scheitern wird für die Mutter zur Bestätigung dessen, was sie schon vorher gewusst hat: dass sie nämlich alles selber machen muss, weil der Vater es nicht kann und weil sie zu wenig Zeit hat, ihm immer wieder zu erklären, was genau er wie machen sollte.

Derartiges Kontrollverhalten geschieht meist unbewusst, und viele Mütter sehen keinen Zusammenhang zwischen ihrem eigenen Verhalten und den Folgen für den Partner. Dass er auf ihre überhöhten Anforderungen und den Entzug des Kindes mit Rückzug reagiert, und vielleicht sogar mit einer noch intensiveren Berufstätigkeit, blenden sie aus.

Männer und ihre angelernte Hilflosigkeit

Was bedeutet dies für familienpolitische Maßnahmen? In erster Linie, dass der Ruf nach neuen Vätern immer auch einer nach neuen Müttern sein muss. Aber nicht nur. Denn bei Männern gibt es auch das Phänomen der angelernten Hilflosigkeit. Nicht wenige tun einiges dafür, um im Haushalt nicht stärker anpacken zu müssen. Dafür suchen sie nach Wegen, wie sie die Liebe der Partnerin gewinnen können. Esther Vilar hat vor mehr als vierzig Jahren das Buch *Der dressierte Mann* geschrieben und darin die Botschaft formuliert, dass Männer nicht zu beneiden seien, weil sie sich die Liebe der Frauen im Prinzip erkaufen müssten. Herr im Haus sei die Frau, die Chefin, welche den Mann mit heimtückischen Tricks zum unterwürfigen Sklaven mache und ihn dann zum Geldverdienen hinaus ins Leben schicke. Als Gegenleistung stelle sie ihm ihre sexuellen Dienste gelegentlich zur Verfügung.

Vilars bissige These, damals eine Antithese zur Frauenbewegung, dreht den Emanzipationsspieß um und hat erstaunliche Bezüge zur aktuellen Gatekeeping-Diskussion. Auch heute noch ist der gesellschaftliche Status von Männern und Frauen unterschiedlich determiniert. Der Mann muss sich seinen Status, seine Stellung innerhalb der gesellschaftlichen Hierarchie im Wesentlichen durch Leistung erarbeiten und dabei die Machtposition seiner Partnerin im häuslichen Bereich akzeptieren. Zwar kann er sich – nicht selten im Unterschied zur Frau – beruflich in höchste Höhen vorarbeiten. Doch wenn er nur ungenügende Leistungen erbringt, fällt er umso tiefer – im Beruf wie auch in der Familie. Frauen hingegen gewinnen ihren Status durch Zuschreibung. Das heißt, sie haben zwar geringere Chancen, sich durch berufliche Erfolge emporzuarbeiten. Dafür werden sie aber auch kaum mit Prestigeverlust bestraft, wenn sie keine Karriere machen wollen. Und sie haben in der Familie die Definitionsmacht, die sie besonders stärkt.

Ein Ergebnis von konfliktbeladenen Paarbeziehungen und mütterlichem Gatekeeping-Verhalten kann die angelernte Hilflosigkeit der Männer sein. Dieses Muster ist eine bewusste oder unbewusste Selbstausgrenzungsstrategie, gegen die nur schwer anzukommen ist. Sind Mütter im Familienmanagement immer federführend, dann warten Männer dauernd auf Instruktion, und Mütter wiederum fühlen sich in der Pflicht, den Partner anzuleiten, auch wenn er die Kinder betreut. Väter, die überzeugt sind, bestimmte Situationen oder Sachverhalte in der Familie nicht kontrollieren und beeinflussen zu können, schränken ihr Engagement ein. Sie erfahren sich als von der Partnerin abhängig und können so die eigene Situation nicht mehr kontrollieren. Diese Erwartung beeinflusst ihr weiteres Verhalten, das sogar so weit führen kann, dass sie sich selbst als unfähig, als Mensch mit zwei linken Händen sehen. Sie geraten in eine Zwickmühle, weil sie sich zwar in der Familienarbeit engagieren möchten, die Partnerin jedoch das häusliche Machtmonopol durchsetzt und sie deshalb zu einer Art Juniorpartner oder Praktikant degradiert, welcher Aufgaben nach

Anweisung übernimmt. Damit versperrt sie ihm die Möglichkeit, die Familienarbeit in sein Konzept von Männlichkeit zu integrieren. Auch wenn er CEO einer Firma ist, wird er sich privat nicht besonders viel zutrauen.

Der lange Schatten der guten Mutter

Sollen sich Männer zu aktiven und egalitäreren Vätern entwickeln, kommt es auf beide Partner an. Männer müssen mit Mut und Engagement gegen eine in hohem Ausmaß widerständige Berufswelt kämpfen, damit sie ihre Arbeit zugunsten des familiären Engagements reduzieren können. Frauen müssen bereit sein, dem Partner zu Hause Autonomie und Zuständigkeiten zu überlassen und zu lernen, die eigenen Einflusszonen herunterzufahren.

Dies ist gar nicht so einfach. Denn viele Frauen sind sich nicht bewusst, wie sehr sie sich an die eigenen Vorstellungen klammern und davon ausgehen, dass sie selbstverständlich vom Partner zu übernehmen sind. Dieses kulturelle Muster der Mutter als Besserwisserin ist heute nach wie vor wirkmächtig. Auch in Zeiten der weiblichen Gleichstellung und der beruflichen Emanzipation sind viele Frauen in ihrer Mutterrolle recht konservativ geblieben und verstehen sich immer noch als fürsorglichste Betreuerin, als beste Erzieherin und als Hauptverantwortliche für das Aufwachsen der Kinder und ihren Schulerfolg. Solche Überzeugungen sind Ausdruck des neuen Mutterideals, das unsere Gesellschaft zunehmend beherrscht. Mutter zu werden ist fast wichtiger geworden, als einen Partner zu finden oder zu heiraten. Viele Frauen sind überzeugt, ein Kind zu haben, beantworte grundlegende existenzielle Fragen und garantiere eine Art bedingungslose Liebe, was Männer nicht tun. Sie überidealisieren Mutterschaft und glauben an die Norm der perfekten und intensiven Mutter und daran, dass sie ihr Kind in jeder Sekunde lieben, es umsorgen und ihre eigenen Bedüfnisse hintenanstellen müssen.

Dieses neue Ideal ist schädlich, für die Frauen selbst, für ihre Kinder und für den Partner. Kinder, die zu viel Aufmerksamkeit bekommen und überbehütet werden, werden nicht selbstständig und durchsetzungsfähig; Männer können sich nicht entwickeln und weder Autonomie erlangen noch zum Kind eine gesunde und förderliche Beziehung aufbauen. Frauen sollten sich darum bemühen, das dominante Mütterideal zu relativieren. Damit machen sie ihrem Nachwuchs das größte Geschenk auf dem Weg zu einem mündigen jungen Menschen und ermöglichen auch dem Partner, dass er zu Hause seine Männlichkeit neu konstruieren kann.

Neue Väter brauchen
neue Mütter!

Wir brauchen eine neue Vision, wie Paare ihre Vorstellungen über die Vereinbarkeit von Beruf und Familie auf kürzere und längere Sicht leben können. Genauso wie es nicht die alleinige Aufgabe der Frauen ist, diese Vereinbarkeit hinzubekommen, kann es auch nicht nur an den Männern liegen, indem sie aufholen und sich nicht nur in den Beruf, sondern auch in die Familie reinhängen. Gefragt ist ein grundsätzliches Umdenken, von der Gesellschaft, den Unternehmen, dem Staat – und auch von den Paaren selbst.

Dieses Umdenken muss auf empirischen Fakten, tatsächlichen Schwierigkeiten und konkreten Wünschen basieren und nicht auf ideologisch besetzten Vorstellungen und Halbwahrheiten. Dazu gehört auch der Selbstbetrug von Männern und Frauen, die sich vormachen, Gleichberechtigung bedeute für beide Partner, gleichzeitig beruflich durchzustarten und für die Familie da zu sein. Natürlich wäre es möglich, diese beiden Ziele zu vereinbaren, wenn die Finanzen stimmen und sich Paare ihre Zeit flexibel einteilen könnten – nicht lediglich in der Familienphase mit kleinen Kindern, sondern während der ganzen Lebensspanne.

Dieser Gedanke – dass nicht lediglich die Männer aufholen müssen, damit die Frauen die Vereinbarkeit hinbekommen –

ist kein Rückschritt, sondern ein Fortschritt, nämlich zu erkennen, dass das traditionelle Konzept für viele Paare mit jungen Kindern nicht mehr funktioniert und auch nicht für solche mit älteren Kindern. Ebenso hilft es nicht, wenn man die vorhandenen Hindernisse einfach ignoriert und weiterhin behauptet, dass Frauen alles haben könnten, wenn nur die Männer endlich mitmachen.

Auch sollten wir die Situation von Vätern und Müttern differenzierter betrachten und deshalb aufhören, alles und jedes grundlegend zu dramatisieren. Dass sich Männer und Frauen oft überfordert fühlen und fast jeder fünfte Vater findet, weder der Familie noch dem Beruf gerecht zu werden – das ist eigentlich nichts Neues! Es gehört zur Gratwanderung eines jeden Menschen, der sich entwickelt und der zwischen Beruf und Familie balancieren muss. Man darf dies deshalb nicht als ursächliches Problem heutiger Paare erachten, sondern als Dilemmasituation, die zu unserer Gesellschaft gehört und sowohl junge als auch ältere Menschen betrifft. Denn die Rushhour137 – also die Lebensphase vom Abschluss der Berufsausbildung bis zur Lebensmitte, einschließlich der Phase der Familiengründung – kennzeichnet eine Überforderung der Generation der zwischen 25- bis 45-Jährigen und hat auch Auswirkungen für die Menschen im Ruhestand, die oft unterfordert sind.

Die Entzerrung der Rushhour ist deshalb das wichtigste Gebot für eine neue Zeitpolitik und auch eine Antwort auf Maßnahmen, welche lediglich die Familien mit jungen Kindern in den Blick nehmen. Wir brauchen nicht nur eine Neuorganisation der Herausforderungen für junge Familien, sondern eine Neuorganisation für alle Generationen – auch derjenigen Menschen, welche keine Familie haben!

Den Blick auf Väter und Mütter verändern

Was lässt sich aus den bisherigen Ausführungen für die Zukunft der Väter schließen? Erstens ist davon auszugehen, dass sie ihre Rolle als Haupternährer noch lange behalten werden, wenn auch in modernisierter Form. Es ist keinesfalls nur die Macht der Tradition, der Überzeugung oder der Natur, welche den Wandel bremst. Dies gilt auch dann, wenn man ihn wirklich will. Wie die Erfahrungen, aber ebenso die empirischen Daten zeigen, stellen sich Veränderungen nicht lediglich aufgrund von gesetzlichen Regelungen, Impulsprogrammen, genügend Kita-Plätzen oder Elternzeitregelungen ein. Denn für jede Familie gibt es auch – und das ist der zweite Punkt – eine Macht der Finanzen. Männer verdienen in der Regel mehr als ihre Partnerinnen, weshalb sie Haupternährer bleiben, und Teilzeitarbeit für beide Partner können sich bei Weitem nicht alle Familien leisten. Entweder müssen die Frauen in der Lage sein, die finanziellen Engpässe auszugleichen, der Staat mehr familienentlastende Angebote bereitstellen oder Paare sich zu einem einfacheren Leben durchringen: weniger Ferien, keine Zweitautos, geringere Ausgaben für die Förderung der Kinder etc.

Somit braucht es einen veränderten Blick auf Männer und ihre Partnerinnen, auf ihre Leistungen für und in der

Familie. Mütter müssen ihre Weichen ebenso neu stellen wie die Familienpolitik auch mehr Männerpolitik werden muss. Väter müssen sich von dem Etikett als schweigendes Geschlecht in der Diskussion um die Vereinbarkeitsfrage distanzieren und proaktiver in der Familienentwicklung mitarbeiten. Grundsätzlich jedoch sollten wir uns viel mehr Gedanken darüber machen, wie die Rushhour entzerrt und die ganze Lebensspanne neu organisiert werden könnte. Dies sind die Schwerpunkte dieses abschließenden Kapitels. Sie erfordern ein Umdenken von uns allen.

Vereinbarkeit vom Geschlecht entkoppeln

Unhinterfragt gilt als gut, wer Teilzeit arbeitet oder sich zu einer egalitären Rollenaufteilung bekennt, in Elternzeit geht oder zumindest einen langen Vaterschaftsurlaub nimmt. Trotzdem wird das männliche Haupternährer-Modell von einem Großteil der Paare in gegenseitigem Einvernehmen praktiziert, und die Mehrheit erklärt sich damit zufrieden. Trotzdem gelten Haupternährer-Väter als traditionell, auch wenn der Vatertyp des bildungsambitionierten Klassikers unserer Tarzan-Studie zeigt, dass Vollzeit arbeitende Männer sich vielleicht zwar eher dem traditionellen Rollenmodell verpflichtet fühlen, gleichwohl engagierte und den Kindern zugewandte Väter sein können. Teilzeit-Männer grundsätzlich als wertvoller zu bezeichnen ist deshalb nichts anderes als politische Rhetorik. Ob sie sich tatsächlich auch mehr und vor allem egalitärer an der Fürsorge und Hausarbeit beteiligen und sich für ihre Partnerinnen und Kinder auch längerfristig engagieren, bleibt offen.

Allein schon aus solchen Gründen sollten wir viel vorsichtiger mit dem Begriff der neuen Väter umgehen. Dies auch deshalb, weil sich in unserer Studie vier von fünf Männern selbst zu diesen neuen Vätern zählen. Dies ist ein weiterer Hinweis, dass zwischen dem Rollenbild im Kopf und der tatsächlich gelebten Vaterschaft differenziert werden muss. Schließlich greift der Begriff auch deshalb zu kurz, weil es nie nur um Veränderungen von Männern geht, sondern immer auch um Veränderungen von Frauen. Herauszufinden, wie die Bedürfnisse der Familie mit denjenigen der Karriere kombiniert werden können, ist weder ein männliches noch ein weibliches Problem. Es ist ein Partnerschaftsproblem. Vereinbarkeit von Beruf und Familie muss von Geschlecht und Familienstand entkoppelt werden. Wenn der Feminismus dafür plädiert, dass es nicht unweiblich sei, Beruf und Familie zu vereinbaren, dann erfordert dies von beiden Geschlechtern auch eine neue Sicht auf Männlichkeit und Väterlichkeit. Wollen wir in Gesellschaft und Familienpolitik etwas ändern, dann müssten sich zuerst beide Elternteile ändern – und nicht per se nur die Männer.

Ein Perspektivenwechsel auf das Väterengagement

Wir brauchen einen Perspektivenwechsel. Nur so lässt sich das Verständnis für das reale Väterengagement für und in der Familie schärfen. Dieser Perspektivenwechsel erfordert neue Einstellungen und eine Berücksichtigung aller Leistungen von Vätern – die sichtbaren und unsichtbaren, die direkten und indirekten. Ebenso dürfen sie nicht nur an ihren Leistungen während der ersten beiden Lebensjahre oder gar am Ausmaß, in dem sie Elternzeit beziehen, gemessen werden. Ihre mittel- und längerfristigen Wirkungen auf Familie und Nachwuchs sind nicht weniger bedeutsam.

Und schließlich muss der neue Blick auf das Väterengagement immer auch die Rahmenbedingungen berücksichtigen. Dazu gehören die Struktur des Arbeitsmarktes, die berufliche Einspannung, Paarbeziehung und Rollenverteilung sowie die Renaissance des Biologismus und seiner Annahme, die klassische Arbeitsteilung zwischen Müttern und Vätern sei naturgegeben.

Wird das Engagement von Vätern aus einer umfassenderen Perspektive beleuchtet, dann erfahren Vollzeit erwerbstätige Väter ebenso eine Aufwertung wie solche, die nicht direkt mit der Familie zusammenleben. Sie werden von möglichen Schuldgefühlen entlastet, wenn sie beispielsweise in bestimmten Lebensphasen zeitlich nicht so verfügbar sind, wie sie eigentlich möchten.

Intensive Mütter und intensive Väter: Eine falsche Kehrtwende

Männer haben den Anteil an der Kinderbetreuung in den letzten zwanzig Jahren stark erhöht, doch diejenigen, welche Vollzeit arbeiten, sehen ihre Kinder wegen der hohen Arbeitsbelastung deutlich seltener als Mütter, die Teilzeit arbeiten oder nicht berufstätig sind. Dabei wird vielfach kritisiert, Väter würden in der zweiten Schicht am Abend und am Wochenende die Zeit mit den Kindern priorisieren und damit vor allem die angenehmeren Betreuungsarbeiten übernehmen, den Partnerinnen aber den hohen Anteil der unangenehmeren, weniger genussvollen und herausfordernden Haushaltsarbeit überlassen. Unsere Zeitbudgetuntersuchung in Kapitel 7 hat jedoch nachgewiesen, dass eine derart verallgemeinernde Kritik falsch und vorurteilsbehaftet ist, weil die innerfamiliäre Arbeitsteilung von Paaren nur unter Berücksichtigung des gewählten Erwerbsmodells beurteilt werden kann. Dass Frauen mehr Familien- und Haushaltsarbeiten leisten, wenn der Mann Vollzeit berufstätig ist und die Partnerin nicht oder nur mit einem kleinen Teilzeitpensum, ist logisch. Doch bei Paaren mit gleichen oder ähnlichen beruflichen Verpflichtungen sollte sich dies in einer egalitäreren Fürsorge- und Haushaltsarbeit abbilden. Das ist aber erstaunlich oft nicht der Fall – auch nicht in unserer Tarzan-Untersuchung –, und dies gilt es sehr wohl zu kritisieren! Manchmal sind die Frauen jedoch selbst ein Teil der Ursache dieser Situation. Mütter, die sich für Kind und Familie allein verantwortlich fühlen, delegieren wenig an den Partner und trauen ihm oft auch wenig zu, sodass er seinen Anteil an der Gesamtverantwortung nicht erhöht.

Deshalb bringt uns mehr öffentliche Unterstützung für Kinderbetreuung, für Tagesschulen, für Vaterschaftsurlaub oder für Teilzeit- und Homeoffice-Arbeit zwar weiter, aber ohne im Kern etwas zu verändern. Was wir ebenso brauchen, sind neue Denkmuster und -strukturen. Obwohl eine egalitärere Verteilung von Familien- und Haushaltsarbeit eine bemerkenswerte Veränderung im Zeitmanagement und den Ressourcen der Paare bringen kann, muss unsere Gesellschaft vor allem den Mythos überwinden, dass Frauen aufgrund ihrer Natur für Familie und Haushalt prädestiniert sind. Wenn wir lediglich beim Gedanken der Entlastung von Frauen durch staatliche und betriebliche Unterstützung und dem höheren Engagement der Männer dank betrieblichem Entgegenkommen stehen bleiben, werden die Belastungsszenarien im Wesentlichen die gleichen bleiben. Eine wirkliche Veränderung des Problems der Doppelbelastung erfordert neue Haltungen.

Neue Haltungen bestehen gerade nicht darin, den Fokus

auf die gute Mutter als intensive Mutter nun einfach auf den guten Vater als intensiven Vater zu übertragen. Intensive Vaterschaft ist keine zukunftsfähige Lösung, weder für das Problem der Geschlechtergleichheit noch für die Vereinbarkeitsfrage. Intensive Vaterschaft führt vielmehr zu elterlichen Überinvestitionen in die Kinder und zur Paradoxie, dass diese abhängig werden und zu kurz kommen, d. h. sie in ihrer Entwicklung gebremst werden. Kinder, die nicht nur von den Müttern, sondern nun auch von den Vätern intensiv betreut, überwacht und gefördert werden, haben ungünstige Entwicklungsbedingungen. Selbstverständlich ist es keine Frage, dass die Beziehung zwischen Vater und Kind genauso wichtig ist wie diejenige der Mutter zum Kind und auch entscheidend für ein gesundes Aufwachsen. Doch eine intensive Vaterschaft überfordert die Männer genauso wie eine intensive Mutterschaft die Frauen. Eine solche Erziehungsstrategie, die als Norm dargestellt wird, lässt beide Elternteile fühlen, dass sie diese Norm nie erreichen werden, auch wenn sie noch mehr Stunden einsetzen und sich noch schneller im Hamsterrad drehen als ohnehin.

Bitte keine Mütterimitationen!

Die Ideologie der intensiven Vater- und Mutterschaft ist für alle überfordernd und einem gesunden kindlichen Aufwachsen abträglich. Väter sollten sich nicht zu Mütterimitationen entwickeln, die sich darin erschöpfen, dass sie genau dasselbe tun und so werden wie die Mütter. Kinder brauchen Väter, die ihre Männlichkeit leben und dadurch die Differenzen zur Mutter für das Kind deutlich werden lassen: durch die männliche Stimme, die Muskelkraft, die andere Haut, die andere Art, berührt, getragen, getröstet, herausgefordert und angeregt zu werden. Diese Differenz ist allerdings nicht lediglich als Ausdruck biologischer Unterschiede zu verstehen. Für das Kind geht es vor allem um die Erfahrung von Differenz zwischen dem Männlichen und dem Weiblichen. Eltern können dabei unterschiedliche Geschlechterarrangements treffen und das Frau- respektive Mannsein auch unterschiedlich interpretieren.

Dies sind auch Gründe, weshalb unsere Gesellschaft von der Glorifizierung der Mutter-Kind-Beziehung Abstand nehmen und sie nicht als Ausgangslage für die Bewertung und Weiterentwicklung von Vaterschaft nehmen sollte. Nur wenn wir uns von diesem überkommenen Bild der hingebungsvollen Mutter distanzieren, die alles im Griff hat und dem Vater zeigt, wie es geht, können Männer ihre Vorstellungen von Vaterschaft autonom und nach eigenen Maßstäben entwickeln. Gelingt dies, dann werden Männer ihren Kindern und der nächsten Generation enorme Veränderungen vorleben, vor allem auch eine differenzierte und vielseitige Männlichkeit. Dies ist aber nur in Beziehungen möglich, in denen auch die Partnerinnen ihre Weichen neu stellen.

Neue Weichenstellungen auch für Mütter

Zeit zu haben für die Kinder ist zwar ein wichtiger Faktor, für sich allein genommen, aber noch lange kein Qualitätskriterium. Väter können auch trotz begrenztem zeitlichen Umfang eine wichtige Rolle im Leben ihres Nachwuchses spielen, auch zu Hause den Möglichkeiten entsprechend anpacken und zufriedene Partnerinnen haben. Solche Forschungserkenntnisse müssten viel stärker zur Kenntnis genommen und den emotional aufgeladenen Forderungen gegenübergestellt werden, Männer sollten nun endlich die Verantwortung für ihre Abwesenheit in der Familie übernehmen und die eigene Situation verändern. Jenseits dessen, dass solche Forderungen zu plakativ und verallgemeinernd sind, knüpfen sie auffallend deutlich an die Diskussion der 1970er- und 1980er-Jahre an, als es um die Kritik an der berufsbedingten Abwesenheit der Mütter ging und behauptet wurde, diese habe schädliche Auswirkungen auf die Kinder. Beide Diskurse, der alte und der neue, sind geprägt von der Schuldigsprechung eines Elternteils – damals der Mütter, heute der Väter.

Schuldzuweisungen bringen uns nie weiter, weder in der Liebe noch in der Partnerschaft oder in der Erziehung. Der beste Weg beginnt immer beim kritischen Blick in den Spiegel und der Frage, was man selbst zur Veränderung der

Situation beitragen kann. Sollen sich Männer verändern und für die Familie entwickeln können, dann sind die Partnerinnen hierfür eine wichtige Stütze. Auch sie müssen sich neu orientieren. Die Hintergründe hierfür werden in diesem Kapitel erläutert.

Andere Weiblichkeit ermöglicht andere Männlichkeit

Männer stehen heute vor schwierigen Herausforderungen. Nicht wenige haben den eigenen Vater als abwesenden Brotverdiener erlebt. Solche Erfahrungen mögen für viele ein Anreiz sein, eine solche überkommene Männlichkeit infrage zu stellen und eine neue Art von Väterlichkeit zu entwickeln, die sich in Einklang mit ihren Vorstellungen und Bedürfnissen bringen lässt. Doch nur dadurch, dass man die Identität oder das Gehabe des eigenen Vaters ablehnt, wird man nicht automatisch zu einem Vater mit einer Männlichkeit, die einem behagt. Es braucht auch anderes, beispielsweise den Willen, sich Herausforderungen zu stellen, über sich selbst hinauszuwachsen, oder die Bereitschaft, Risiken einzugehen.

Damit sich Männer in der Familie entwickeln können, sind sie auf eine Paarbeziehung angewiesen, in der die familiären Aufgaben gemeinsam aufgeteilt werden. Das braucht Zeit und Energie, aber auch viele Absprachen zwischen den Partnern. Egalitärere Partnerschaften müssen ausgehandelt werden und bringen deshalb neue Konflikte mit sich. Zudem ist es ein Irrglaube, dass eine reduzierte Berufstätigkeit von Männern zugunsten des familiären Engagements ihre häusliche Verantwortung automatisch steigere. Weil Frauen unbesehen vom Ausmaß ihrer Berufstätigkeit in innerfamiliären Angelegenheiten als besonders kompetent gelten, bestimmen sie, wo und wie sich Väter einbringen können und wann sie seine Hilfe wollen. So können Väter ihren autonomen Platz in der Familie jedoch kaum finden und geraten deshalb in eine ambivalente Situation. Obwohl sie sich eigentlich in der Familienarbeit engagieren möchten, werden sie in die Position eines Befehlsempfängers gedrängt, der in seiner Rolle dilettiert.

Dass Frauen innerfamiliär Macht abgeben sollen, klingt zwar nachvollziehbar und logisch. Dies in der Praxis umzusetzen, ist für manche Mütter aber nicht einfach, weil sie oft gar keinen Fehler in ihrem Verhalten erkennen. Die Vorschriften, Anleitungen und Korrekturen, die Kritik gegenüber den Bemühungen des Partners sind für sie meist unbewusst formulierte Selbstverständlichkeiten und nicht böse gemeint. Umgekehrt fällt es vielen Männern nicht leicht, das vereinnahmende Verhalten ihrer Partnerinnen anzutasten und von sich aus zu versuchen, aus der Befehlsempfänger-Rolle herauszukommen.

Es liegt also auch an den Frauen, ihr Verhalten zu hinterfragen, etwas daran zu ändern und von der besserwissenden und alles verantwortenden Türsteherin zur Türöffnerin zu werden, dem Partner Stück für Stück mehr zu vertrauen und zuzutrauen. Ihn hin und wieder autonom schalten und walten zu lassen, ist schon ein erster Schritt in die richtige Richtung. Der zweite Schritt ist, die eigenen Normen zu hinterfragen und das väterliche Verhalten nicht schon im Voraus als hilflos oder unkorrekt abzutun oder zu belächeln. Für Männer wiederum gilt, dass sie die Leistung der Partnerin anerkennen und das möglicherweise vereinnahmende mütterliche Verhalten in einem guten Moment ansprechen, aber so, dass die Partnerin nicht in Verteidigungshaltung geht.

Der selbstkritische Blick in den Spiegel sollte Paare davor bewahren, Gedanken nicht als Vorwurf, sondern als Wunsch oder Bitte zu formulieren. Angegriffene Männer und angegriffene Frauen gehen schnell in eine verhärtete Gegenposition. Und dies ist keine gute Grundlage für einen Perspektivenwechsel.

Frauen als selbstständige Versorgerinnen

Viele Paare sind noch im Gedanken erzogen worden, die Erwerbstätigkeit der Männer sei ungleich wichtiger als die Familienarbeit der Frauen. Andererseits sind seit den 1970er-Jahren erfolgreiche Anstrengungen im Gange, damit Mädchen die gleiche Erziehung und Ausbildung bekommen wie Jungen und mit denselben Ambitionen ausgerüstet werden. Heute wählen viele Mädchen sogar anspruchsvollere Ausbildungswege und sind erfolgreicher in der Schule. Trotzdem gibt es einen Trend, der zu denken gibt: Obwohl die jungen Frauen die jungen Männer im Schnitt in den Bildungsabschlüssen überholt haben, steigen sie nach dem Studium oder der Berufsausbildung oft nicht oder nur mit halber Kraft in den Beruf ein, was ihre beruflichen Aussichten massiv beeinträchtigt. Und dies sogar dann, wenn sie ein Studium mit guten Erwerbsaussichten abgeschlossen haben, beispielsweise Medizin. Zwar mögen es hehre Gründe sein, weshalb Frauen kürzertreten wollen – beispielsweise, sich für eine bestimmte Zeit ganz der Familie widmen oder sich in anderen als nur dem beruflichen Bereich entwickeln zu wollen –, doch verdeutlicht dieser Trend die damit verbundenen Probleme, dass junge Frauen zu wenig nach finanzieller Unabhängigkeit streben und wahrscheinlich auch nicht entsprechend sozialisiert worden sind. Mädchen werden heute zwar so erzogen, dass sie ihre persönlichen Ambitionen verwirklichen dürfen. Und auch wenn sie Kinder bekommen, können sie diese mit oder ohne Partner aufziehen oder sich ohne sichtbaren Zwang für Vollzeitmutterschaft oder Berufstätigkeit entscheiden. Doch die finanzielle Unabhängigkeit war nur für den kleineren Teil der Frauen ein Element ihrer Sozialisation und Erziehung.

Hierzu passt ein wirkmächtiges weibliches Muster, das wir auch in unserer Tarzan-Studie gefunden haben. Für Frauen ist es wichtiger als für Männer, dass der Partner viel verdient, während dies für Männer nur so weit bedeutsam ist, als sie die Familie gut durchbringen können. Dass viele Frauen so denken, ist wenig erstaunlich, denn im Durchschnitt verdienen sie nach wie vor weniger als Männer. In Deutschland sind es 20 Prozent, in Österreich 23 Prozent und in der Schweiz 21 Prozent.[138] Weshalb eigentlich? Erstens gilt: Wo viele Frauen arbeiten, wird weniger verdient. Oft sind sie in zuarbeitenden Berufen im Niedriglohnsektor tätig, als Friseurinnen, Verkäuferinnen oder Arzthelferinnen. Zweitens werden typisch weibliche Berufe wie Krankenschwester oder Kindergärtnerin von der Gesellschaft weniger gewürdigt als Investmentbanker oder Unternehmensberater und deshalb geringer entlohnt. Allerdings liegen auch die Verdienste weiblicher Führungskräfte bis zu einem Drittel unter dem Männerwert. Ähnlich groß sind die Unterschiede in akademischen Berufen, etwa bei Zahnärzten und Technikern (je 30 Prozent) und allgemein bei Akademikern (28 Prozent). Warum dem so ist, hat nachvollziehbare Gründe. Frauen verpassen wegen Kindererziehung und Teilzeitarbeit wichtige Gehaltssprünge, und die Erziehungsarbeit wird auch selten für die Rente angerechnet. Zudem erfährt die weibliche Arbeit generell eine größere Geringschätzung.

Der Hauptgrund des fehlenden finanziellen Unabhän-
gigkeitsdenkens liegt aber in der frühen männlichen und
weiblichen Sozialisation. Jungen werden nach wie vor auf
ein Leben als Haupternährer vorbereitet, während Mädchen zwar im Hinblick auf eine gute Ausbildung unterstützt werden, ohne jedoch bei der für alles verantwort-
lichen Mutterrolle Abstriche zu machen. Wichtiger als das
gängige Klischee – dass der Mann für Frauen immer noch
der Ernährer ist, der mehr verdienen und sie versorgen
soll – sind die langen und nachhaltig wirkenden Mechanismen der Erziehung. Wenn eine Mutter das schlechte Be-
nehmen ihres Sohnes mit »Er ist halt nun mal so« interpre-
tiert und vor dem Lehrer verteidigt oder der Vater seine
Tochter als Papas Darling auf Händen trägt und sie andauernd für ihre sozialen und emotionalen Kompetenzen lobt,
aber nicht für ihren klugen Kopf oder ihren Ehrgeiz – wie
sollen wir denn überhaupt von solchen frühen Prägungen
wegkommen können? Verstärkt werden solche familiären
Sozialisationsgewohnheiten durch die Medien und ihre
endlosen Paraden der perfekten und sexy aussehenden
Models oder Schauspielerinnen (Kim Kardashian, Angelina
Jolie, Heidi Klum und wie sie alle heißen) als Supermütter,
welche uns glauben machen, dass sie ihre Kinder viel mehr
lieben als die Arbeit und dass das Geld dabei keine Rolle
spiele, weil man es einfach hat.

Deshalb sollten die Erziehung und Sozialisation von
Mädchen und auch die vielen für sie bestimmten Projekte
nicht lediglich auf eine anspruchsvolle und geschlechtsneu-
trale Berufswahl mit entsprechendem Abschluss ausgerichtet werden, sondern ebenso auf das Ziel der eigenen wirtschaftlichen Unabhängigkeit und Existenz.[139] Angesichts
der aktuellen Scheidungsraten von gut 50 Prozent wird es
für Frauen finanziell und existenziell immer notwendiger,

sich schon vor und während der Phase der Familiengründung Gedanken zu machen und sich abzusichern. Das neue deutsche Scheidungsrecht sieht bekanntlich vor, dass nur noch die Kinder, kaum aber die Frauen, ein Recht auf Unterhalt haben. In der Schweiz ist es aktuell noch anders, weil das neue Unterhaltsrecht auch getrennt lebende Väter verpflichtet, Unterhalt für ihre Ex-Partnerin zu zahlen. In Österreich gilt Ähnliches, indem der eine Ehegatte dem anderen nach Vermögens- und Erwerbsverhältnis Unterhalt gewähren muss.

Wenn somit Mädchen und junge Frauen eine Sozialisation hin zur selbstständigen Versorgerin brauchen und nicht eine vom Partner abhängige Teilzeitlerin oder nicht berufstätige Ehefrau bleiben sollen, dann erfordert dies auch eine Gesellschaft, die Fürsorge nicht mehr als primär weibliche Aufgabe definiert.

Mütter und Väter, lehrt auch eure Söhne Fürsorge!

Ein Großteil der Frauen und Männer hat das Bedürfnis, ihren Kindern nah zu sein, sie zu betreuen und gleichwohl im Beruf erfolgreich zu sein. Diese beiden Aktivitäten des jeweiligen Gebens *und* Nehmens bilden für sie die beiden Seiten einer Medaille. Doch unsere Gesellschaft belächelt Betreuung und Fürsorge, wenn oft auch nur hinter vorgehaltener Hand. Auch die politischen Rahmenbedingungen belohnen noch – von Ausnahmen wie dem Elterngeld abgesehen – die alten Rollenzuschreibungen. Dies gilt nicht nur für die Familien-, sondern auch für die Steuerpolitik.

Eine Folge solcher Rollenzuschreibungen ist das viel zu enge Verständnis von Fürsorge als weibliche Aufgabe. Fürsorge ist für Männer wenig attraktiv, weil sie mit keinen Karriere- oder Aufstiegsmöglichkeiten verbunden ist und Kinder zu haben noch lange nicht so anerkannt ist wie beruflich erfolgreich zu sein. Wollen sich Väter trotzdem der Fürsorgearbeit widmen, werden sie immer an den Fähigkeiten der Frauen gemessen und können deshalb nie genügen. Doch zeigt uns die Forschung mehr als deutlich, dass nicht das Geschlecht, sondern die Rolle und die eigene Betroffenheit die fürsorgerischen Fähigkeiten prägen.

Unsere traditionellen Vorstellungen von Männlichkeit und Weiblichkeit machen es nicht nur schwer, Betreuung und Fürsorge als professionelle Aufgabe zu verstehen, sondern schließen auch Männer aus dem Prozess aus. Ändern kann dies nur ein Bewusstseinswandel, der Kindererziehung als ebenso bedeutsame Aufgabe wie Berufsarbeit versteht und deshalb beiden Bereichen, dem beruflichen und dem fürsorgerischen Bereich, die gleiche Bedeutung zuspricht. Dies zu fördern, beginnt in der Erziehung. Jungen sollten früh schon die Gelegenheit bekommen, ihre männliche Rolle auch im Hinblick auf Fürsorge zu erlernen, genauso wie dies für Mädchen und ihre weibliche Rolle im Hinblick auf die Vereinbarkeit von Beruf und Familie gelten sollte. Eigentlich müsste der Erwerb solcher »Balancekompetenzen« genauso eine Bildungsaufgabe sein wie die Vermittlung von Fach-, Sozial- oder Methodenkompetenz. Wenn ein Kind in den Kindergarten geht oder in die Schule kommt, bewältigt es die Balance zwischen Familie, familienergänzender Betreuung und Bildungsinstitution in der Regel ohne große Probleme. Auch im weiteren Leben bieten sich unzählige Gelegenheiten hierzu.

Die beste Familienpolitik und die ausgeklügeltsten Gesetze bewirken noch keine Veränderungen, wenn dahinter nicht eine Neubewertung von Familien- und Berufsarbeit

steht, die auch die Erziehung erfasst. Eine solche Neubewertung muss sich deshalb von den traditionellen normativen Mustern entfernen, damit das männliche Geschlecht
eine ihm angemessene Form von Fürsorge entwickeln kann.
Nur so lässt sich die Fürsorgearbeit der Zukunft von ihrem
starken Fokus auf das weibliche Geschlecht befreien.

Familienpolitik muss auch
Männerpolitik werden

Heute arbeitet fast kaum jemand so viel, wie er oder sie eigentlich möchte. Viele Väter möchten weniger, Mütter mehr – manchmal auch weniger arbeiten, vor allem dann, wenn die Kinder sehr klein sind oder in die Schule kommen. Beide Geschlechter stehen vor dem Dilemma, den hohen Anforderungen des Arbeitsmarktes zu genügen und gleichzeitig aktive und familienzugewandte Eltern sein zu wollen. Wie auch immer sie sich in der Praxis verhalten, sie sehen sich sowohl mit neuen Rollenerwartungen als auch mit bestehenden traditionellen Überzeugungen konfrontiert und erleben hautnah, wie konträr die wirkmächtigen gesellschaftlichen Normen des intensiven Elternseins den Arbeitsmarktprinzipien entgegenstehen und viele Widersprüche generieren. Für Väter bedeutet dies, dass sie am Arbeitsmarkt nach wie vor als Familienernährer gelten, sich selbst oft auch so sehen und Erwerbszentrierung als etwas Natürliches verstehen. Wollen sie die Karriereleiter hochklettern, müssen sie voll identifizierte Berufsmenschen sein. Im häuslichen Binnenraum ist dies hingegen wenig akzeptiert. Hier haben Männer die Familie gegenüber dem Beruf zu priorisieren, unbesehen ihrer Berufspläne und beruflichen Verpflichtungen, und zwar auch dann, wenn ihre Partnerinnen hinter ihrer beruflichen Karriere stehen. In der Familie können Väter zeigen, wie sehr sie ihre Kinder lieben und Freude an der Familie haben!

Es gibt keine einfache Formel, um solche kulturellen Widersprüche zu beseitigen. Zwar sind Paare, denen der Vereinbarkeitsspagat unter den gegenwärtigen Bedingungen gelingt, zu bewundern. Doch läuft der Trend eher in die Richtung »Geht alles gar nicht«, wie dies die beiden Journalisten Marc Brost und Heinrich Wefing konstatieren oder der »Alles-ist-möglich-Lüge« von Susanne Garsoffky und Britta Sembach. Aus unterschiedlichen Perspektiven vertreten die Autoren und Autorinnen eine fast identische These, dass sich nämlich unter den gegenwärtigen Bedingungen die Familie mit Beruf und Karriere nicht vereinbaren lassen und es andere Rahmenbedingungen und Strukturen braucht. Es gibt somit noch viel zu tun. Welche Wege eingeschlagen werden könnten, sind Gegenstand dieses Kapitels.

Auf die Führungskräfte kommt es an

Nach wie vor gibt es wenig Betriebe, welche Familienengagement und Karriere gleichzeitig ermöglichen und von Chefs geleitet werden, die selbst davon betroffen sind. In vielen Betrieben überwiegt die Vollzeit- und Präsenzkultur. Nur wer Vollzeit arbeitet, gilt als karrierebegabter *High Potential* und als verlässlicher Leistungsträger. Zwar wird Männern durchaus zugestanden, die Arbeitszeit zu verringern, kaum jedoch in Führungspositionen.

Im Durchschnitt sind Männer emanzipierter als ihre Arbeitgeber, aber sie werden nicht dort abgeholt, wo sie stehen. Zwar sehen viele Unternehmen diese Notwendigkeit. Und auch der Wille zur Entwicklung familienfreundlicher

Maßnahmen ist oft vorhanden, insbesondere vor dem Hintergrund des Fachkräftemangels. Trotzdem gibt es noch viel zu wenig Arbeitgeber, die Männern ein familiäres Engagement auch wirklich ermöglichen. Oft könnte schon eine flexiblere Betriebskultur mit individuell wählbaren und verlässlichen Arbeitszeitmodellen eine große Wirksamkeit entfalten. Das Herzstück für Veränderungen sind aber fortschrittlich denkende Vorgesetzte sowie Vorbilder auf Führungsebene – sie sind viel wichtiger als lediglich das Angebot von Teilzeitstellen.

Eine mitarbeiterorientierte Betriebskultur, die sich der Vereinbarkeit von Beruf und Privatleben verschreibt, gewinnt immer mehr an Bedeutung. Unternehmen müssen proaktiv auf die Väter zugehen. Das Betriebsmanagement tut gut daran, die Personalführung explizit auch auf Väter auszurichten und diese im Wunsch, eine aktivere Rolle in der Familie zu übernehmen, zu bestärken. Allerdings sollte diese Aufgabe nicht lediglich an einen Väterbeauftragten delegiert werden – wie dies ehemals für Frauen als Gleichstellungsbeauftragte galt –, vielmehr kommt es auf jede einzelne Führungskraft an. Pflegt sie eine proaktive Kommunikation und gestaltet sie solche Maßnahmen mit, kann sie die Unternehmenskultur entscheidend prägen. Sind Chef oder Chefin als Nutzende der Maßnahmen auch selbst betroffen und getrauen sie sich, aus alten Mustern auszubrechen, Risiken einzugehen und alternative Lebenspläne zu verfolgen, werden sie für Mitarbeiter und Mitarbeiterinnen zum betrieblichen Vorbild.

Bei der Arbeitgeberattraktivität spielt die Vereinbarkeitsfrage eine deutlich wichtigere Rolle als die Höhe des Gehalts.[140] Unternehmen mit familienbewusster Betriebspolitik können mit einer hohen Mitarbeiterzufriedenheit, geringen Absenzen und infolgedessen auch mit einer höheren Produktivität punkten. Je mehr ein Unternehmen auf die Bedeutung der Familie für Männer eingeht, desto loyaler sind diese Arbeitnehmer dem Betrieb gegenüber. Dies ist auch nachvollziehbar: Väter, die in Unternehmen beschäftigt sind, in denen sie ihre Vorstellungen einer aktiven Vaterschaft ohne große Risiken umsetzen können, engagieren sich mehr, sind zufriedener mit der Arbeit und bleiben dem Betrieb auch viel länger treu. Gerade in Zeiten des Fachkräftemangels und des Kampfes um die besten Köpfe sind die Unternehmen gut beraten, Väter an sich zu binden und eine langfristige und vertrauensvolle Beziehung zu ihnen aufzubauen.

Eine vätersensible Betriebskultur

Eine Vielzahl von Forschungsergebnissen zu Arbeitszeitwünschen von Beschäftigten konstatiert für Männer einen Wunsch nach zumindest leichter Verkürzung der Vollzeiterwerbstätigkeit. Obwohl das Interesse vielfach größer ist als die tatsächliche Nutzung, bieten gerade Elternzeit und Vaterschaftsurlaub die Möglichkeit, egalitärere Familienformen kennenzulernen und auszutesten. Mit Erfolg, wie die ersten Studien zeigen.

Doch allein sind diese Maßnahmen noch kein guter Indikator für eine aktive Vaterschaft. Vielmehr zeigt sich erst längerfristig, ob sich Männer wirklich verändern und sich in der Familie stärker einbringen. Die verfügbaren Studienergebnisse lassen hoffen.[141] Sie zeigen, dass die kurze Zeit zu Hause nicht wenige Väter dazu bringt, sich auch langfristig stärker um Kinder und Haushalt kümmern zu wollen, weshalb sie sich nach flexibleren Jobs mit Gleitzeit, längerfristigen Teilzeitphasen mit festen Home-Office-Tagen umsehen oder auch lediglich Überstunden und Dienstreisen strikt vermeiden wollen. Dies hat Auswirkungen auf Betriebe. Sie können nicht mehr einfach so auf die volle Verfügbarkeit ihrer Mitarbeiter zählen, weil sie unberechenbarer werden, genauso wie die Frauen aufgrund möglicher Schwangerschaften. Diese Situation dürfte die Anstellungs- und Beförderungspolitik grundlegend verändern. Betriebe werden kaum mehr darum herumkommen, väterspezifische Maßnahmen so einzurichten, dass sie nicht nur auf dem Papier vorhanden sind, sondern auch ohne Barrieren genutzt werden können. Deshalb ist die Entwicklung von zielgruppengenauen Angeboten und Maßnahmen kein Selbstläufer. Wichtige Merkmale[142] einer vätersensiblen und gleichstellungsorientierten Betriebskultur sind, wenn

- die Vereinbarkeit von Familie und Beruf zur betrieblichen Selbstverständlichkeit gehört, unbesehen davon, ob es um Teilzeit- oder Vollzeitarbeit geht;
- gefahr- und kommentarlos Elternzeit bezogen werden kann und auch mehr als die zwei Partnermonate in Anspruch genommen werden können;
- familienbedingt immer wieder Teilzeitarbeit alternierend mit Vollzeitarbeit möglich ist;
- Führungsfunktionen auch für in Teilzeit arbeitende Männer möglich sind und gefördert werden;
- ein funktionierendes Vertretungsmanagement vorhanden ist, das familienbedingte Auszeiten – zu denen ebenso die private Pflegeverantwortung gehört – ohne Weiteres ermöglicht;
- bei einem betrieblichen Anliegen, das die Familie betrifft, nicht der Gang zur Frauenbeauftragten notwendig ist, sondern eine speziell hierfür verantwortliche Person zur Verfügung steht;

- Fürsorgearbeit nicht mehr als Karrierehindernis, sondern als Karrierebeschleuniger gewertet wird, weil sich die Beschäftigten in diesen Zeiten wertvolle soziale Kompetenzen aneignen.

Die Zeitfalle der Paare an der Wurzel packen

Jenseits von Elterngeldmaßnahmen, neuen Betriebskulturen, mehr Kita-Plätzen, Teilzeit-, Home- und Telearbeit, Mobile Working und Job- oder Topsharing kommt unsere Gesellschaft nicht darum herum, sich neu zu organisieren. Denn letztlich sind alle diese Maßnahmen lediglich Teilsegmente auf dem Weg zur besseren Vereinbarkeit von Beruf und Familie, ohne dass sie die Gepflogenheiten unserer Arbeitskultur infrage stellen würden. Diese Gepflogenheiten überfordern immer mehr Menschen, das zeigt sich allein schon bei jungen Paaren, die Eltern werden. Sie schuften und schuften, um vorwärtszukommen, und nicht selten ignorieren sie auch ihre eigenen Bedürfnisse. Viele Paare stehen unter Dauerstrom. Das Bedrückende an dieser Situation ist aber, dass fast 70 Prozent unserer Tarzan-Väter sagen, sie hätten zu wenig Zeit für die Zweisamkeit mit der Partnerin. Und ebenso viele Mütter sind der Meinung, ihren Partnern fehle oft die Gelassenheit, am Abend über anderes – wie beispielsweise über die Kinder – als den Beruf zu sprechen. Mit dem Vereinbarkeitsproblem ist offenbar auch die Gefahr verbunden, die Sprache zu verlieren und sich kaum mehr aufeinander einlassen zu können. Und zwar ohne, dass im Kopf ein Sturm von Gedanken tobt, über den Job, über das schlechte Gewissen und die Ausreden, weshalb man vieles wieder nicht geschafft hat.

Was nun? Das Rad kann nicht zurückgedreht werden.

Frauen und Männer können Beruf und Familie nur vereinbaren, wenn wir die Zeitfalle an der Wurzel packen und den
eigenartigen Produktivitätsbegriff verändern. Ich meine damit vor allem die zunehmende Verquickung von Familien-
und Wirtschaftspolitik und die Instrumentalisierung von
Vätern und Müttern als Arbeitskräfte. Es ist falsch, wenn
wir Vereinbarkeitsmaßnahmen in die Wege leiten, nur damit Männer weniger, aber noch effizienter arbeiten sollen,
um mehr zu Hause zur Verfügung zu stehen, und dass
Frauen Kinder bekommen sollen, um dem demografischen
Wandel entgegenzuwirken und möglichst schnell dem Arbeitsmarkt wieder zur Verfügung zu stehen. Es ist nicht alles
nur eine Frage von Geld, Organisation und gutem Willen
der Eltern.

Einfach noch mehr Entlastung der Familien durch betriebliche und staatliche Maßnahmen zu fordern, ist nur die
eine Seite der Medaille. Wir bräuchten vor allem eine
grundlegende Veränderung heutiger Denkmuster und eine
andere Anerkennungsordnung von Vätern und Müttern.
Deshalb muss die Arbeitswelt die Zeitfalle entschärfen und
sich mit der eigenen unternehmerischen Organisation auseinandersetzen. Das ist schwierig, aber auch vielversprechend. Betriebe, welche eine solche Zeitbewegung imple-
mentiert haben, erkennt man daran, dass sie Zeitzwänge
nicht als persönliches, sondern als unternehmerisches Problem behandeln, Frauen und Männern Selbstbestimmung
über ihr Familien- und Arbeitsleben sowie eine lebenspha-
senorientierte Arbeitszeit und -organisation ermöglichen.
Dazu gehören nachhaltige Angebote, aber ebenso Maßnahmen, die nicht nur das egalitäre Familienmodell forcieren,
sondern es den Paaren selbst überlassen, wie sie sich in Beruf und Familie organisieren wollen, sowie eine Familienpolitik, die sich explizit auch als Männerpolitik versteht.

Das egalitäre Modell als Variante verschiedener Möglichkeiten

Genauso wie es Väter nur im Plural gibt, sind auch Paare keine homogene Gruppe. Sie haben unterschiedliche Präferenzen, Lebensziele und infolgedessen auch unterschiedliche Bewältigungsstrategien. Dies klingt logisch, doch betrachtet man Appelle und Werbekampagnen, dann berücksichtigen sie diese Vielfalt keineswegs. Wo wird beispielsweise darauf Bezug genommen, dass Paare nicht nur Liebes-, sondern ebenso Wirtschaftsgemeinschaften sind und für ihre Existenz ein gutes Einkommen unabdingbar ist? Welche Kampagnen berücksichtigen, dass eine noch so positive Einstellung beider Partner oft nicht ausreicht, um eine gleichberechtigte Partnerschaft zu realisieren, weil es zu viele äußere Zwänge gibt? Wo sind die Programme, welche echte Wahlfreiheit zwischen den verschiedenen Erwerbsmodellen postulieren? Das Schweizer (Eidgenössische) Büro für Gleichstellung reflektiert solche Probleme und ist in dieser Hinsicht eine Ausnahme.[143]

Das gute oder das richtige Erwerbsmodell gibt es nicht. Infolgedessen braucht es auch eine differenziertere Familienpolitik, als dies aktuell der Fall ist. Setzt sie ausschließlich auf das egalitäre Erwerbsmodell als das einzig zukunftsgerichtete Modell und unterschlägt sie auch die Zeitfalle, dann sind solche Strategien zum Scheitern verurteilt. Vielmehr sollte man auf alternative Modelle setzen, welche unterschiedlichen Lebensentwürfen und wirtschaftlichen Bedingungen gleichermaßen Rechnung tragen. Paare müssen zwischen verschiedenen Optionen wählen können, ohne dass sie stigmatisiert werden.

Deshalb brauchen wir eine Familien-, Gesellschafts- und

Unternehmenspolitik, welche die gesamte Variabilität der heutigen Familienmodelle widerspiegelt und unterstützt. Es ist eine Aufgabe von höchster politischer Priorität, nach Wegen zu suchen, um Paare auf ihrem Entscheidungsweg zu unterstützen. Männer müssen die Möglichkeit haben, zusammen mit der Partnerin ihre Vorstellungen von Erwerbstätigkeit und Vaterschaft zu realisieren und ihre Identität sowohl vom Beruf her als auch von der Verantwortung in der Familie zu definieren. Männer, die beschließen, weniger zu arbeiten, oder Mütter, die für einen bestimmten Zeitraum die Berufsarbeit aufgeben, sind weder neue Helden noch Versager, weder Aussteiger noch biedere Hausfrauen, sondern Männer und Frauen, die alternative Entscheidungen über Arbeit und Familie treffen.

Es ist ziemlich ideologielastig, dem Ernährermodell grundsätzlich (er arbeitet Vollzeit, sie arbeitet Teilzeit – vielleicht auch nur für eine gewisse Zeitspanne) seine Legitimation abzusprechen, zumal es statistisch besehen das beliebteste Familienmodell in allen deutschsprachigen Staaten ist. Die Ergebnisse unserer Tarzan-Studie belegen zudem mit großer Eindeutigkeit, dass eine strikt egalitäre Rollenaufteilung nicht per se sinnvoller und für die kindliche Entwicklung optimaler ist als andere Familienmodelle. Väter können in traditionelleren Familienmodellen genauso positiv auf die Kinder einwirken und zu einer auch für ihre Partnerinnen befriedigenden Gemeinschaft beitragen. Sowohl die Rolle des Mannes als Haupternährer wie auch diejenige der Frau als Hausfrau sollte eine frei gewählte Lebensform unter vielen sein können und kein Anachronismus, der überwunden werden muss.

Natürlich ist es wünschbar, dass die Vereinbarkeit von Beruf und Familie eine Selbstverständlichkeit wird, trotzdem darf sie kein Dogma sein. Paare, welche sich auf ein vielleicht befristetes Modell konzentrieren, das eine Vollzeittätigkeit für den einen Elternteil und den Ausstieg für eine begrenzte Anzahl Jahre für den anderen Elternteil vorsieht, müssen genauso ein Abbild in den Leitideen einer fortschrittlichen Familienpolitik finden. Deshalb sind solche Leitideen auf die unterschiedlichen Bedürfnisse von Paaren auszurichten:

- Vollzeit-berufsorientierte Paare brauchen umfassende Betreuungsangebote für ihren Nachwuchs und Gleichstellungsangebote im Beruf.
- Familienzentrierte Paare sind auf einen finanziellen Ausgleich der Nichterwerbstätigkeit der Partnerin aufgrund ihrer Konzentration auf die Familie angewiesen.
- Teilzeit-orientierte Paare bedürfen am ehesten einer Mischung von neuen Arbeitszeitmodellen, ausgebauten Kinderbetreuungsangeboten und betrieblichen Maßnahmen.

Familienpolitik muss sich von Frauenpolitik emanzipieren

Eine fortschrittliche Familienpolitik setzt alles daran, dass sie sich nicht ausschließlich auf Frauen konzentriert, sondern beide Geschlechter gleichwertig in den Blick nimmt und sich auf dieser Basis auch als Männerpolitik versteht. Deshalb sollte die Familienpolitik selbstkritischer werden, beispielsweise im Hinblick auf Kampagnen, die unhinterfragt und undiskutiert einfordern, Väter müssten sich mehr engagieren. Für die Mehrheit trifft dies bereits heute zu, oft jedoch weniger eindeutig sichtbar. Solche Kampagnen ändern deshalb an der Gesamtsituation wenig, sondern tragen eher dazu bei, männliche Verteidigungshaltungen aufzubauen und zu verstärken. Initiativen müssten deshalb nicht bei den vermeintlichen Defiziten der Männer ansetzen, sondern bei ihren Ressourcen und Entwicklungsmöglichkeiten.

Weil bestehende familienfreundliche Maßnahmen nicht per se schon väterorientiert sind, müssen sie sich paritätisch an beide Geschlechter wenden. Männerpolitik wird in der Gleichstellungsdebatte inzwischen zwar zunehmend als eigenständiger Bereich postuliert. Doch überwiegt in vielen Praxisfeldern – und auch in der Förderpraxis der Europäischen Union – immer noch ein Denken, das Geschlechterpolitik mit Frauenpolitik gleichsetzt. Für Männer heißt dies: mitgemeint, aber nicht mitgenannt. Denn das Wort Männer taucht in den Bezeichnungen der zuständigen Stellen und Kommissionen oder Berichten meist gar nicht auf. Das Bundesministerium für Familie, Senioren, Frauen und Jugend hat seinen Namen bisher nicht geändert. Das ist keine Formalie oder Bagatelle, sondern eine Botschaft, dass das männliche Geschlecht, bei allem guten Willen einzelner Personen, inhaltlich nachrangig ist und die Väterthematik strukturell missachtet wird.

Eine andere wichtige Aufgabe der Familienpolitik ist es, Arrangements zu schaffen, welche bei der Situation und beim Befinden der Männer und Väter selbst ansetzen. So sollten aus dem Einkommens- und Sozialversicherungsrecht Anreize verbannt werden, welche die Erwerbstätigkeit der Mütter hemmen. Dass Väter zu großen Teilen nach wie vor Haupternährer sind, liegt auch darin begründet. Wir brauchen ein System, das Müttern und Vätern gleichberechtigte Einkommenschancen bietet. Stichworte sind: Lohngleichheit zwischen den Geschlechtern oder Ehegattensplitting. Paare, die egalitärer leben wollen, müssen mit niedrigeren Steuersätzen belohnt werden, mit Zuschüssen zur Alterssicherung und anderen sozialpolitischen Maßnahmen.

Eine aktivere Stimme der Väter

Heutige Väter sind die Erben einer Generation zumindest teilweise emanzipierter Männer. Gemeint ist damit, dass viele dieser in den 1950er- oder 1960er-Jahren geborenen Babyboomer bereits größere oder kleinere Schritte gemacht hatten, um aus dem traditionellen Modell von Männlichkeit herauszutreten. Manchmal wollten sie dies selbst, manchmal taten sie es nur, um der Partnerin zu gefallen, oder weil diese das einforderte. Babyboomer liefern ihren Söhnen und Töchtern deshalb oftmals ein eher widersprüchliches Beispiel von Männlichkeit.

Für junge und jüngere Männer dürfte somit nicht die Identifikation mit dem Modell des Vaters im Vordergrund stehen, sondern eher eine gewisse Distanzierung. Zwar geschieht dies meist nicht als sichtbares Aufbegehren, wohl aber als Suche nach alternativen Wegen zum Vatersein. Männer, die sich um Möglichkeiten zur Vereinbarung von Familie und Beruf bemühen und um bessere Arbeitsbedingungen kämpfen, gelten als Vorreiter, welche die Betriebe zur Veränderung der Unternehmenskultur zwingen. Damit machen sie Druck für einen gesellschaftlichen Wandel, wenn vorerst auch in eher homöopathischen Dosen. Dies zeigt sich unter anderem darin, dass sich nur wenige von ihnen zu Wort melden und sich getrauen, für die eigenen Interessen einzustehen. Dieses Kapitel plädiert dafür, dass die Gleichstellungspolitik auch Männerpolitik werden muss und Männer sich von ihrem Ruf als schweigendes Geschlecht verabschieden sollten.

Das schweigende Geschlecht

Auch wenn man sich gegen diskriminierende Geschlechterstrukturen einsetzt, verunsichert die Entwicklung der Gleichstellungspolitik und des jungen Feminismus. Die Gleichstellungseinrichtungen machen zwar professionelle Arbeit, aber sie haben zu wenig Rückhalt, insbesondere beim männlichen Geschlecht. Und der junge Feminismus, wie ihn die Ikone Laurie Penny[144] postuliert, will keinen Mainstream-Feminismus, der ihn zum neuen Idealbild für junge Frauen macht, sondern einen Feminismus für Arme, Schwarze, Hässliche, Dicke – und Männer. Aber diese Reihenfolge zeigt: Auch bei Penny ist das männliche Geschlecht nur mitgemeint.

Diese Entwicklung hat damit zu tun, dass Männer in den wichtigen gesellschaftspolitischen Fragen zu Feminismus und Gleichstellung nur die zweite Geige spielen. Zwar wird Männerpolitik in der Gleichstellungsdebatte inzwischen als eigenständiger Bereich postuliert. Trotzdem überwiegt in der Praxis noch stark ein Gender-Denken, das mit Frauenpolitik gleichgesetzt wird. Dies dürfte einer der Gründe sein, weshalb Männer zum schweigenden Geschlecht geworden sind, auch deshalb, weil viele nicht gern über eigene Schwierigkeiten reden. Zwar sind sie sich bewusst, dass sie heutzutage sehr widersprüchliche Ansprüche erfüllen sollen, doch sich dies einzugestehen, fällt vielen schwer. Im Unterschied dazu haben Frauen in den letzten zwanzig Jahren eine bedeutende Lobby entwickeln können, wenn auch mit unterschiedlicher und in vieler Hinsicht nicht zufriedenstellender Wirkung. Trotzdem können sie aktiv, öffentlich und auch fordernd für ihre Rechte kämpfen, und sie haben in vielen politischen Gremien zunehmend Gewicht. Männer jedoch, die sich individuell für Väteranliegen einsetzen, müssen nicht nur allein handeln, sondern auch mitleidige oder gar belächelnde Blicke ertragen. Deshalb sind sie, von ein paar Männerforschern und Männergruppen abgesehen, offensichtlich wenig bereit, ihre Bedürfnisse öffentlich kundzutun. Vielmehr lassen sie zu, dass vor allem weiblich besetzte Gleichstellungsbüros Empfehlungen formulieren, was mit ihnen geschieht, wer sie sein oder werden sollen. Ist somit die Strategie des *Gender Mainstreamings* gescheitert, also die Politik für Frauen und Männer, welche die Lebensbedingungen beider Geschlechter berücksichtigt?

Im Wesentlichen ja, denn es kann nicht sein, dass Männer entweder alles stillschweigend gut finden, engagierten Frauen die offizielle Interpretationshoheit überlassen – oder dann in Internetforen die Faust im Sack machen und ihre antifeministische Anstandslosigkeit kundtun. Und es kann auch nicht sein, dass sich die Gleichstellungsbemühungen fast ausschließlich auf Erwachsene konzentrieren. Die Weichen werden im Kindesalter gestellt! Dort muss das neue Geschlechterverhältnis beginnen. Aber dies allein genügt nicht, wir brauchen einen Perspektivenwechsel.

Eine Männerbewegung als neue Phase der Frauenbewegung[145]

Die Frauenbewegung ist gut fünfzig Jahre alt, doch ist vieles unvollendet geblieben. Dabei geht es nicht nur darum, dass sich Frauen aus einer Reihe von Stereotypen und Annahmen befreien hätten sollen – und dies teilweise auch getan haben –, sondern ebenso darum, dass dies auch für Männer geschehen hätte müssen. Das weit verbreitete Schweigen von Männern und der verdeckte Kampf vieler sprechen für sich. Besonders offensichtlich zeigt sich dies in Teamsitzungen, wenn es um gleichstellungspolitische Fragen oder um Vereinbarkeitsdiskussionen geht und etwa gleich viele Personen beider Geschlechter anwesend sind. Dann diskutieren meist nur noch Frauen mit, während die Männer still werden. Erst wenn die Frauen gegangen sind und die Männer noch sitzen bleiben, wird deutlich, warum. Sie berichten dann beispielsweise, dass sie zwar von emanzipierten Müttern erzogen worden seien und selbstverständlich für die Gleichstellung von Mann und Frau einstehen. Aber sie würden an solchen Sitzungen jeweils lieber nichts dazu sagen, aus Angst, missverstanden zu werden – obwohl sie einige wichtige weiterführende Gedanken hätten.

Auch im Betrieb scheuen sich viele Männer, gegen Überstunden und Aufopferungspflicht offen zu rebellieren. Eigenartig und etwas scheinheilig ist dies schon. Wenn doch so viele Väter der Meinung sind, die Kinder und die Familie seien wichtiger als der Beruf, weshalb stellen sie die Karriere nicht etwas mehr nach hinten? Zwar ist der höhere Verdienst ein verständliches und wichtiges Argument, doch dürfte es auch um die grundsätzliche Angst gehen, dass sie als *Softies* bezeichnet werden könnten, wenn sie gegen den Strom schwimmen. Deshalb schöpfen manche Männer, auch bei guter Vorgesetztenunterstützung, die Möglichkeiten zur Vereinbarkeit von Beruf und Familie nicht voll aus. Zu stark sitzt ihnen die Angst im Rücken, dies könnte wie ein Eingeständnis wirken, der Job sei nicht so wichtig wie für andere Kollegen oder man wolle auf die Karriere verzichten und entspreche deshalb nicht dem allzeit präsenten *High Potential*. Flexibilitätsstigma nennt dies die Forschung.[146] Väter sind somit nicht ausschließlich das Opfer ihres Betriebes respektive ihrer Funktion als Haupternährer der Familie.

Väter sollen wollen! Was so einfach klingt, ist in der Realität weit komplexer. Arthur Schopenhauer hat dies einmal auf den Punkt gebracht: »Du kannst wohl tun, was du willst, du kannst aber niemals wollen, was du willst.«[147] Gemeint hat er damit, dass der Mensch zwar einen Willen hat, aber diesen Willen nicht selbst willentlich beeinflussen kann. Es gibt ein Problem der willentlichen Willenssteuerung. Übertragen auf Familienpolitik und entsprechende Kampagnen bedeutet dies, dass man zwar die Motivation der Männer wecken kann, aber erst dann, wenn sie ihren Willen schon entdeckt haben. Sicher ist, dass Männer kaum zu motivieren sind, wenn sie weiterhin in defizitären Kategorien wahrgenommen werden oder wenn dieses Wollen als Pflicht verstanden wird. Vielmehr muss es eine Freiheit und Möglichkeit sein, mehr Lebensqualität zu leben und die Rollen abzulegen, die unsere Gesellschaft ihnen immer noch aufbürdet.

Unsere Gesellschaft braucht eine nächste Phase der Emanzipation, und das ist eine Männerbewegung, ähnlich der feministischen Bewegung, aber mit dem Ziel, dass beide Partner endlich gleichberechtigt und ausbalanciert eine berufliche Laufbahn mit dem Familienleben vereinbaren können. Wenn Frauen genauso fähig wie Männer im Beruf wahrgenommen werden, dann müssen Männer genauso als tragfähige und funktionstüchtige Betreuer anerkannt und von den Partnerinnen unterstützt werden. Männer müssen dafür ihre Stimme erheben, sich aber auch von antifeministischen Strömungen distanzieren und sich auf den konstruktiven Dialog zwischen den Geschlechtern ausrichten. Eine Männerbewegung soll dafür kämpfen, dass Männer-

und Väterthemen in Ministerien, Behörden, Politik und Unternehmen integriert werden und in der Gleichstellungs- und Familienpolitik als eigenständiger Bereich Eingang finden.

Will eine Männerbewegung erfolgreich sein, muss sie eine genderdialogische Perspektive einnehmen. So tritt sie nicht nur Antifeministen mit einer pointierten öffentlichen Haltung entgegen, sondern zeigt ebenso auf, dass Frauen- politik darunter nicht leidet. Damit öffnet sie den Weg für konsensorientierte Gruppen und entkoppelt das Geschlech- terdenken von der Gleichsetzung der Gleichstellungsarbeit mit Frauenpolitik.

Die Lebensspanne neu organisieren

Die Zeit ist ein kostbares Gut geworden, die bedrohteste Form unseres persönlichen Kapitals. Man muss sie managen und in sie investieren. Dies alles ginge ja noch, wenn sie nicht auch auf das Familienleben übergreifen würde. Je mehr davon die erste Schicht im Betrieb beansprucht, desto gehetzter fällt die zweite Schicht zu Hause aus. Was Männern und ihren Partnerinnen am meisten fehlt, ist, genug Zeit für beide Schichten zu haben. Zwar sind in den letzten Jahren immer mehr Kinderbetreuungsangebote entstanden, welche Eltern erlauben, alles unter einen Hut zu bringen, insbesondere dann, wenn Großeltern, Nannys, Nachbarn oder Tagesmütter mithelfen. Doch sind allen Vereinbarkeits- und Organisationsbemühungen Grenzen gesetzt, denn ein Tag hat nur 24 Stunden. Deshalb brauchen wir einen grundsätzlich anderen Umgang mit der Zeit, der auf die ganze Lebensspanne ausgerichtet ist und auch die langfristige Planung von Beruf und Familie in den Blick nimmt. Daraus resultiert die Forderung nach einer Entzerrung der Rushhour.[148] Darüber berichtet dieses Kapitel.

Zeit-Bewegung statt Zeit-Effizienz

Familien sind Entwicklungssysteme und keine mechanisch funktionierenden Gebilde. Trotzdem sind Paare sowohl Gefangene als auch Architekten der Zeitfalle. Sie müssen sich Zeit erkämpfen, ihre Familienlogik auch gegen wirtschaftliche Interessen behaupten und sich mit einer komplexen gesellschaftlichen Realität auseinandersetzen. Wenn jedoch in den Medien andauernd von Zeitzwängen oder von Eltern am Limit berichtet wird und davon, dass die Vereinbarung von Beruf und Familie die Hölle sei, dann führt dies vor allem dazu, dass Väter und Mütter dies als ihr persönliches Problem sehen und beginnen, sich in der Zeitfalle einzurichten. Sie versuchen dann, nur noch schneller im Hamsterrad zu laufen.

Zwar ist es grundsätzlich richtig, den Widerspruch zwischen der Zeitökonomie der Erwerbsarbeit und dem Zeitregime der Familie zu thematisieren. Das Leben mit Kindern ist azyklisch und durch Brüche gekennzeichnet (Krankheit, Familienerweiterung, Umzug, Schulübergänge etc.), weshalb es sich nicht einfach so in den Rhythmus eines Acht- und Mehrstundentaktes hineinpressen lässt. Aber es kann nicht sein, dass Paare andauernd angeklagt oder bemitleidet werden, weil sie das Zeitmanagement falsch handhaben oder zu viel in eine Arbeits- und Familienwoche hineinstopfen würden. Es ist abstrus, die Zeitfalle als individuelles Problem zu bezeichnen und Vätern und Müttern zu raten, es durch eine sinnvollere und effizientere Zeitnutzung in den Griff zu kriegen, nur um die Work-Life-Balance wiederherzustellen. Genauso wenig zielführend ist es, das öffentliche Bildungssystem und Betreuungswesen dieser Zeitoptimierungsstrategie anzupassen und lediglich mehr Unterstützungsangebote zu schaffen. Zwar entlasten solche Angebote Familien enorm. Doch sind sie vor allem darauf ausgelegt, noch mehr in der gleichen Zeit unter einen Hut zu bringen.

Dramatisieren wäre jedoch fehl am Platz. Die Beschleunigungen, die unser gesamtes System erfasst haben, gehören zum Alltag. Die darauf ausgelegte Familienpolitik mit all ihren Unterstützungsmaßnahmen erleichtert jungen Menschen die Entscheidung für Kinder. Doch behandelt sie das Problem nicht, dass der Zeitmangel eine Familienbremse ist und zwar nicht nur für junge Familien. Deshalb sollten wir kritischer mit den Auswirkungen der Zeitfalle und des damit verbundenen Multitaskings auf Männer und Frauen, aber auch auf Kinder, umgehen. Wir brauchen eine nachhaltige Politik im Sinne eines neuen Umgangs mit der Zeit und ein Umdenken in den ökonomischen Spielregeln. Männer und Frauen mit kleinen Kindern sollten in der intensivsten Familienphase weniger, wenn die Kinder älter sind, ihr Auszug und die Empty-Nest-Phase näher rücken, jedoch wieder mehr arbeiten können. In diese Richtung geht das deutsche Modell des Familiengeldes, welches an das ElterngeldPlus anschließt, monatlich 300 Euro betragen und an Eltern gezahlt werden soll, die zwischen 28 und 36 Stunden in der Woche berufstätig sind und sich die Betreuung der Kinder teilen. Ein anderer Vorschlag ist die steuerliche Entlastung für Familien mit mittlerem Einkommen.

Solche Maßnahmen richten sich jedoch vor allem an bestimmte Gruppen und an Väter und Mütter kleiner Kinder. Wirkliche Veränderungen können nur angestoßen werden, wenn wir die ganze Lebensspanne in den Blick nehmen und uns alternativen Gedanken und Möglichkeiten für beide Geschlechter öffnen: beispielsweise gegenüber Strukturen, welche nicht nur gradlinige Laufbahnen fördern.

Eine neue Architektur für die Lebensspanne

Junge Väter und Mütter sind nicht zu beneiden, ältere Menschen aber auch nicht. Beiden Gruppen gemeinsam ist, dass ihr Zeitbudget nicht mehr stimmt. Während Rentnerinnen und Rentner oft im Übermaß Zeit haben, um den Ruhestand irgendwie sinnvoll zu gestalten, sind berufstätige Paare mit kleinen und größeren Kindern permanent auf der Überholspur: Nach einer langen Ausbildung mussten sie sich in kurzer Zeit für einen geeigneten Partner, fürs Kinderkriegen und für einen guten Job entscheiden, aber auch den nächsten Karriereschritt planen – all dies in der Rushhour zwischen 30 und 45 Jahren. Anders die Senioren. Sie sollen ihre neu gewonnene Zeit sinnvoll gestalten, beispielsweise länger berufstätig bleiben, sich ehrenamtlich engagieren oder Angebote an der Volkshochschule, der Seniorenuniversität oder im Fitnesscenter nutzen, um geistig und körperlich agil zu bleiben und sozial nicht zu verkümmern.

Solche Maßnahmen lösen allerdings die Probleme des zeitlichen Zuviels oder Zuwenigs nicht, sie reduzieren lediglich Belastung oder Langeweile. Zeitmangel ist ein Stressfaktor, ungenutzter Zeitüberfluss führt im Ruhestand zu einer Art Winterschlaf. In dieser Polarität der systematischen zeitlichen Über- und Unterforderung liegt das Grundproblem unserer Gesellschaft, und dahinter steckt das Dreiphasenmodell. Es geht davon aus, dass in Kindheit und Jugend gelernt, im Erwachsenenalter gearbeitet und Karriere gemacht werden soll, um dann den Ruhestand zu genießen. Dieses Dreiphasenmodell taugt heute nicht mehr. Denn die durch die erhöhte Lebenserwartung gewonnene Lebenszeit setzen wir lediglich in freie Zeit im Rentnerleben um. Dieses kann gut und gerne noch zwanzig gesunde Jahre betragen! Derartige demografische Veränderungen, aber auch neue Rollenbilder und Stresserkrankungen, erfordern alternative Mischungen zwischen Arbeiten, Leben, Bildung und Neuorientierung. Jacques Derrida hat in diesem Zusammenhang von einer Dekonstruktion des Lebenslaufes gesprochen und Paul Baltes von einer neuen Architektur lebenslanger Entwicklung.[149]

Somit liegt die Entwicklung einer neuen Lebenslaufpolitik auf der Hand, welche die Zeitbudgets und Optionen neu verteilt. Doch dies erfordert eine Neujustierung des Denkens. Wenn unsere Gesellschaft immer nur auf Eltern- und Familiengeld, Vaterschaftsurlaub, Betreuungsplätze und flexible Arbeitsformen setzt, dann praktiziert sie vor allem Kurzsichtigkeit, weil sie nur junge Väter und Mütter in den Blick nimmt und diese im Hinblick auf Familienplanung sowie Vereinbarung von Familie und Beruf weiterhin unter Druck setzt. Würden wir uns stärker auf das lange Leben ausrichten und an den Erkenntnissen der Lebensspannenpsychologie orientieren, so würden wir mehr auf das berufliche Potenzial ab der Lebensmitte setzen. Bekanntlich weist die Psychologie der Lebensspanne nach, dass Männer und Frauen in der zweiten Lebenshälfte viel veränderbarer und entwicklungswilliger sind, als dies allgemein angenommen wird. Dies bedingt wiederum, dass verschiedene hartnäckige Vorurteile abgebaut werden müssten.

Die Entzerrung der Rushhour[150]

Die Rushhour kennzeichnet eine Überforderung der jüngeren Generationen und hat eine Unterforderung der Menschen im Ruhestand zur Folge. Die Entzerrung der Rushhour ist deshalb das wichtigste Gebot für eine neue

Zeitpolitik. Anne-Marie Slaughter hat die Entzerrung der Rushhour mit dem Intervalltraining im Sport verglichen, das zum Ziel hat, sich in Höchstform zu bringen. Man verausgabt sich für eine Weile, schraubt dann zurück und legt wieder los. Auf die Lebenspanne bezogen bedeutet dies, dass zwar gleich viel gearbeitet wird, doch in unterschiedlicher Intensität. Genauso sollten zukünftige Laufbahnen aussehen. Anstatt Stufe um Stufe hochzuklettern, sollte man eher viele Jobs in unterschiedlichen Hierarchien wählen und Intervalle mit weniger intensiver, aber flexibler Arbeit einplanen.

Die Entzerrung der Rushhour macht die Vereinbarkeit von Beruf und Familie lebbar, aber auch die Übernahme von Pflegeleistungen für nahe Angehörige. Genauso kann sie neue Altersperspektiven ermöglichen. Beispielsweise für die 45-jährige Zahnarzthelferin, die nach einer Familienpause wieder einsteigen will, oder für die über 65-Jährigen, welche außer der Großelternrolle keine Aufgaben mehr haben und ihre ungenutzten Kompetenzen sinnvoll einbringen könnten. Eine neue Zeitpolitik dürfte auch für Männer attraktiv sein, wenn man möglicherweise mit 40 oder 45 Jahren feststellt, dass der gewählte Beruf als Lehrer oder als Polizist nicht mehr den eigenen Neigungen entspricht und sich durch einen Neuanfang in einem ganz anderen Gebiet eine neue Lebensperspektive aufbauen lässt. Berufsbiografien müssen so geändert werden können, dass es einem Menschen selbst überlassen ist, wie er seine 35 bis 40 Berufsjahre gestalten will.

Wenn das Berufsleben nicht mehr so strikt getaktet ist, sondern Unterbrechungen möglich und vor allem individuell bestimmbar sind, lassen sich neue Aufstiegschancen generieren. Mit einer solchen Lebenslaufpolitik ist auch ein Plädoyer für spätere Karrieren verbunden und damit die

Verabschiedung von der fixen Idee, dass man im Leben alles früh und gleichzeitig erreicht haben muss. Es ist falsch, Mütter andauernd aufzufordern, die Familienphase kurzzuhalten, um möglichst schnell wieder Vollzeit zu arbeiten, genauso falsch ist es, von Männern zu verlangen, dass sie in Achtzigstundenwochen alle Anforderungen zwischen Beruf und Familie managen oder nur noch Teilzeit arbeiten, dann aber Einkommenseinbußen und möglicherweise auch Karriereeinbrüche hinnehmen.

Modelle, die sich auf die lebenslaufbezogene Arbeitszeit ausrichten und eine Entzerrung der Rushhour erlauben, ermöglichen Menschen, auch nach längeren Auszeiten wieder aktiv in den Arbeitsmarkt eingegliedert zu werden. Solche Maßnahmen müssten allerdings weit über das hinausgehen, was wir heute unter Wiedereingliederungsprogrammen verstehen. Qualifikationen, welche man in der Auszeit erworben hat, müssen als Gewinn betrachtet werden. Viel zu oft wird argumentiert, Auszeiten seien ein Karriereknick, weil vorher erworbene Qualifikationen verloren gehen würden und man so den Anschluss verliere. Dies ist eine sehr einseitige Perspektive. Gut qualifizierte Frauen und Männer arbeiten sich in kurzer Zeit in neue Themen und Abläufe ein.

Auf einer solchen Basis wird das Ernährermodell auf Zeit vielleicht sogar zu einer zukunftsträchtigen Option. Männer, die lange Vollzeit gearbeitet haben und ihr berufliches Engagement mit kleinen Kindern zurückschrauben wollen, oder Mütter, die einmal Vollgas geben und die Haupternährerfunktion übernehmen, während der Partner zeitlich befristet aussteigt, können später immer noch hohe Karrieresprossen erreichen. Sich in einer bestimmten Lebensphase etwas zurückzulehnen, verhindert nicht, sich in einer späteren Lebensphase noch einmal richtig reinzuhängen. Genau deshalb ermahnen Experten immer wieder,

Männer und Frauen sollten ihre Karriere nicht als Leiter, sondern als Gitter verstehen. Horizontale Veränderungen folgen vertikalen, und diese wiederum folgen horizontalen Veränderungen. Es mag zwar länger dauern, um an die Spitze zu gelangen, aber das heißt überhaupt nicht, dass man sie nicht erreicht.

Eine Entzerrung der Rushhour? Geht doch alles gar nicht, werden einige sagen. Doch, das geht, aber es braucht ein Umdenken, nicht nur in Politik, Wirtschaft und Gesellschaft, sondern auch bei den Paaren selbst und ihrer Bereitschaft, Neues auszuprobieren. Sie können verändern, was und wie sie denken, wie sie planen und arbeiten, und gemeinsam den Wandel gestalten, damit Beruf und Familie keine Gegensätze mehr sind, sondern zwei verzahnte Grundpfeiler ihres modernen Lebens. Um dies zu verwirklichen, müssen Paare auch bereit sein, sich selbst infrage zu stellen. Man kann in einer Partnerschaft nichts ändern, wenn man nur den anderen ändern will. Eine alternative Beziehungskultur nennt Jürg Willi Koevolution, die Kunst gemeinsamen Wachsens. Dafür braucht es nicht nur neue Väter, sondern auch neue Mütter.

Anmerkungen

Einleitung

1 Susan Douglas und Meredith Michaels (2004) beschreiben in ihrem Buch die Glorifizierung der Mutterschaft und deren Folgen: Wenn man nicht immer und jede Sekunde sein Kind liebt, dann stimmt etwas nicht mit einem selbst.

2 Dies ist das Ergebnis der Umfrage des Forschungsbüros *sotomo* von Michael Hermann et al. (2016).

3 Umgangssprachlich wird oft von Vätermonaten oder Vaterurlaub gesprochen. Gemeint sind damit in aller Regel mindestens zwei Lebensmonate des Kindes, in denen der Vater gleichzeitig Elternzeit und Elterngeld beantragt.

4 Dies ist der österreichische Begriff für Elternurlaub. Sie wurde 1991 eingeführt, doch blieben seitdem die Anteile der karenzierten Väter zwischen ein und drei Prozent sehr bescheiden – und dies, obwohl 66 Prozent diese befürworten (Tazi-Preve, 2008).

5 Siehe das gleichnamige Buch des Herausgebers Heinz Walter (2008), in welchem die Aufsätze auf die Suche nach dem »hinreichend guten Vater« ausgerichtet sind.

6 Am bekanntesten geworden sind die Konzepte von Michel Lamb (1981), Joseph Pleck (2007), John Snarey (1993) und von Robert Palkovitz (1997). Zwar unterscheiden sie sich in ihrer inhaltlichen Ausrichtung, doch ist ihnen gemeinsam, dass sie Aufgaben und Leistungen von Vätern viel breiter als in der traditionellen Forschung erfassen (siehe Lamb, 2010b).

7 Gudrun Cyprian (2007) ist eine der wenigen Forschenden im deutschsprachigen Raum, welche die Väterforschung kritisch unter die Lupe nimmt.

8 Franz (»Früher an die Bildung, erfolgreicher in die Zukunft?«) und Tarzan (»Machen Väter tatsächlich einen Unterschied? Zu ihrem Beitrag an der Entwicklung ihrer Kinder«), die zwischen 2009 und 2016 durchgeführt worden sind. Franz hat viele Daten zur Familienorganisation, zur Förderung der Kinder und zur Entwicklung derselben gesammelt, Tarzan zur Rolle und zum Engagement der Väter sowie zur Partnerbeziehung, jeweils auch aus der Sicht der Mütter. Untersucht wurden 300 Familien mit ihren 2006 oder 2007 geborenen Kindern.

Die Kritik: Väter haben Defizite, Mütter sind überlastet

9 Diesen Begriff haben die beiden Autorinnen in einer Literaturdiskussion 2001 in Edinburgh verwendet.

10 Dies waren Inhalte des Beitrags in der Rundschau von SRF vom 05.10.2016 sowie Ausführungen des Soziologen Ulrich Beck vor bereits mehr als dreißig Jahren (1986, S. 189).

11 Das ist der Titel des Buches von Cheryl Benard und Edit Schlaffer (1986).

12 Svenja Flaßpöhler ist eine dezidierte Kritikerin der #MeToo-Bewegung, die sie in ihrem neuen Buch (2018) begründet.

13 Siehe: Die Schmerzensmänner. http://www.zeit.de/2012/02/ Maenner [06.10.2016]; oder auch: http://www.tagesanzeiger.ch/ kultur/diverses/Abgehaengt/story/13667911 [06.10.2016]

14 Den Begriff verwendet Gerald Hüther als Titel seines Buches (2009). Siehe hierzu auch das Buch von Markus Theunert (2012), das Antworten auf seine Sicht der Männerpolitik gibt.

15 Mit diesem Begriff bezeichnet man die starke Ausdehnung des Bildungswesens in den 1960er- und 1970er-Jahren, in erster Linie der Gesamtschulen und Gymnasien. Immer mehr Jugendliche besuchen weiterführende Bildungsgänge und verweilen länger im Bildungssystem.

16 Das Buch von Jürgen Martschukat und Olaf Stieglitz (2008) gibt hierzu einen guten Überblick.

17 Der amerikanische Sozialwissenschaftler Ralph LaRossa (1988) spricht deshalb von einer sozialen Praxis von Vaterschaft (»conduct of fatherhood«) und einer Kultur von Vaterschaft (»culture of fatherhood«). Darauf verweist auch die Schweizer Studie von Pro

Familia (2011). Vergleiche die Aufsätze von Daniela Grunow (2007), Ilona Ostner (2005) und Rainer Volz (2007).

18 Darauf verweise ich auch in meinem Buch »Entwicklung ohne Ende« (2013 d), S. 97 ff.

19 Dies stellt die Studie der Prognos AG (2015) fest.

20 Allerdings tendieren Paare, die ungefähr gleich viel verdienen, deutlich seltener zu diesem Modell. Das ist eine Erkenntnis des Bamberger-Ehepaar-Panels (Grunow et al., 2007).

21 Weiterführend sind die Publikationen von Margret Bürgisser (2006) sowie Margret Bürgisser und Diana Baumgarten (2006).

22 Gemäß den Ausführungen des Bundesamtes für Statistik (2015).

Väter und Mütter in der öffentlichen Diskussion

Wunderbar oder ungenügend?

23 *Coop Zeitung*, 03. 11. 2015.

24 Verena King (2006) konzentriert sich beispielsweise auf diese Beziehung und zeigt auf, dass diese große Anforderungen an Väter stellt. Jennifer Mascaro (2017) fand deutliche geschlechtsspezifische Differenzen in der Art und Weise, wie Väter mit ihren Söhnen und Töchtern kommunizieren – zugunsten Letzterer.

25 Davon berichtet Dieter Thomä im Interview http://www.tages spiegel.de/politik/familien-heute-was-ist-ein-guter-vater-seite-4/4 546652–4.html (27. 08. 2011), in seinem Buch *Väter* (2008) sowie in seinem NZZ-Folio-Beitrag (2016).

26 *New York Times*, 12. 07. 2012 http://www.davis.k12.ut.us/cms/ lib09/UT01001306/Centricity/Domain/7332/Modern%20Men %20Manly%20Enough.pdf

27 Aussage eines Vaters in unserer Tarzan-Studie.

28 Vergleiche die Beiträge in *Brigitte*, 7 (2008). http://www.brigitte. de/frauen/gesellschaft/willkommen-im-club-566299/ in der FAZ, 22. 08. 2013 http://www.faz.net/aktuell/wirtschaft/arbeitszeit-ueberarbeitete-vaeter-haben-haeufiger-verhaltensauffaellige-soehne-12542247.html

29 Iris Radisch (2008) schreibt vor allem darüber, wie sich die Welt für Männer und Frauen verändert hat und was das für ihre roman-

tischen Beziehungen und ihr Familienleben bedeutet. Ihre Beobachtungen sind jedoch geprägt von ihrer eigenen Position als Angehörige der intellektuellen Mittelschicht.

In *Geht alles gar nicht* beschreiben Marc Brost und Heinrich Wefing (2015), weshalb Kinder, Liebe und Karriere nicht vereinbar sind.

30 So gelesen in http://www.oif.ac.at/service/zeitschrift_beziehungsweise/detail/?tx_ttnews%5Btt_news%5D=548&cHash=dca84daad1e148b009e2d845338132e1

31 So gelesen in http://www.oif.ac.at/service/zeitschrift_beziehungsweise/detail/?tx_ttnews%5Btt_news%5D=548&cHash=dca84daad1e148b009e2d845338132e1

32 Dies belegt eine deutsche Studie zu Regenbogenfamilien, in der 693 Kinder von schwulen oder lesbischen Paaren untersucht wurden (Rupp, 2009).

33 Der Beitrag von Bettina Weber im *Tagesanzeiger* vom 22.02.2012 beleuchtet Hintergründe dieser Entwicklung. http://www.tagesanzeiger.ch/kultur/diverses/Abgehaengt/story/13667911

Neokonservative Vorstellungen und kulturelle Widersprüche

34 Thomas Gesterkamp (2012) zeigt in seinem Beitrag auf, weshalb Frauen- und Männerpolitik im Dialog erfolgen sollte.

35 Beispiele finden sich hier: http://www.tageswoche.ch/de/2015_08/schweiz/680969/

36 Sein Beitrag ist in der *ZEIT* am 12. April 2012 unter dem Titel »Das verteufelte Geschlecht« erschienen.

37 Lehman Brothers war eine US-amerikanische Investmentbank mit Hauptsitz in New York, die am 15. September 2008 infolge der Finanzkrise Insolvenz beantragen musste.

38 Genaueres findet sich in Imke Behnke und Michael Meuser (2012; 2013).

39 Diese Feststellung gehört zu einer Reihe von Gedanken, welche Elisabeth Badinter in ihrem Buch *XY. Die Identität des Mannes* (1992) macht, um die Väter revolutionieren zu können.

40 Beispiele sind Jean Le Camus (2001) oder Martin Dornes (2008).

41 Die bekanntesten Bindungsforscher sind Karin und Klaus Grossmann (2012); siehe auch Karin Grossmann et al. (2002).

42 Remo Largo und Monika Czernin belegen in ihrem Buch *Glückliche Scheidungskinder* (2003), dass das Familienmodell für das Kind zweitrangig ist. Wesentlich sind andere Faktoren.

43 In einer Umfrage von 20 *Minuten (Schweizer Gratiszeitschrift)* gaben 38 % der befragten Männer an, sich in ihren Rechten als Vater und 11 % in der Rollenverteilung diskriminiert zu fühlen. http://www.20min.ch/schweiz/news/story/Jeder-zweite-Mann-fuehlt-sich-diskriminiert-18112790

44 Auch der Väterreport 2016 des Bundesministeriums für Familie, Senioren, Frauen und Jugend kritisiert, dass Einkommenssteuerrecht und Sozialversicherungsrecht die Berufstätigkeit von Müttern hemmen.

45 Vgl. hierzu: http://www.avenir-suisse.ch/29921/teilzeitarbeit-kinder-und-steuern-hemmen-die-karrieren-von-frauen/

46 Das Buch ist unter dem Titel *Unfinished Business* im Herbst 2015 erschienen und im März 2016 auf Deutsch *(Was noch zu tun ist. Damit Frauen und Männer gleichberechtigt leben und ihre Kinder erziehen können).*

Männer, Frauen und ihre Vorurteile

47 So der Titel des Buches von Allan und Barbara Pease (2000); siehe auch die Studie von Markus Hermann et al. (2016).

48 Dies sagen Andreas Zick et al. (2011).

49 Vergleiche hierzu die Daten der Studie »Väter zwischen Karriere und Kind« der Konrad-Adenauer-Stiftung (2010).

50 Siehe im Buch von Ursula Lehr (1974) das Zitat Seite 124.

51 Beispielsweise die Studie von Michael Meuser (2012) oder Johanna Possinger (2013). Der Begriff wird von vielen Autoren gebraucht. Sehr differenziert ist die Diskussion bei Ruth Gaunt (2008).

52 Beispielsweise die Studien von Thomas Gesterkamp (2005), Olaf Kapella und Christiane Rille-Pfeiffer (2011), Martin Bujard und Lars Schwebel (2016) oder Margret Bürgisser (2011).

53 Hierzu finden sich Daten im Bericht der Konrad Adenauer Stiftung (2010).

54 Die Diskussion um Teilzeit-Väter in 20 Minuten, 10.10.2016 (http://www.20min.ch/schweiz/news/story/-Ah--gehst-du-wieder-nach-Hause-chillen---26998580) oder im Blick, 09.10.2016

http://www.blick.ch/news/politik/studie-demaskiert-super-papis-teilzeit-vater-von-wegen-id5582845.html.

Wer Väter sind und welche Rolle die Partnerin spielt

Funktionen und Rollen

55 Hierbei trennt man Vaterschaft oft in biologische und soziale Vaterschaft.

56 Siehe auch Margaret Mead (1955, S. 207).

57 Etwas abgeändert nach der Quelle: http://www.bibelstudium.de/articles/2173/Mein-Vater.html

58 Zur Verteilung der Erwerbsmodelle: vgl. Bundesamtes für Statistik (2013), Statistik Austria (2013). https://www.statistik.at/web_de/statistiken/soziales/gender-statistik/vereinbarkeit_von_beruf_und_familie/index.html [19.12.2016] Zu Hausmännern: Dies dürften nicht mehr als 2 Prozent sein (Bundesamt für Statistik, 2016a).

59 Dies belegen viele Studien, z. B. Wassilos Fthenakis und sein Team (2002), Daniela Grunow (2007), Florian Schulz und Peter Blossfeld (2006) oder Inge Seiffge-Krencke (2009).

60 Entsprechende Ausführungen finden sich im Aufsatz von Daniela Grunow et al. (2007).

61 Im Zweiten Gleichstellungsbericht der Bundesregierung (Institut für Sozialarbeit und Sozialpädagogik, 2016) finden sich hierzu weiterführende Gedanken.

62 Das ist eine Erkenntnis des Bamberger-Ehepaar-Panels (Grunow et al., 2007).

63 Siehe hierzu die Allensbach-Studie von 2015.

64 Diese Daten stammen aus der Studie von Wassilos Fthenakis und Beate Minsel (2002).

65 In der Vorwerkstudie (2013) des Instituts Allensbach finden sich solche Angaben und viele weiteren Informationen.

Wege zum Superdaddy

66 Literatur hierzu findet sich bei Dieter Lenzen (1991; 1996) oder bei Dieter Thomä (2012).

67 Die Historikerin Ann Charlotte Trepp (1998) beschreibt anhand von zeitgenössischen Selbstzeugnissen, wie Männerwelten damals ausgesehen haben.

68 Linkes Bild: Portrait of Heinrich Rieter-Zeller and family. Oil on canvas. Signed: Joseph Reinhard. 1803. © Schweizerisches Nationalmusem, LM-73981.
Rechtes Bild: Daniel Chodowiecki, Unterhaltungen zur Beförderung der häuslichen Glückseligkeit.

69 Diese Sichtweise beruht auf dem Ansatz des Familiensoziologen Talcott Parsons, der die Komplementarität der Rolle von Vater und Mutter betonte und aufzeigte, dass innerhalb der Familie andere Regeln und Werte gelten als in den Systemen außerhalb (Parsons & Bales, 1956).

70 So der Titel des Buches von Cheryl Benard und Edit Schlaffer (1993).

71 Das Spannungsverhältnis zwischen den neuen Rollen der Väter beschreibt Jürgen Bopp (1984) in seinem Buch *Die Mamis und die Mappis. Zur Abschaffung der Vaterrolle.*

72 Vgl. auch Wassilos Fthenakis (2006), Kapitel 1.8.

Neue Konzepte: Ein erweiterter Blick auf Väter

73 Dazu gehören Randal D. Day et al. (2004) oder Randal D. Day et al. (2005).

74 Weitere Informationen finden sich bei Sigrid Leitner et al. (2004).

75 Im deutschsprachigen Raum äußern sich hierzu Gudrun Cyprian (2007) oder Johanna Possinger (2013).

76 Wer sich näher für die einzelnen Konzepte interessiert, findet detaillierte Ausführungen bei Michael Lamb (2010b).

77 Das Modell beschreibt die psychosoziale Entwicklung der menschlichen Identität. Es geht davon aus, dass sich der Mensch in insgesamt acht Stufen entwickelt und dabei von verschiedenen Bezugspersonen beeinflusst wird. Jede der acht Stufen stellt einen bestimmten Konflikt dar, dessen Bewältigung das Fundament bildet, um die Krise der folgenden Phase zu bearbeiten. Im mittleren Lebensalter (Phase 7) zeigt sich, inwiefern der Mensch in den vorherigen Phasen die Fähigkeit erworben hat, sich durch soziales Engagement für zukünftige Generationen einzusetzen. Wurden

die vorherigen Phasen nicht gut durchlebt und die Fähigkeit zur Fürsorge nicht erlangt, kann es zu einer Stagnation kommen, in der man sich nur um sich selbst kümmert.

78 Vgl. auch Michael Meuser (2009; 2012) sowie Tania Mühling und Harald Rost (2007).

79 Der Beitrag von Michael Matzner (2004) vergleicht alleinerziehende Väter und alleinerziehende Mütter miteinander und fragt nach Gemeinsamkeiten respektive Unterschieden.

Was Väter tun und wie sie ihre Partnerin entlasten

Keine Zeit?

80 Diese Frage thematisiert der Achte Familienbericht (2012) des Bundesministeriums für Familie, Senioren, Frauen und Jugend.

81 Weitere Details finden sich in den Publikationen von Andrea Doucet (2006) und im Handbuch von Catherine Tamis-LeMonda et al. (2002).

82 Dies beschreibe ich in meinem Buch *Lasst die Kinder los! Warum entspannte Erziehung lebenstüchtig macht* (2016).

83 Zu berücksichtigen sind folgende Spezifitäten der Stichprobe: Zum Zeitpunkt der Befragungen waren die Väter zwischen 28 und 64 Jahre alt, die Mütter zwischen 27 und 50 Jahre. 95 Prozent der Paare lebten zusammen. Insgesamt handelt es sich um eine eher bildungssystemnahe Stichprobe. Die Bildungsnähe zeigt sich im Status der Familie, der anhand von Einkommen, Bildung und ausgeübtem Beruf gemessen wird. 39 Prozent der Väter üben einen Beruf in einer Leitungsposition aus (Wissenschaftler, Juristen, Ärzte, Lehrkräfte an Hochschulen etc.). 41 Prozent sind Fachkräfte der mittleren Qualifikationsebene in verschiedenen Bereichen, und 20 Prozent sind kaufmännische Angestellte und Sachbearbeiter ohne besondere Qualifikation oder Führungs- und Leitungsaufgaben sowie Handwerker.

Auch in der Erwerbstätigkeit weichen die Tarzan-Teilnehmenden vom Schweizer Durchschnitt der Erwerbsbevölkerung ab, in der 69 Prozent der Mütter und 96 Prozent der Väter einer bezahlten Berufsarbeit nachgehen, wovon 11 Prozent Teilzeit arbeiten. In

unserer Studie hat es 13 Prozent Teilzeitler und 86 Prozent Vollzeit-
ler. Bei den Frauen sind lediglich 17 Prozent nicht erwerbstätig,
knapp 76 Prozent arbeiten zwischen 10 Prozent und 85 Prozent
außer Haus. Sieben Prozent sind in Vollzeit erwerbstätig.

84 Beispielsweise die Studie von Peter Döge und Rainer Volz (2004)
oder von Tania Mühling und Harald Rost (2007).

85 Darüber schreibt Iris Radisch in ihrem Essay »Wochenende: Hilfe,
Sonntag«, 12. 11. 2015 in: *Die ZEIT,* 46.

86 Siehe auch das Memorandum »Familie leben« des Bundesministeriums für Familie, Senioren, Frauen und Jugend (2009, S. 9).

Familie und Haushalt

87 Empirische Daten: siehe bspw. die Studien des Bundesamtes für
Statistik (2015) oder des Instituts für Demoskopie Allensbach
(2013; 2014). Zur Kritik, vgl.: http://wirfrauen.de/vaeter-zwi
schen-anspruch-und-wirklichkeit/

88 Dies ist ein Ergebnis der Prognos Studie (2015).

89 So nennt sie Richard Reeves in seinem Dokument »Dad's Army.
The case for father-friendly workplaces« (2004), aber auch Thomas
Gesterkamp in seinem Buch *Die neuen Väter zwischen Kind und
Karriere* (2010).

90 Siehe hierzu die Ausführungen im Handbuch von Brigitte Liebig
et al. (2016).

91 Die Beispiele stammen aus dem *ZEIT*-Interview mit Vätern vom
08. 2015 »Wir sind noch zu feige« sowie aus der Studie von Svenja
Pfahl et al. (2014).

92 Näheres findet sich im Dossier »Familie und Väter« (2015 a) des
Bundesministeriums für Familie, Senioren, Frauen und Jugend.

93 Siehe die Ergebnisse von A. T. Kerney (2015) sowie von Christina
Klenner und Yvonne Lott (2016).

94 Diese drei Strategien beschreibt Johanna Possinger (2013), S. 242 ff.

95 Zu nennen sind die Studie »Erfolgsfaktor Familie« vom Bundesministerium für Familie, Senioren, Frauen und Jugend (2014)
sowie die Untersuchung »Vereinbarkeit wagen« von Kerney
(2015).

96 Diese Daten stammen aus der Kerney-Studie (2015).

97 Die Daten sind aus dem Väterbarometer 2015, einer repräsenta-

tiven Befragung von 1000 in Unternehmen beschäftigten Vätern und 300 Arbeitgebern aller Branchen (Bundesministerium für Familie, Senioren, Frauen und Jugend, 2015b).

Das Vereinbarkeitsdilemma

98 Martin Bujard und Lars Schwebel (2015) berichten in ihrem Aufsatz von den neuen Vereinbarkeitsproblemen von Vätern.

99 Der Newsletter Demos informiert über die vorbildliche Familienpolitik des schwedischen Doppelverdiener-Modells (2011).

100 Cornelia Helfferich (2009) hat in ihrem Aufsatz die Situation der Männer in europäischen Staaten untersucht und dabei den Blick auf die deutsche Familienpolitik fokussiert.

101 Seit dem 1. Juli 2015; Teilzeit arbeitende Eltern können länger Elterngeld beziehen. + Elterngeldmonat = 2 ElterngeldPLus-Monate. Der zusätzliche Partnerschaftsbonus erlaubt den beiden je zwischen 25 und 30 Wochenstunden berufstätigen Eltern zusätzlich vier ElternPLus-Monate.

102 Väter haben in der Schweiz gesetzlich Anspruch auf einen freien Tag. Allerdings steht es Firmen frei, ob sie sich großzügiger zeigen wollen. Bis heute nutzt die große Mehrheit der männlichen Arbeiter einen vom Arbeitgeber genehmigten Urlaubstag bei der Geburt eines Kindes. Siehe auch die Studie von Travail Suisse: http://www.travailsuisse.ch/system/uploadedfiles/3472/original/LINK_Institut_Report_Travail_Suisse_Vaterschaftsurlaub_2015.pdf oder den Aufsatz von Lucia Lanfranconi und Isabel Valarino (2014).

103 Diese Daten stammen aus der Statistik zum Elterngeld des Statistischen Bundesamtes (2016a).

104 Dies vermerkt Louisa Rechstetter in ihrem Beitrag »Mitspielen wollen alle« in der *ZEIT,* 12.01.2017, 67.

105 Solche Angaben finden sich im Dossier Väter und Familie des Bundesministeriums für Familie, Senioren, Frauen und Jugend (2015a).

106 In der *Süddeutschen Zeitung* vom 15.03.2017 bezeichnet Kerstin Lottritz den »Urlaub auf Staatskosten als verwerflich.« http://www.sueddeutsche.de/leben/leserdiskussion-urlaub-finanziert-mit-elterngeld-ist-das-verwerflich-1.3422258

107 Die Daten stammen aus der Studie von Sybille Reidl und Helene Schiffbänker (2013).

108 Martin Bujard hat in seiner Studie (2013) diese Wirkungsfrage untersucht, ebenso Svenja Pfahl et al. (2014).

109 Schweiz: von 82731 (2012) auf 86559 (2015); https://www.bfs. admin.ch/bfs/de/home/statistiken/bevoelkerung/geburten-todes faelle.html Deutschland: von 673544 (2012) auf 737575 (2015); https://www-genesis.destatis.de/genesis/online;jsessionid=FB8F 6EA351E646C94B52BE6E3FAEDFC4.tomcat_GO_1_3?operat ion=previous&levelindex=2&levelid=1476944499738&step=2 Österreich: von 78952 (2012) auf 84381 (2012); http://www.sta tistik.at/web_de/statistiken/menschen_und_gesellschaft/bevoel kerung/geborene/025423.html

110 Siehe hierzu der Aufsatz von Mareike Bünning (2016).

111 Solche kritischen Fragen wirft Patrik Schellenbauer in seinem Beitrag »Mehr Teilzeit für Männer?« auf, 14.09.2014. http:// www.avenir-suisse.ch/40194/teilzeitmann-mehr-teilzeit-fuer-maenner/

112 Die Generation Z folgt der Generation Y (auch *Millenials* genannt) und der Generation X.

Wie Väter wirken und von Müttern beeinflusst werden

Vätereinflüsse: Die feinen Unterschiede

113 In seinem Aufsatz (2002) spricht er über die modernen Lebensverhältnisse von Eltern und Kindern, die unter anderem durch die Intimisierung im Verhältnis der Erwachsenen ebenso wie im Verhältnis zu Kindern gekennzeichnet ist.

114 Karin Grossmann (2011) hat hierzu die bedeutsamsten Forschungserkenntnisse im deutschsprachigen Raum vorgelegt, Michael Lamb (2010a) im englischsprachigen Raum. Siehe weiter auch die Literatur bei Andreas Herlth (2007).

115 In Anlehnung an Pierre Bourdieus gleichnamiges Buch (1992).

116 In der Entwicklungspsychologie wird eine sensible Phase als Zeitfenster in der kindlichen Entwicklung bezeichnet, in der be-

stimmte Erfahrungen eine große Wirkung zeigen. Viele dieser Entwicklungsabschnitte sind durch Hirnreifung bedingt.

117 Daher sollte auch in Patchworkfamilien der Kontakt zum leiblichen Vater bestehen bleiben. Väter, die nicht mit ihren Familien zusammenleben, können jedoch oft ihre spezifischen Funktionen nicht ausüben und werden für ihre Kinder zu »Disneyland-Dads«.

118 Dazu gehören Studien von John R. Snarey (1993) oder Eirin Flouri und Ann Buchanan (2002) sowie Eirin Flouri et al. (2002).

119 Siehe die Reportage in der *Berliner Zeitung* vom 06.04.2016. http://www.berliner-zeitung.de/panorama/bambinilauf-elternschleifen-ihre-kinder-ins-ziel-23840460

120 Sartre, J. P.: *Die Wörter.* Reinbek: Rowohlt 1968, S. 65.

121 Vergleiche beispielsweise den Aufsatz von Matthias Frank (o. J.) »Wenn der Vater fehlt«. http://www.dijg.de/ehe-familie/forschung-kinder/vater-bezug/ oder den Aufsatz von Helmwart Hierdeis (2012) zum Verhältnis von Franz Kafka zu seinem Vater.

122 Darauf verweist auch Edgar Forster (2010).

123 Siehe die Ausführungen von Marcel Helbig (2012).

124 Klaus Hurrelmann vertritt die Absicht, dass Jungen von den weiblichen Lehrkräften oft zu wenig stimuliert und in ihrer Rollensuche bestärkt werden. Spiegel online Interview http://www.spiegel.de/lebenundlernen/schule/jungs-in-der-krise-sie-wollen-alles-sein-bloss-kein-weibischer-streber-a-688659.html

125 Adoleszenz meint soziologisch gesehen die Zwischenphase zwischen Kindheit und Erwachsensein mit all ihren Verknüpfungen. Der Begriff Pubertät wird hingegen meist für die psychologisch relevante Zeitspanne zwischen dem 12. oder 13. bis zum Anfang des 20. Lebensjahres bezeichnet, in der sich deutliche körperliche Veränderungen abzeichnen.

126 Darüber schreibt auch Didier Lauru (2006).

127 Hierzu fragt Astrid Kaiser, inwiefern Frauen aus ihren Kindern Muttersöhne machen (2012).

Die überschätzte Präsenz der Väter

128 Darüber hinaus gibt es interessante Studien von Day et al. (2005). Eine Fülle von Ergebnissen zu den langfristigen Auswirkungen

von Vätern auf den Nachwuchs findet man auch im Handbuch von Michael Lamb (2010 b).

129 Siehe beispielsweise Hans-Walter Gumbinger und Andrea Bambey (2007); Franziska Fuhrmans et al. (2012); Michael Matzner (2004); Olaf Kapella und Christiane Rille-Pfeiffer (2011) sowie Harald Werneck et al. (2012).

130 Die Clusteranalyse ist ein empirisches Analyseverfahren, das eine Menge von Merkmalen in Gruppen (»Cluster«) unterteilt. Merkmale, die einem bestimmten Cluster zugeordnet werden, sollten einander möglichst ähnlich sein (homogen) und sich möglichst stark von den Merkmalen unterscheiden, die anderen Clusters zugeteilt werden. Väter, welche die Fragen sehr ähnlich beantwortet haben, wurden somit zu einem Cluster zusammengefasst.

131 Die Clusteranalyse ist ein empirisches Analyseverfahren, das eine Menge von Merkmalen in Gruppen (»Cluster«) unterteilt. Merkmale, die einem bestimmten Cluster zugeordnet werden, sollten einander möglichst ähnlich sein (homogen) und sich möglichst stark von den Merkmalen unterscheiden, die anderen Clusters zugeteilt werden. Väter, welche die Fragen sehr ähnlich beantwortet haben, wurden somit zu einem Cluster zusammengefasst.

Die Partnerin als Herzstück

132 Diesen Begriff verwenden Cornelia Behnke und Michael Meuser im Aufsatz »Aktive Vaterschaft« (2013), S. 85.

133 Siehe hierzu die Studie *Paare werden Eltern* von Wassilos Fthenakis et al. (2002), Michael Matzner (2004), von Joseph H. Pleck und Brian P. Masciadrelli (2004) sowie von Wassilos Fthenakis (2006).

134 Darüber schreibt Jay Belsky in Psychology Today (2008) https://www.psychologytoday.com/blog/family-affair/200806/the-secret-life-the-difficult-infant

135 So nachzulesen im Buch *Die Identität des Mannes: Seine Natur, seine Identität, seine Rolle* (1992), S. 192.

136 Ähnliche Daten legen auch Jay Fagan und Marina Barnett (2003), Ruth Gaunt (2008) und der deutsche Familien- und Sozialforscher Wassilios Fthenakis (1999) vor.

Neue Väter brauchen neue Mütter!

137 Zum Begriff äußern sich vor allem Hans Bertram (2007) sowie Martin Bujard und Ralina Palova (2015).

Neue Weichenstellungen auch für Mütter

138 Siehe die entsprechenden Daten in Bundesamt für Statistik (2016a); Statistik Austria (2016) und Deutschland Statistisches Bundesamt (2016b).

139 Darüber schreibt Bettina Weber zum internationalen Frauentag 2018 im Tagesanzeiger vom 08.03.2018 https://www.tagesanzeiger.ch/leben/gesellschaft/frauen-wo-ist-euer-stolz/story/23944308.

Familienpolitik muss auch Männerpolitik werden

140 Dies besagt eine Studie der Hochschule Augsburg von Christian Lebrenz und Erika Regnet (2013).

141 Siehe die beiden Studien des Instituts Allensbach (2014) und von Svenja Pfahl et al. (2014).

142 Solche Ergebnisse finden sich bei Christina Klenner und Yvonne Lott (2016) sowie im Bericht »Erfolgsfaktor Familie« des Bundesministerium für Familie, Senioren, Frauen und Jugend« (2014).

143 Das sind die Worte von Sabine Baumgartner, Beauftragte für die Öffentlichkeitsarbeit des Eidgenössischen Büros für Gleichstellung von Mann und Frau. http://www.20min.ch/schweiz/news/story/11981179

Eine aktivere Stimme der Väter

144 Sie gilt als wichtigste junge Feministin, die aufzeigt, wie feministischer Aktivismus heute geht.

145 Darüber schreibt sie in ihrem Buch *Was noch zu tun ist* (2016), S. 163 ff.

146 Die Theorie stammt von Joan C. Williams et al. (2013).

147 Diese heute gängige Formulierung ist eine Abänderung der Aussage Schopenhauers: »Du kannst thun was du willst: aber du kannst, in jedem gegebenen Augenblick deines Lebens, nur ein Bestimmtes wollen und schlechterdings nicht Anderes, als dieses Eine.«

Die Lebensspanne neu organisieren

148 Siehe hierzu die Definition bei Hans Bertram und Carolin Deuflhard (2015), S. 13.

149 Paul Baltes (1939–2006) war einer der führenden Entwicklungspsychologen und Altersforscher Europas. Er hat eine »Psychologie über die Lebensspanne« entwickelt. Jacques Derrida (1930–2004) französischer Philosoph, der als Begründer und Hauptvertreter der Dekonstruktion (einen Ansatz der Philosophie und auch eine Methode bzw. Praxis der Werkinterpretation) gilt.

150 Dies formulieren Martin Bujard und Ralina Panova (2014) oder Susanne Garsowsky und Britta Sembach (2014).

Literatur

Badinter, E.: *Die Wiederentdeckung der Gleichheit. Schwache Frauen, gefährliche Männer und andere feministische Irrtümer.* Berlin: Ullstein 2004.

Badinter, E.: *XY Die Identität des Mannes.* München: Piper 1992.

Baron Cohen, S.: Sex differences – A welcome dialogue, in: *Psychologist,* 24, 2011, S. 3–4.

Beck, U.: *Risikogesellschaft. Auf dem Weg in eine andere Moderne.* Frankfurt a. M.: Suhrkamp 1986.

Behnke, C. & Meuser, M.: »Aktive Vaterschaft«. Geschlechterkonflikte und Männlichkeitsbilder in biographischen Paarinterviews, in: P. Loos et al. (Hrsg.): *Dokumentarische Methode. Grundlagen – Entwicklungen – Anwendungen.* Opladen/Berlin/Toronto: Barbara Budrich 2013, S. 75–91.

Behnke, I. & Meuser, M.: Look out, mate! I'll take paternal leave for a year – Involved Fatherhood and Images of Masculinity, in: M. Oechsle, U. Müller & S. Hess, Sabine (Hg.): *Fatherhood in Late Modernity. Cultural Images, Social Practices, Structural Frames.* Barbara Budrich 2012, S. 129–145.

Benard, C. & Schlaffer, E.: *Viel erlebt und nichts begriffen – Die Männer und die Frauenbewegung.* Reinbek: Rowohlt 1986.

Benard, C. & Schlaffer, E.: *Sagt uns, wo die Väter sind. Von*

Arbeitssucht und Fahnenflucht des zweiten Elternteils.
Reinbek: Rowohlt 1993.

Bertram, H.: Keine Zeit für die Liebe: die Rushhour des
Lebens, in: *Familiendynamik*, 32, 2007, S. 108 – 116.

Bertram, H. & Deuflhard, C.: *Die überforderte Generation.
Arbeit und Familie in der Wissensgesellschaft.* Opladen:
Barbara Budrich 2015.

Bittman, M. & Wajcman, J.: The Rush Hour: The Charac-
ter of Leisure Time and Gender Equity, in: *Social Forces,*
79, 1, 2000, S. 165 – 189.

Bodenmann, G. & Klingler, C.: *Stark gegen Stress.* Zürich:
Beobachter Edition 2013.

Bopp, J.: Die Mamis und die Mappis, in: *Kursbuch,* 76,
1984, S. 53 – 74.

Bourdieu, P.: *Die feinen Unterschiede.* Frankfurt a. M.:
Suhrkamp 1992.

Bowlby, J.: *Attachment. Attachment and Loss.* London: Basic
Books 1969.

Brennan, R. T., Barnett, R. C. & Gareis, K. C.: When she
earns more than he does: a longitudinal study of dual-
earner couples, in: *Journal of Marriage and Family*, 63,
2001, S. 168 – 82.

Brost, M. & Wefing, H.: *Geht alles gar nicht. Warum wir
Kinder, Liebe und Karriere nicht vereinbaren können.*
Hamburg: Rowohlt 2015.

Bünning, M.: Die Vereinbarkeitsfrage für Männer: Welche
Auswirkungen haben Elternzeiten und Teilzeitarbeit auf
die Stundenlöhne von Vätern? In: *Kölner Zeitschrift für
Soziologie und Sozialpsychologie*, 68, 4, 2016, S. 597 – 618.

Bürgisser, M.: *Beruf und Familie vereinbaren – aber wie?*
Bern: hep 2011.

Bürgisser, M: *Egalitäre Rollenteilung. Erfahrungen und Entwicklungen im Zeitverlauf.* Zürich: Rüegger 2006.

Bürgisser, M. & Baumgarten, D.: *Kinder in unterschiedlichen Familienformen. Wie lebt es sich im egalitären, wie im traditionellen Modell?* Zürich: Rüegger 2006.

Bujard, M.: Wie wirkt Elterngeld? in: *Analysen und Argumente*, 123, 2013, S. 1–8.

Bujard, M. & Panova, R.: *Rushhour des Lebens* 2015. http://www.bpb.de/politik/innenpolitik/familienpolitik/197927/rushhourdeslebens

Bujard, M. & Schwebel, L.: Väter zwischen Wunsch und Realität. Neue Vereinbarkeitsprobleme von Familie und Beruf bei Männern, in: *Gesellschaft Wirtschaft Politik (GWP)*, 2, 2015, S. 211–224.

Bundesamt für Statistik: *Erwerbsbeteiligung von Müttern und Vätern.* Neuchâtel: Bundesamt für Statistik 2013.

Bundesamt für Statistik: *SAKE 2013: Schweizerische Arbeitskräfteerhebung.* Neuenburg: Bundesamt für Statistik 2014.

Bundesamt für Statistik: *Erhebung zu Familien und Generationen 2013.* Neuenburg: Bundesamt für Statistik 2015.

Bundesamt für Statistik: *SAKE 2015: Schweizerische Arbeitskräfteerhebung.* Neuenburg: Bundesamt für Statistik 2016a.

Bundesamt für Statistik: *Arbeitsmarktindikatoren.* Neuenburg: Bundesamt für Statistik 2016.

Bundesamt für Statistik: *SAKE 2016: Schweizerische Arbeitskräfteerhebung.* Neuenburg: Bundesamt für Statistik 2017.

Bundesministerium für Familie, Senioren, Frauen und Jugend (Hrsg.): *Memorandum Familie leben. Impulse für eine familienbewusste Zeitpolitik.* Berlin: Bundesministerium für Familie, Senioren, Frauen und Jugend 2009.

Bundesministerium für Familie, Senioren, Frauen und Jugend: *Dossier Väter und Familie. Erste Bilanz einer neuen*

Diskussion. Berlin: Bundesministerium für Familie, Senioren, Frauen und Jugend 2015 a.

Bundesministerium für Familie, Senioren, Frauen und Jugend: *Ergebnisse des 1. Väter-Barometers 2015*. Berlin: Bundesministerium für Familie, Senioren, Frauen und Jugend 2015 b.

Bundesministerium für Familie, Senioren, Frauen und Jugend: *Väterreport. Vater sein in Deutschland heute*. Berlin: Bundesministerium für Familie, Senioren, Frauen und Jugend 2016.

Bundesministerium für Familie, Senioren, Frauen und Jugend: *Erfolgsfaktor Familie. Einschätzung von Personalverantwortlichen zur Väterorientierung in deutschen Unternehmen. Zentrale Ergebnisse einer Befragung von 1700 Personenverantwortlichen zur strategischen Bedeutung und Entwicklungstrends der Väterförderung*. Berlin: Bundesministerium für Familie, Senioren, Frauen und Jugend 2014.

Bundesrat: *Familienbericht 2017*. Bern: Schweizer Bundesrat 2017.

Cabrera, N., Shannon, J. D. & TamisLeMonda, C.: Fathers' influence on their children's cognitive and emotional development: From toddlers to Pre-K, in: *Applied Development Science*, 11, 4, 2007, S. 208–213.

Carlson, M. J.: Family structure, father involvement, and adolescent behavioral outcomes, in: *Journal of Marriage and Family*, 68, 1, 2006, S. 137–154.

Cyprian, G.: Väterforschung im deutschsprachigen Raum, in: T. Mühling & H. Rost (Hrsg.): *Väter im Blickpunkt. Perspektiven der Familienforschung*. Leverkusen: Verlag Barbara Budrich, 2006, S. 23–48

Day, R. D. & Lamb, M. E.: *Measuring and conceptualizing fatherhood involvement*. Mahwah, NJ: Erlbaum 2004.

Day, R. D., Lewis, C., O'Brien, M. & Lamb, M. E.: Fatherhood and father involvement: emerging constructs and theoretical orientations, in V. L. Bengston, A. C. Acock, K. R., Allen, P. Dillworth-Anderson & D. M. Klein (Hg.): *Sourcebook of family theory and research.* Thousand Oaks, CA: Sage, 2005, S. 341–351.

Deutscher Bundestag: *Achter Familienbericht. Zeit für Familie. Familienzeitpolitik als Chance einer nachhaltigen Familienpolitik.* Berlin: Bundesministerium für Familie, Senioren, Frauen und Jugend 2012.

Döge, P. & Volz, R.: Was machen Männer mit ihrer Zeit? – Zeitverwendung deutscher Männer nach den Ergebnissen der Zeitbudgetstudie 2001/2002, in: Forum der Bundesstatistik (Hrsg.): *Alltag in Deutschland. Analysen zur Zeitverwendung.* Wiesbaden: Statistisches Bundesamt, 2004, S. 194–2015.

Dornes, M.: Die Bedeutung des Vaters für die kindliche Entwicklung, in ders.: *Die Seele des Kindes.* Frankfurt: Suhrkamp, 2008, S. 285–328.

Doucet, A.: *Do men mother? Fathering, care & domestic responsibility.* Toronto: University of Toronto Press 2006.

Douglas, S. & Michaels, M.: *The Mommy Myth. The idealization of motherhood and how it has undermined women.* Glencloe: Free Press 2004.

Fagan, J., & Barnett, M.: The relationship between maternal gatekeeping, paternal competence, mothers' attitudes about the father role, and father involvement, in: *Journal of Family Issues*, 24, 8, 2003, S. 1020–1043.

Flaßpöhler, S.: *Die potente Frau. Für eine neue Weiblichkeit.* Berlin: Ullstein 2018.

Flouri, E. & Buchanan, A.: The role of father involvement in children's later mental health, in: *Journal of Adolescence*, 26, 2002, S. 63–78.

Flouri, E., Buchanan, A. & Bream, V.: Adolescents' perceptions of their fathers' involvement: Significance to school attitudes, in: *Psychology in the Schools*, 39, 2002, S. 575–582.

Forster, E.: Boy turn, Geschlechterpolitik und neue Ungleichheitsstrukturen, in: S. Sting & M. Wakounig (Hrsg.): *Bildung zwischen Standardisierung, Ausgrenzung und Anerkennung von Diversität*. Wiesbaden: VS Fachverlag 2010, S. 63–79.

Friedan, B.: *Der Weiblichkeitswahn – ein vehementer Protest gegen das Wunschbild von der Frau*. Reinbek: Rohwolt 1963.

Fthenakis, W. E. & Minsel, B.: *Die Rolle des Vaters in der Familie*. Stuttgart: Kohlhammer 2002.

Fthenakis, W. E.: *Väter. Band 1: Zur Psychologie der Vater-Kind-Beziehung*. München: Urban & Schwarzenberg, 1985.

Fthenakis, W. E. (Hrsg.): *Engagierte Vaterschaft. Die sanfte Revolution in der Familie*. Opladen: Leske + Budrich 1999.

Fthenakis, W. E. et al. (Hrsg.): *Facetten der Vaterschaft – Perspektiven einer innovativen Väterpolitik*. Berlin: Bundesministerium für Familie, Senioren, Frauen und Jugend 2006.

Fthenakis, W. E., Kalicki, B. & Peitz G.: *Paare werden Eltern. Die Ergebnisse der LBS-Familien-Studie*. Opladen: Leske & Budrich 2002.

Fuhrmans, F., von der Lippe, H. & Fuhrer, U.: Subjektive Vaterschaftskonzepte. Eine empirische Studie zu Vätern und ihren Partnerinnen, in: H. Walter & A. Eickhorst (Hrsg.): *Das Väter-Handbuch. Theorie, Forschung, Praxis*. Gießen: Psychosozial-Verlag 2012, S. 299–323.

Galinsky, E.: *Ask the Children: What America's Children*

Really Think About Working Parents. New York: William Morrow and Company, Inc. 1999.

Ganzeboom, H. B. G. & Treiman, D. J.: Three internationally standardised measures for comparative research on occupational status, in: J. Hoffmeyer-Zlotnik & C. Wolf (Hrsg.): *Advances in cross-cultural comparison.* New York: Kluwer Academic Press 2003, S. 159–193.

Gaunt, R.: Maternal Gatekeeping: Antecedents and Consequences, in: *Journal of Family Issues.* 29 2008, S. 373–395.

Garsoffky, S. & Sempach, B.: *Die Alles-ist-möglich-Lüge. Wieso Familie und Beruf nicht zu vereinbaren sind.* München: Pantheon 2014.

Gesterkamp, T.: Betriebliche und politische Hindernisse engagierter Vaterschaft, in: *Zeitschrift für Familienforschung,* 1, 2005, S. 66–75.

Gesterkamp, T.: *Die neuen Väter zwischen Kind und Karriere. So kann die Balance gelingen.* Leverkusen: Barbara Budrich 2010.

Gesterkamp, T. *Frauen- und Männerpolitik im Dialog.* Berlin: Deutscher Frauenrat, 3–5, 2012.

Golombok, S.: Families created by reproductive donation, in: *Child Development Perspectives,* 7, 1, 2013, S. 61–65.

Grossmann, K. & Grossmann, K. E.: *Bindungen – Das Gefüge psychischer Sicherheit* (Völlig überarbeitete Auflage). Stuttgart: Klett-Cotta 2012.

Grossmann, K.: Der lebenslange Einfluss des Vaters auf die Organisation von Gefühlen und sozialem Verhalten, in: U. Borst & A. Lanfranchi (Hrsg.): *Liebe und Gewalt in nahen Beziehungen.* Heidelberg: Auer 2011, S. 52–67.

Grossmann, K., Grossmann, K. E., Fremmer-Bombik, E.,

Kindler, H., Scheurer, Englisch, H. & Zimmermann, P.: The uniqueness of the child-father attachment relationship: fathers' sensitive and challenging play as a pivotal variable in a 16-year long study, in: *Social Development*, 11, 2002, S. 307–331.

Grunow, D.: Wandel der Geschlechterrollen und Väterhandeln im Alltag, in: H. Rost & T. Mühling (Hrsg.): *Väter im Blickpunkt. Perspektiven der Familienforschung.* Leverkusen: Barbara Budrich 2007, S. 49–76.

Grunow, D., Schulz, F. & Blossfeld, H.-P.: Was erklärt die Traditionalisierungsprozesse häuslicher Arbeitsteilung im Eheverlauf: soziale Normen oder ökonomische Ressourcen? In: *Zeitschrift für Soziologie*, 36, 3, 2007, S. 162–181.

Gumbinger, H.-W. & Bambey, A.: Vaterschaft zwischen Norm und Selbstbestimmung? In: *WestEnd Neue Zeitschrift für Sozialforschung*, 4, 1, 2007, S. 92–101.

Hays, S.: *Cultural contradictions of motherhood.* New Haven: Yale University Press 1996.

Helblig, M.: Sind Mädchen besser? Der Wandel des geschlechtsspezifischen Bildungserfolgs in Deutschland, Frankfurt/New York: Campus 2012.

Helfferich, C.: Männer in der Familie, in: O. Kapella et al. (Hrsg.), *Die Vielfalt der Familie.* Tagungsband zum 3. Europäischen Fachkongress Familienforschung. Opladen & Farmington Hills, MI: Barbara Budrich 2009, S. 189–202.

Herlth, A.: Ressourcen der Vaterrolle. Kind-Vater-Bindungsbeziehungen und Väter als Bindungspersonen, in: H. Walter (Hrsg.): *Männer als Väter. Sozialwissenschaftliche Theorie und Empirie.* Giessen: Verlag Psychosozial 2007, S. 585–608.

Hermann, M., Nowak, M. & Bosshardt, L.: *Sie wollen bei-*

des. Lebensentwürfe zwischen Wunsch und Wirklichkeit. Bericht zur Umfrage. Zürich: sotomo GmbH 2016.

Hierdeis, H.: Der vielstimmige Vater. Antworten auf Franz Kafkas Brief an den Vater, in: H. Walter & A. Eickhorst (Hrsg.): *Das Väter-Handbuch. Theorie, Forschung, Praxis.* Giessen: Psychosozial 2012, S. 109–124.

Hochschild, A.: *Keine Zeit. Wenn die Firma zum Zuhause wird und zu Hause nur Arbeit wartet.* Wiesbaden: FS Fachverlag 2006.

Hollstein, W.: *Was vom Manne übrig blieb – Krise und Zukunft des starken Geschlechts.* Berlin: Aufbau 2008.

Huber, J. & Schäfer, E.: Väterpolitik in Deutschland. Bestandsaufnahme und Perspektiven für die Zukunft, in: H. Walter & A. Eickhorst (Hrsg.): *Das Väter-Handbuch. Theorie, Forschung, Praxis.* Giessen: Psychosozial 2012, S. 127–146.

Hüther, G.: *Männer – Das schwache Geschlecht und sein Gehirn.* Göttingen: Vandenhoeck & Ruprecht 2009.

Institut für Demoskopie Allensbach: *Vorwerk Familienstudie 2013. Ergebnisse einer repräsentativen Bevölkerungsumfrage zur Familienarbeit in Deutschland.* Bonn: Institut Allensbach 2013.

Institut für Demoskopie Allensbach: *Weichenstellungen für die Aufgabenteilung in Familie und Beruf.* Untersuchungsbericht zu einer repräsentativen Befragung von Elternpaaren im Auftrag des Bundesministeriums für Familie, Senioren, Frauen und Jugend. Berlin: Institut Allensbach 2015.

Institut für Sozialarbeit und Sozialpädagogik: *Die Arbeitsteilung im Paar – Theorien, Wirkungszusammenhänge, Einflussfaktoren und exemplarische empirische Evidenz. Expertise im Rahmen des Zweiten Gleichstellungsberichts der Bundesregierung.* Frankfurt a. M. Main, 2016.

Kaiser, A.: Machen Mütter Muttersöhnchen? in: Bayerisches Staatsministerium für Arbeit und Sozialordnung, Familie und Frauen (Hrsg.): *Familienhandbuch*. München 2014. https://www.familienhandbuch.de/babys-kinder/bildungsbereiche/entwicklung/MachenMuetter-Muttersoehnchen.php

Kalicki, B.: Die Bedeutung subjektiver Elternschaftskonzepte für Erziehungsverhalten und elterliche Partnerschaft. Ein Überblick über neuere Forschungsergebnisse, in: *Zeitschrift für Pädagogik*, 49, 4, 2003, S. 499–512.

Kapella, O. & Rille-Pfeiffer, C. (Hrsg.): *Papa geht arbeiten. Vereinbarkeit aus Sicht von Männern*. Opladen: Budrich UniPress 2011.

Kerney, A. T.: *Vereinbarkeit wagen! Ergebnisse der dritten A. T. Kerney-Familienstudie*. Berlin: Tempus Corporate GmbH 2015.

Kindler, H., Grossmann, K. & Zimmermann, P.: Kind-Vater-Bindungsbeziehungen und Väter als Bindungspersonen, in: H. Walter (Hrsg.): *Männer als Väter. Sozialwissenschaftliche Theorie und Empirie*. Giessen: Verlag Psychosozial 2002, S. 685–742.

King, V.: Vater-Tochter-Beziehungen. Symbolische Repräsentanz und familiale Interaktion, in: M. Bereswill et al. (Hrsg.): *Vaterschaft im Wandel. Multidisziplinäre Analysen und Perspektiven aus geschlechtertheoretischer Sicht*. Weinheim: Juventa 2006, S. 137–154.

Klenner, C. & Lott, Y.: *Arbeitszeitoptionen im Lebensverlauf. Bedingungen und Barrieren ihrer Nutzung im Betrieb*. WSI-Working Paper. Düsseldorf 2016.

Konrad-Adenauer-Stiftung (Hrsg.): *Väter zwischen Karriere und Familie*. Berlin: Konrad-Adenauer-Stiftung 2010.

Krebs, A.: *Der Kampf der Männer gegen die vaterlose Gesellschaft*. http://www.nzz.ch/nachrichten/bildung_gesell-

schaft/der_kampf_der_maenner_gegen_die_vaterlose_
gesellschaft_1.15162636.html.

Kreckel, M.: *Macht der Väter. Krankheit der Söhne.* Berlin: Fischer 2004.

Kreppner, K.: Väter in Familien. Kind-Vater-Bindungs-beziehungen und Väter als Bindungspersonen, in: H. Walter (Hrsg.): *Männer als Väter. Sozialwissenschaftliche Theorie und Empirie.* Giessen: Verlag Psychosozial, 2002, S. 345–379.

Kucklick, C.: Das verteufelte Geschlecht. Wie wir gelernt haben, alles Männliche zu verachten. Und warum das auch den Frauen schadet, in: *Die ZEIT*, 12.04.2012. http://www.zeit.de/2012/16/DOS-Maenner

Kudera, W.: Neue Väter, neue Mütter – neue Arrangements der Lebensführung. Kind-Vater-Bindungsbeziehungen und Väter als Bindungspersonen, in: H. Walter (Hrsg.): *Männer als Väter. Sozialwissenschaftliche Theorie und Empirie.* Giessen: Verlag Psychosozial 2002, S. 145–186.

Lamb, M. E.: Fathers and child development: An integrative overview, in: M. E. Lamb (Hrsg.): *The role of the father in child development.* New York: Wiley 1981, S. 1–70.

Lamb, M. E.: How do fathers influence children's development? In: M. E. Lamb (Hrsg.): *The role of the father in child development.* New York: Wiley 2010a, S. 1–26.

Lamb, M. E. (Ed.): *The role of the father in child development.* Hoboken NJ: Wiley 2010b.

Lareau, A.: *Unequal childhoods.* Berkeley: University of California Press 2003.

Largo, R. & Czernin, M.: *Glückliche Scheidungskinder: Trennungen und wie Kinder damit fertig werden.* München: Piper 2003.

LaRossa, R.: Fatherhood and social change, in: *Family Relations*, 37, 4, 1988, S. 451–57.

Lauru, D.: *Père – fille: Une histoire de regard.* Paris: Albin Michel 2006.

Lebrenz, C. & Regnet, E.: *Arbeitgeberattraktivität. Betriebsklima vor Gehalt.* Augsburg: Hochschule, Fakultät für Wirtschaft 2013.

Le Camus, J.: Väter. *Die Bedeutung des Vaters für die psychische Entwicklung des Kindes.* Weinheim: Beltz 2001.

Lees, D.: *Going further with fathers. Can fathers make unique contributions to the lives of their children?* Roskill South: Maxim Institute 2007.

Lehr, U.: *Die Rolle der Mutter in der Sozialisation des Kindes.* Darmstadt: Steinkopf 1974.

Leitner, S., Ostner, I. & Schratzenstaller, M. (Hrsg.): *Wohlfahrtsstaat und Geschlechterverhältnis im Umbruch. Was kommt nach dem Ernährermodell?* Wiesbaden: VS Fachverlag 2004.

Lenzen, D.: *Vaterschaft.* Reinbek: Rowohlt 1991.

Lenzen, D.: Zur Geschichte des Vaterkonzeptes in Europa, in: G. Trommsdorff & H.-J. Kornadt (Hrsg.): *Gesellschaftliche und individuelle Entwicklung in Japan und Deutschland.* Konstanz: Universitätsverlag 1996, S. 139–151.

Lewis, C. & Lamb, M.: *Understanding fatherhood.* York: Joseph Rowntree Foundation 2007.

Liebig, B., Peitz, M. & Kron, Ch. (Hrsg.): *Väterorientierte Massnahmen in Unternehmen und Verwaltungen der Schweiz. Ein Handbuch.* Mering: Hampp 2016.

Martschukat, J. & Stieglitz, O.: Geschichte der Männlichkeiten. Frankfurt am Main: Campus 2008.

Mascaro, J., Rentscher, K. E. Hackett, P. D. Mehl, K. R. & Rilling, J. K.: Child gender influences paternal behavior, language, and brain function, in: *Behavioral Neuroscience,* 131, 3, 2017, S. 262–273.

Matzner, M.: *Vaterschaft aus der Sicht von Vätern.* Wiesbaden: Barbara Budrich 2004.

Matzner, M.: Alleinerziehende Väter – eine schnell wachsende Familienform, in: T. Mühling & H. Rost (Hrsg.): *Väter im Blickpunkt. Perspektiven der Familienforschung.* Opladen: Budrich 2007, S. 225–242.

Matzner, M.: *Vaterschaft aus der Sicht von Vätern.* Wiesbaden: VS Fachverlag 2004.

Mead, M.: *Male and female. A study of the sexes in a changing world.* New York: Morrow 1955.

Meuser, M.: Männer und Familie. Perspektiven der Männlichkeitsforschung, in: O. Kapella, C. Rille-Pfeiffer, M. Rupp & N. F. Schneider (Hrsg.): *Die Vielfalt der Familie. Tagungsband zum 3. Europäischen Fachkongress Familienforschung.* Opladen: Barbara Budrich 2009, S. 145–155.

Meuser, M.: Vaterschaft im Wandel. Herausforderungen, Optionen, Ambivalenzen, in: K. Böllert & C. Peter (Hrsg.): *Mutter + Vater = Eltern? Sozialer Wandel, Elternrollen und Soziale Arbeit.* Wiesbaden: VS Fachverlag 2012, S. 63–80.

Mitscherlich, A.: *Auf dem Weg zur vaterlosen Gesellschaft.* Zürich: Ex Libris 1963.

Mühling, T. & Rost, H.: *Väter im Blickpunkt. Perspektiven der Familienforschung.* Leverkusen: Verlag Barbara Budrich 2007.

Mühling, T.: Wie verbringen Väter ihre Zeit? Männer zwischen Zeitnot und Qualitätszeit, in: T. Mühling & H. Rost (Hrsg.): *Väter im Blickpunkt. Perspektiven der Familienforschung.* Leverkusen: Verlag Barbara Budrich 2007 S. 115–160.

Nave-Herz, R.: Familiale Veränderungen in der Bundesrepublik Deutschland seit 1950, in: *Zeitschrift für So-*

zialisationsforschung und Erziehungssoziologie, 4, 1984, S. 45–63.

Newsletter DEMOS: Vorbildliche Familienpolitik: das schwedische Doppelverdiener-Modell. Berlin: Berlin Institut für Bevölkerung und Entwicklung, 110, 26.01.2011, http://www.berlin-institut.org/newsletter/ Ausgabe_26_01_2011.html.html

Onken, J.: *Vatermänner. Ein Bericht über die Vater-Tochter-Beziehung und ihren Einfluß auf die Partnerschaft.* München: Beck 1993.

Ostner, I.: Einführung: Wandel der Geschlechtsrollen – Blickpunkt Väter, in: *Zeitschrift für Familienforschung,* 1, 2005, S. 46–49.

Palkovitz, R.: Reconstructing involvement: expanding conceptualizations of men's caring in contemporary families, in: J. Hawkins & D. C. Dollahite (Hrsg.): *Generative fathering: Beyond deficit perspectives.* Thousand Oaks, CA: Sage 1997, S. 54–68.

Parsons, T.: *The social system.* Glencoe: Free Press 1951.

Parsons, T & Bales, R. F.: *Family socialisation and interaction.* London: Routledge and Kegan Paul Ltd 1956.

Pease, A. & B.: *Warum Männer nicht zuhören und Frauen schlecht einparken: Ganz natürliche Erklärungen für eigentlich unerklärliche Schwächen.* Berlin: Ullstein 2000.

Penny, L.: *Unsagbare Dinge. Sex, Lügen und Revolution.* Edition Nautilus 2015.

Pfahl, S., Reuyß, S., Hobler, D. & Weeber, S.: *Projektbericht: Gleichstellungspolitische Auswirkungen der Inanspruchnahme von Elterngeldmonaten durch erwerbstätige Väter auf betrieblicher und partnerschaftlicher Ebene:* Berlin: SoWiTra Forschung und Beratung 2014.

Pleck, J. H. & Hofferth, S.: Mother involvement as an influence on father involvement with early adolescents, in: *Fathering*, 6, 2008, S. 267–286.

Pleck, J. H. & Masciadrelli, B. P. : Parental involvement: levels, sources and consequences, in: M. E. Lamb (Hrsg.): *The role of the father in child development*. New Jersey: John Wiley and Sons. 4th Edition 2004, S. 222–271.

Pleck, J. H.: Why could father involvement benefit children? Theoretical perspectives, in: *Applied Developmental Science*, 11, 4, 2007, S. 1–7.

Pleck, J. H.: Paternal involvement. Revised conceptualisation and theoretical linkages with child outcomes, in: M. E. Lamb (Hrsg.): *The role of the father*. New York: Wiley 2010, S. 58–93.

Possinger, J.: *Neuen Vätern auf der Spur. Vaterschaft im Spannungsfeld von Erwerbs- und Familienleben*. Münster: Waxmann 2013.

Pro Familia Schweiz: *Was Männer wollen. Studie zur Vereinbarkeit von Beruf und Privatleben*. Bern: Pro Familia 2011.

Prognos AG: *Die geforderte Generation – Ein Portrait der sozialen Mitte*. Im Auftrag des Kompetenzbüros Wirksame Familienpolitik des Bundesministeriums für Familie, Senioren, Frauen und Jugend. Berlin: Prognos 2015.

Radisch, I.: *Die Schule der Frauen. Wie wir die Familie neu erfinden*. München: Goldmann 2008.

Reidl, S. & H. Schiffbänker: *Karenzväter in Zahlen. Ergebnisse einer Analyse von Daten des Hauptverbands der Sozialversicherungsträger*. Wien: Joanneum Research Forschungsgesellschaft mbH 2013.

Reeves, R.: *Dad's army. The case for father-friendly workplaces* 2002. http://www.parentinguk.org/resources/dad-s-army-the-case-for-father-friendly-workplaces/

Rosenthal, R. & Jacobson, L.: *Pygmalion im Unterricht.*

*Lehrererwartungen und Intelligenzentwicklung der Schü-
ler.* Weinheim: Beltz 1983.

Roth, J.: *Tarabas, ein Gast auf dieser Erde.* Amsterdam:
Querido 1934.

Rupp, M. (Hrsg.): *Die Lebenssituation von Kindern in
gleichgeschlechtlichen Lebensgemeinschaften.* Köln: Bun-
desanzeiger-Verlags-Gesellschaft 2009.

Ryan, R. M., Martin, A. & Brooks-Gunn, J.: Is one parent
enough? Patterns of mother and father parenting and
child cognitive outcomes at 24 and 36 months, in: *Parenting: Science and Practice,* 6, 2, 2006, S. 211–228.

Sarkadi, A., Kristiansson, R., Oberklaid, F. & Bremberg, S.:
Fathers' involvement and children's developmental out-
comes: a systematic review of longitudinal studies, in:
Acta Paediatrica, 97, 2, 2008, S. 153–158.

Sartre, J. P.: *Die Wörter.* Reinbek: Rowohlt 1968.

Scholz, C.: *Generation Z: Wie sie tickt, was sie verändert und
warum sie uns alle ansteckt.* Weinheim: Wiley 2014.

Schopenhauer, A.: *Preisschrift über die Freiheit des Willens.*
Hamburg: Felix Meiner 1978, S. 58–59.

Schoppe-Sullivan, S. J., Brown, G. L., Cannon, E. A., Man-
gelsdorf, S. C. & Sokolowski, M. S.: Maternal gatekeeping, co-parenting quality, and fathering behavior in families with infants, in: *Journal of Family Psychology,* 22,
2004, S. 389–398.

Schulz, F. & Blossfeld, H.-P.: Wie verändert sich die häusliche Arbeitsteilung im Eheverlauf, Eine Längsschnittstudie der ersten 14 Ehejahre in Westdeutschland, in:
Kölner Zeitschrift für Soziologie und Sozialpsychologie, 58,
1, 2006, S. 23–49.

Seiffge-Krencke, I.: Veränderungen in der Vaterschaft, in:
O. Kappella et al. (Hrsg.): *Die Vielfalt der Familie. Tagungsband zum 3. Europäischen Fachkongress Familienfor-*

schung. Opladen & Farmington Hills, MI: Barbara Budrich 2009, S. 203–219.

Simmel, G.: Der Streit, in: G. Simmel (Hrsg.): *Soziologie. Untersuchungen über die Formen der Vergesellschaftung*. Berlin: Duncker und Humblot 1992, S. 186–255.

Slaughter, A. M.: *Why women still can't have it all*. The Atlantic 2012. http://www.theatlantic.com/magazine/archive/2012/07/why-women-still-cant-have-it-all/309020/

Slaughter, A.-M.: *Unfinished business*. New York: Random House 2015.

Slaughter, A.-M.: *Was noch zu tun ist*. Köln: Kiepenheuer & Witsch 2016.

Snarey, J. R.: *How fathers care for the next generation: A four-decade study*. Harvard University Press 1993.

Stamm, M.: *Bildungsort Familie. Entwicklung, Betreuung und Förderung von Vorschulkindern in der Mittelschicht*. Dossier 13/1. Bern: Forschungsinstitut Swiss Education 2013 a. https://www.unifr.ch/webnews/content/20/File/Dossier%20Bildungsort%20Familie.pdf

Stamm, M.: Vaterschaftsurlaub allein macht noch keine neuen Väter, in: *NZZ am Sonntag*, 27.10., 2013 b, S. 19.

Stamm, M.: Konkurrenz am Wickeltisch, in (dies.): *Entwicklung ohne Ende. Wie sie Bildungswege und Lernstufen beeinflusst*. Zürich/Chur: Rüegger 2013 c, S. 102–106.

Stamm, M.: *Entwicklung ohne Ende. Wie sie Bildungswege und Lernstufen beeinflusst*. Zürich/Chur: Rüegger 2013 d.

Stamm, M.: *Väter: Wer sie sind, was sie tun, wie sie wirken. Die Tarzan-Studie*. Dossier 16/1. Bern: Forschungsinstitut Swiss Education 2016 a. http://margritstamm.ch/images/Dossier%20Vaeter%20Januar%202016.pdf

Stamm, M.: *Lasst die Kinder los! Weshalb entspannte Erziehung lebenstüchtig macht.* München: Piper 2016 b.

Stamm, M., Brandenberg, K., Knoll, A., Negrini, L. & Sabini, S.: *FRANZ. Früher an die Bildung – erfolgreicher in die Zukunft? Familiäre Aufwachsbedingungen, familienergänzende Betreuung und kindliche Entwicklung.* Schlussbericht zuhanden der Hamasil Stiftung und der AVINA Stiftung. Universität Fribourg: Departement Erziehungswissenschaften 2012.

Statistik Austria: *Mikrozensus-Arbeitskräfteerhebung 2013.* https://www.statistik.at/web_de/statistiken/soziales/gender-statistik/vereinbarkeit_von_beruf_und_familie/index.html

Statistik Austria: *Einkommen.* Wien: Statistik Austria 2016. http://www.statistik.at/web_de/statistiken/menschen_und_gesellschaft/soziales/gender-statistik/einkommen/index.html

Statistisches Bundesamt: *Statistik zum Elterngeld – Leistungsbezüge.* Wiesbaden: Statistisches Bundesamt 2016 a.

Statistisches Bundesamt: *Verdienstunterschied zwischen Frauen und Männern in Deutschland bei 21 %.* Pressemitteilung Nr. 097 v. 16.3., Wiesbaden: Statistisches Bundesamt 2016 b.

Stecher, L.: Der Habitus der Väter und der Bildungserwerb der Kinder. Ein Vergleich zwischen ost- und westdeutschen Vätern, in: H. Walter (Hrsg.): *Männer als Väter. Sozialwissenschaftliche Theorie und Empirie.* Gießen: Verlag Psychosozial 2002, S. 809–642.

Tamis-LeMonda, C. S., & Cabrera, N. (Hrsg.): *Handbook of father involvement: Multidisciplinary perspectives.* Mahwah, NJ: Lawrence Erlbaum Associates 2002.

Tazi-Preve, M.: Vater sein umso mehr. Österreichische Väter in Sozialpolitik und -praxis, in: J. Brunner (Hrsg.): *Mütterliche Macht und väterliche Autorität.* Göttingen: Wallstein 2008, S. 293–308.

Theunert, M.: *Männerpolitik. Was Jungen, Männer und Väter stark macht.* Wiesbaden: Springer VS 2012.

Thomä, D.: Väterbilder im historischen Wandel, in: H. Walter & A. Eickhorst (Hrsg.): *Das Väter-Handbuch. Theorie, Forschung, Praxis.* Gießen: Psychosozial 2012, S. 59–76.

Thomä, D.: *Väter. Eine moderne Heldengeschichte.* München: Hanser 2008.

Thomä, D.: Welche Rolle spielt der Vater? In: *NZZ Folio Väter,* 302, 2016, S. 27–36.

Trepp, A.-M.: Männerwelten privat: Vaterschaft im späten 18. und beginnenden 19. Jahrhundert, in: T. Kühne (Hrsg.): *Männergeschichte – Geschlechtergeschichte. Männlichkeit im Wandel der Moderne.* Campus: Frankfurt a. M. 1996, S. 31–50.

Väter GmbH: *Trendstudie »Moderne Väter«.* Hamburg: Väter GmbH 2012.

Vilar, E.: *Der dressierte Mann.* Gütersloh: Bertelsmann 1971.

Volz, R.: Väter zwischen Wunsch und Wirklichkeit. Zur Beharrlichkeit traditioneller Geschlechterbilder, in: T. Mühling & H. Rost (Hrsg.): *Väter im Blickpunkt. Perspektiven der Familienforschung.* Leverkusen: Verlag Barbara Budrich 2007, S. 205–224.

Walter, H. (Hrsg.): *Vater, wer bist du? Auf der Suche nach dem hinreichend guten Vater.* Stuttgart: Klett-Cotta 2008.

Walter, H. (Hrsg.): *Männer als Väter: Sozialwissenschaftliche Theorie und Empirie.* Gießen: Psychosozial-Verlag 2002.

Walter, W. & Künzler, J.: Parentales Engagement. Mütter

und Väter im Vergleich, in: N. F. Schneider & H. Matthias-Beck (Hrsg.): *Elternschaft heute. Gesellschaftliche Rahmenbedingungen und individuelle Gestaltungsaufgaben*. Opladen: Leske + Budrich 2002, S. 95–119.

Werneck, H. Rollett, B., Pucher, M. Schmitt, G. & Nold, G.: Die ersten 15 Lebensjahre: Stabilität und Wechsel väterlicher Einstellungen, in: H. Walter & A. Eickhorst (Hrsg.): *Das Väter-Handbuch. Theorie, Forschung, Praxis*. Gießen: Psychosozial 2012, S. 325–342.

Wiler, J. & Zemp, C.: *Der Teilzeitmann. Flexibel zwischen Beruf und Familie*. Bern: Zytglogge 2014.

Willi, J.: *Die Kunst gemeinsamen Wachsens*. Freiburg: Herder 2007.

Williams, J. C., Blair-Loy, M. & Berdahl, J. L.: Cultural schemas, social class, and the flexibility stigma, in: *Journal of Social Issues*, 69, 2, 2013, S. 209–234.

Wolff, R.: Dilemmata modernen Familienlebens, in: *Mitteilungen LJA WL*, 150, 2002, S. 9–20.

Yeoung, W. E., Duncan, G. J. & Hill, M. S.: Putting fathers back in the picture. Parental activities and children's adult outcomes, in: *Journal of Marriage and Family Review*, 29, 2, 2000, S. 97–113.

Zick, A., Küpper, B. & Hövermann, A.: *Die Abwertung des Anderen. Eine europäische Zustandsbeschreibung zu Intoleranz, Vorurteilen und Diskriminierung*. Berlin: Friedrich-Ebert-Stiftung 2011.

Register

Perfekte Eltern, unglückliche Kinder

Margrit Stamm
Lasst die Kinder los
Warum entspannte Erziehung
lebenstüchtig macht

Piper, 288 Seiten
€ 24,00 [D], € 24,70 [A]*
ISBN 978-3-492-05711-0

Heutzutage fördern, umsorgen und kontrollieren Eltern ihren Nachwuchs nonstop. Diese Anstrengungen sind zu einem Muster geworden, das von der Gesellschaft eingefordert wird. Eltern, die perfekt sein und auch perfekte Kinder haben wollen, sind eine Reaktion auf solche Forderungen. Margrit Stamm möchte Eltern helfen, aus dieser Perfektionsspirale herauszukommen, und sie möchte sie darin unterstützen, ihr Vertrauen in die eigene Urteilskraft zu stärken und eine emanzipierte Haltung zur Erziehung einzunehmen.

PIPER

Leseproben, E-Books und mehr unter **www.piper.de**

Jedes Kind ist einzigartig

Remo H. Largo
Babyjahre
Entwicklung und Erziehung
in den ersten vier Jahren

Piper, 576 Seiten
€ 25,00 [D], € 25,70 [A]*
ISBN 978-3-492-05826-1

Hunderttausende Eltern und Großeltern vertrauen auf Remo H. Largos Konzept von der Einmaligkeit jedes Kindes und seiner individuellen Entwicklung: Der Entwicklungsspezialist und Kinderarzt führt in diesem Erziehungsbuch über die ersten vier Lebensjahre die Eltern an ihr Kind heran und erklärt das kindliche Wesen, um sie damit im Umgang mit ihrem Kind kompetenter zu machen. Dieses Buch ist längst ein Klassiker und gehört in die Erstausstattung aller Eltern.

PIPER

Leseproben, E-Books und mehr unter **www.piper.de**

Wie man über Geld spricht, ohne die Liebe zu riskieren

Michael Mary

Liebes Geld

Vom letzten Tabu in
Paarbeziehungen

Piper, 272 Seiten
€ 20,00 [D], € 20,60 [A]*
ISBN 978-3-492-05785-1

Streit über das Liebes-Geld gehört, so berichten Wissenschaftler, zu den bedeutsamsten Konfliktpunkten bei Paaren. Doch wie hängen Geld und Liebe zusammen, und welchen Einfluss nimmt das eine auf das andere? Michael Mary liefert Erkenntnisse und Anregungen, wie jedes Paar erkennen kann, welche Rolle Geld in seiner Beziehung spielt, um dann zu entscheiden, wie es damit umgehen möchte.

PIPER

Leseproben, E-Books und mehr unter **www.piper.de**